数字化时代的业财一体

① 企业价值链及业务流程

业务报账系统，连接了业务流程与财务流程，是共享服务中心的路由器。汇聚业务信息，实现财务管控，打通基于业务驱动的业财一体化流程

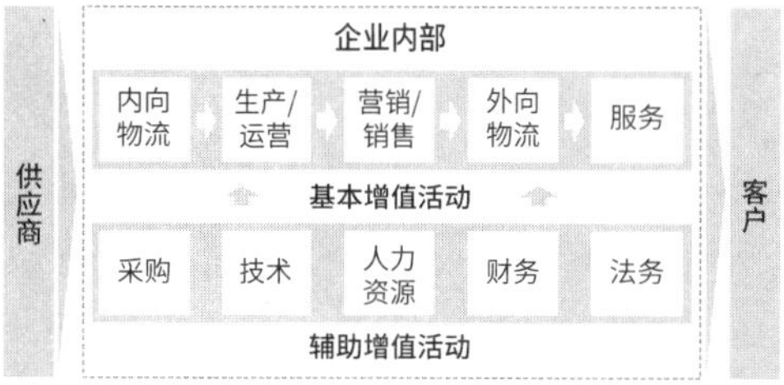

企业价值链

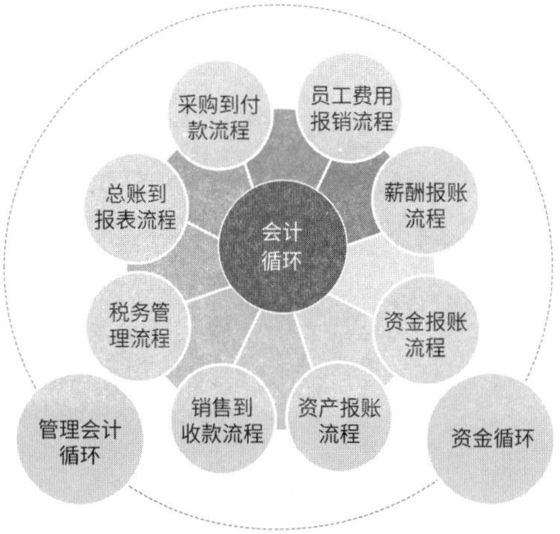

财务循环

④ 主数据管理

主数据定义

主数据是指能够满足企业跨部门协同需要的、反映核心业务实体状态属性的企业（组织机构）基础信息

主数据管理

⑤ 中台技术

定义

中台作为前台和后台的变速器，为前台运营和快速创新提供可通用的能力，助力后台释放潜能

构成

业务中台	数据中台	能力中台
企业级业务能力共享服务平台	数据全生命周期管理平台	能力单元的组合
•项目中心 •影像中心 •预算中心 •凭证中心 •合同中心 •发票中心 •收付款中心 •资产中心	•汇聚整合 •提纯加工 •服务可视化 •价值变现	•信息采集能力 •加工处理能力 •内控管理能力 •业财转换能力

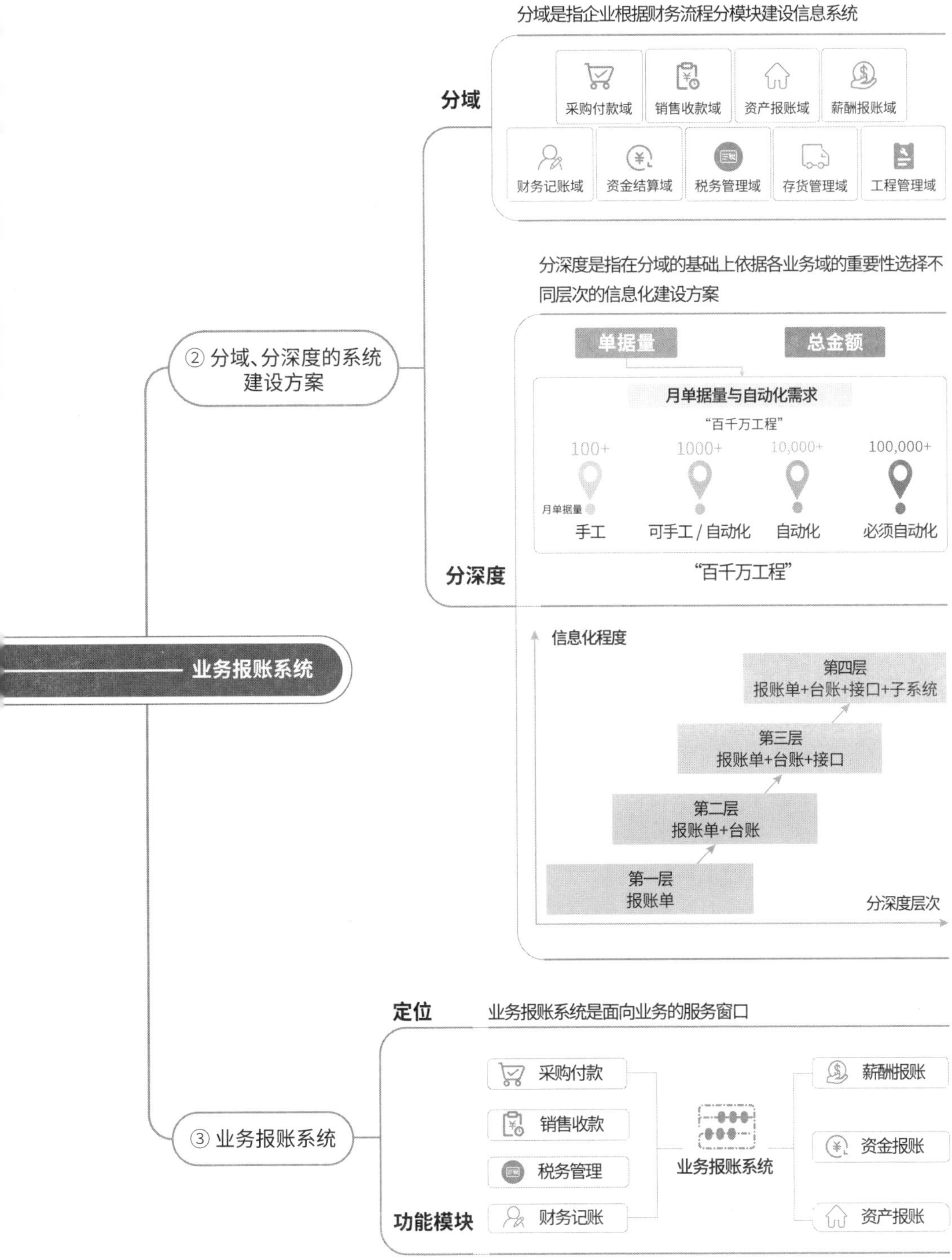

分域、分深度：

基于财务流程框架体系分模块建设信息系统

基于百千万工程（业务量 & 金额）实施不同深度方案

财务云丛书

中兴新云
中国企业 全球梦想
财务云
Financial Cloud

数字化时代的业财一体

——业务报账系统

孙彦丛 郭 奕 扶冰清 ◎ 著

中国财经出版传媒集团
中国财政经济出版社

图书在版编目（CIP）数据

数字化时代的业财一体：业务报账系统 / 孙彦丛，郭奕，扶冰清著. --北京：中国财政经济出版社，2022.1（2022.8重印）

（财务云丛书）

ISBN 978-7-5223-0861-6

Ⅰ.①数… Ⅱ.①孙… ②郭… ③扶… Ⅲ.①财务管理系统 Ⅳ.①F232

中国版本图书馆 CIP 数据核字（2021）第 214255 号

责任编辑：马　真　　　　责任校对：徐艳丽

封面设计：智点创意　　　　责任印制：党　辉

数字化时代的业财一体——业务报账系统

SHUZIHUA SHIDAI DE YECAI YITI

YEWU BAOZHANG XITONG

中国财政经济出版社 出版

URL：http：//www. cfeph. cn

E-mail：cfeph@ cfeph. cn

社址：北京市海淀区阜成路甲 28 号　邮政编码：100142

营销中心电话：010-88191522

天猫网店：中国财政经济出版社旗舰店

网址：https：//zgczjjcbs. tmall. com

北京中兴印刷有限公司印刷　　各地新华书店经销

成品尺寸：170mm×240mm　16 开　15.5 印张　230 000 字

2022 年 1 月第 1 版　2022 年 8 月北京第 2 次印刷

定价：68.00 元

ISBN 978-7-5223-0861-6

（图书出现印装问题，本社负责调换，电话：010-88190548）

本社质量投诉电话：010-88190744

打击盗版举报热线：010-88191661　QQ：2242791300

《数字化时代的业财一体——业务报账系统》
课题组

主要成员：

孙彦丛　郭　奕　扶冰清

其他参与成员：

赵旖旎　禹　萌　王沫萱
宋影杰　彭甜甜　陈佳美
宋　佳　范雨菲　朱晓倩

关注财务云学院云课堂，
学习更多精彩课程。

序

技术进步一直驱动着企业的发展。20世纪40年代，世界上第一台计算机的诞生拉开了第三次产业革命的序幕。90年代，互联网拉近了企业内部各部门，以及和外部利益相关者之间的距离。如今，以“大智移云物区”为代表的新兴技术蓬勃发展，构建了一个紧密联结的数字化世界，深刻地影响着企业的业务创新、运营管理和经营策略。

在过去几十年间，财务同样经历了几次重大的变革。第一次革命是会计电算化的普及，会计电算化用小型数据库和简单计算机软件取代了部分人工核算工作，实现了财务传统计算能力和存储能力的巨大飞跃。第二次革命是ERP系统的广泛应用，促进了业务财务一体化，使业务管理与财务管理开始在一个平台上产生信息交互。第三次革命是财务共享服务中心的出现，促进财务实现组织转型、职能转型，并通过信息系统重构，使财务可以支撑和实现多地域、多行业发展的管理诉求。按照通信的术语来说，财务共享服务带来了企业管理的“交换机”和“路由器”，它将前端的业务系统分流程与财务系统连接起来，而“大智移云物区”等技术的出现，推动了财务第四次革命——财务的数字化转型。

财务本质上是一个信息循环，是收集、存储、加工财务数据的信息系统，并与企业主价值链建立广泛连接，从而支持业务循环和管理循环。财务信息化的本质是利用信息系统支撑财务职能及财务循环，承载财务九大流程（销售到收款、采购到支付、费用到报销、存货到成本、员工薪酬、总账到报表、固定资产、资金管理、税务管理），并通过与前端业务系统的联通对接，使数据可以在已有系统中“自如流动”。企业能采集的数据越来越多，处理能力越来越强大，财务发挥企业战略和经营“仪表盘”和“导航仪”的作用就越来越明显。因此，财务信息化是财务数字化转型的必然基础。

我和我的团队亲身经历和参与了中国会计事业的改革与发展。我们依靠自身力量在中国企业中最早完成财务转型，建立了中国企业第一个共享服务中心，第一个提出“财务云”的概念，率先将通信技术的理念融入财务系统，并根据技术发展不断升级迭代。一路走来，我们清晰地意识到，财务信息化是推动我国新一轮会计变革的起点，所以我们希望借助自身的经验帮助更多中国企业，帮助他们拥有世界级能力。在过去的十几年间，我们已为国内200余家大型企业提供适应市场环境和符合业务需求的财务共享服务、财务信息化和财务数字化方案。同时，我们也希望为中国财会行业进步与人才培养贡献力量，于是我们出版了《财务云丛书》，发表了近百篇重点文章和洞察报告，与国内各大高等院校、学术与教育机构建立了深入合作关系。

当然，培养新时代的会计人才，需要合适的方法和专业的“教材”。为此，我们规划了首批的五本专著，分别是《数字化时代的全员体验——费用报销系统》《数字化时代的财务中台——共享运营系统》《数字化时代的采集存储——电子影像 & 电子档案系统》《数字化时代的控制矩阵——预算 & 合同》和《数字化时代的业财一体——业务报账系统》。其内容依托中兴新云 FOL 财务云信息系统，采用“理论 + 实务”“流程 + 信息系统”的编写形式，用通俗易懂的语言，将财务工作流程和内容直观地呈现在读者面前，帮助读者了解业财一体化，快速搭建起财务与信息化的连接，建立起财务信息化的思维体系和知识底座，理解信息化建设对于数字化转型的关键价值，并促进财会行业人才发展迈上新台阶。

数字化浪潮已在眼前，这是对全社会生产生活方式的又一次革命，也是财务行业和财务人员面临的又一次变革。当变革来临，我们需要的是拥抱未知的勇气和敢为天下先的决心，用知识武装头脑，用经历丰富人生，用洞见破除困难，用信念面对挑战。财务人员不应该仅局限于处理“票账表钱税”，而应该是善于学习、勤于思考、能够破译企业价值密码的先行者，这才是财务最令人心向往之的未来。

中兴新云总裁　陈虎

2021 年 3 月

前　言

技术的进步引领时代的变革，科学技术的每一次突破都是撬动人类社会进步的杠杆。新兴技术在生产和生活领域的广泛应用，对竞争环境、商业模式及企业管理方式产生了深刻的影响，推动了企业转型的进程。财务管理作为企业转型的重要支撑手段，是组织转型和业务转型下实现资源优化配置的有效工具。财务部门作为企业所有交易和信息的记录者，是企业天然的数据中心。因此，财务的数字化是企业数字化的起点。

技术和信息系统是财务数字化转型的两大重要支撑。“大智移云物”、区块链等技术对财务变革的影响尤为显著，企业依靠这些新兴技术汇总数据，分析提炼，将结果以可视化的方式展现出来，使经营者透过现象看到本质。信息系统是技术的载体，新技术的应用需要通过信息系统得以实现，信息系统也需要依托新兴技术达成自身的更新换代。在数字化转型过程中，企业需要不断调整财务信息系统框架与具体系统功能，通过自主研发将新技术嵌入相应的系统中，使技术搭载系统实现更先进的功能。

系列丛书以财务云信息系统平台（简称“财务云平台”）为依托，将企业财务业务的核心内容划分为多个“域”，本次推出的五本丛书内容涵盖了费用报销域、共享运营域、影像档案域、财务控制域以及业务报账域。《数字化时代的全员体验——费用报销系统》以费用为基础，展示费用管理的审批流、核算流、内控流、资金流、数据流及其系统实现等内容；《数字化时代的财务中台——共享运营系统》涵盖运营系统及运营管理，指导企业应如何通过信息化技术高效运营和管理财务共享服务中心；《数字化时代的采集存储——电子影像 & 电子档案系统》主要展示了影像系统及档案系统的功能点及其应用场景，剖析影像档案系统如何筑起坚实的信息壁垒，使企业的财务及业务数据形成一个完整的、安全的闭环，实现会计档案电子化管理；《数字化时代的控制矩阵——预算 & 合同》体现了企业如何通过信息化技术实现多个维度、多流程节点的内部控制，促进财务与业务处理的合规高效；《数字化时代的业财一体——业务报账系统》以销售、采购、资产、薪酬、资金、税务、总账多个业务为切入点，深入剖析了企业如何借助信息系统实现业财一体化。

本书主要围绕业财一体化及业务报账域的相关业务及信息化展开叙述，全书共 11 章，分为业财一体的理念、业财一体的应用、业财一体的技术支撑三部分。业财一体的理念包含 2 章内容，第 1 章重点介绍了企业的价值链，企业的业务流程与财务流程；第 2 章围绕分域、分深度方案描述了相关概念、标准及应用。业财一体的应用包含 6 章内容，第 4 章阐述了采购到付款的业务、财务与信息系统流程，以及相关单据与台账；第 5 章阐述了销售到收款的业务、财务与信息系统流程，以及相关单据与台账；第 6 章阐述了资产管理的业务、财务与信息系统流程、相关单据与台账；第 7 章阐述了薪酬福利的业务流程与信息系统流程，以及相关单据与台账；第 8 章阐述了总账到报表的业务流程与相关单据、台账；第 9 章阐述了其他域的含义及相关单据，包括资金结算域、税务管理域、工程管理域、存货管理域。业财一体的技术支撑包含 3 章内容，第 3 章以财务信息系统框架为核心，展开介绍了业务报账系统及其外围对接系统；第 10 章介绍了主数据管理的概念、内容、意义及应用前景；第 11 章介绍了业务报账系统的中台技术，重点讲述了其中的业务中台、数据中台与能力中台。

本书主要面向财务管理、财务共享服务、财务信息化与财务数字化等相关领域的从业人员。以业财一体化为背景，以业务报账为核心，从流程管理切入，本书深入解读了业财一体信息化建设的分域、分深度方案，详细介绍了业务报账系统功能，多维度剖析了业务报账各大域的业务、财务、信息系统流程，贴近实务，以案例形式介绍了各个域的单据及台账，最后通过对主数据管理及中台技术的解读，为业财一体化、财务数字化打开思路，提供了先进的技术管理与实施方法。全书将理论与实践相结合，是一本具有实用性、前瞻性的书籍。

目　　录

第 1 章　企业的价值链与流程

本章学习目标

本章首先介绍了企业的价值链，其次阐述了企业的流程，包括基于 APQC 流程分类框架的业务流程与财务流程，以及业务流程与财务流程的交互。

通过本章的学习，应掌握：

◇　企业价值链

◇　企业的业务流程与财务流程

◇　业务流程与财务流程的交互及业财一体化

本章知识结构图（见图 1－1）

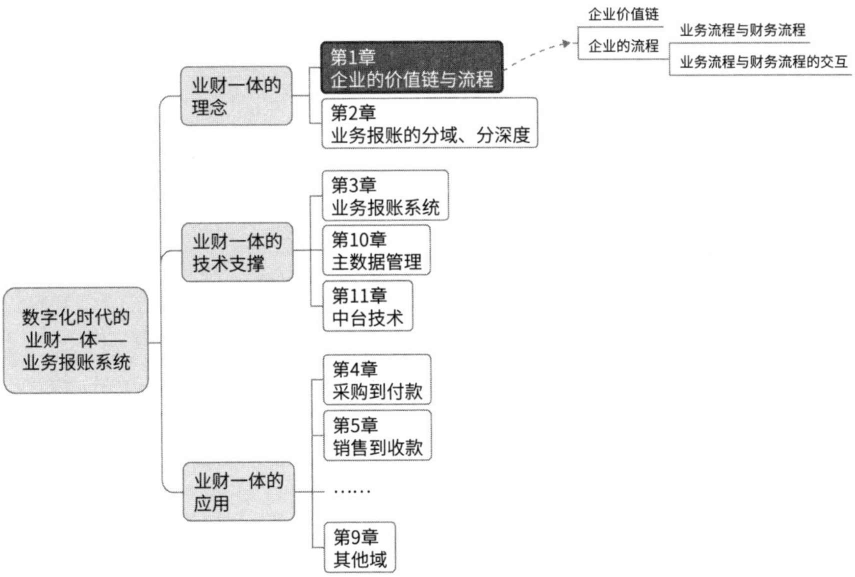

图 1－1　第 1 章框架导图

商业环境的变化莫测、数字经济的快速发展、科学技术的不断迭代，使企业间的竞争日益激烈。从根本上看，企业之间的竞争，是企业为顾客创造价值的能力之间的较量。为顾客提供满意的服务，为顾客创造更多更好的价值，是企业存在和发展的目标。然而，企业的活动纷繁复杂，在不断进步的同时，如何保持竞争优势呢？其实，每一个企业，虽然其环境、规模、商业模式、管理方式不一样，但从本质上来说，所有活动都是企业价值链的组成部分。基于价值链的分析，我们可以进一步勾勒出企业运营流程与财务流程的框架，从而更好地探究财务如何对企业经营提供有效支撑。

1.1 企业价值链

企业的根本目标是实现价值，这一目标只有在企业提供的产品或者服务获得客户满意后才能实现。为了实现某个业务目标，企业会开展一系列活动。根据迈克尔·波特（Michael Porter）于1985年在其所著《竞争优势》（Competitive Advantage，New York：The Free Press）中提出来的价值链（Value Chain）概念，企业活动可以分为基本增值活动和辅助增值活动，两者共同构成企业的价值链。基本增值活动主要是指企业生产经营的基本流程，呈主要的“链形”结构。在基本增值活动之外，同时还存在着采购、技术、人力资源等辅助增值活动。企业的价值链不是一条直线，而是一个纵横交错的体系（见图1-2）。

图1-2　企业的价值链

企业的基本增值活动，即一般意义上的“生产经营环节”，如内向物流、生产运营、营销销售等，这些活动都与商品或者服务的流转直接相关。

➢ 内向物流：内向物流是企业从生产资料供应商进货所引发的产品流动，即企业从市场采购的过程，包括原材料搬运、仓储、库存控制等。

➢ 生产/运营：将投入转化为最终产品形式相关的各种活动，如机械加工、包装、组装、设备维护、检测。

➢ 营销/销售：以提供买方购买产品的方式和引导买方进行购买相关的各种活动，如广告、促销、销售队伍、渠道建设。

➢ 外向物流：外向物流是从企业到客户之间的产品和服务的流动及企业将产品和服务送达市场并完成与客户交换的过程。

➢ 服务：提供服务以增加或保持产品价值有关的各种活动，如安装、维修、培训、零部件供应。

企业的辅助增值活动支持基本增值活动的进行，包括企业的基础架构建设（行政与管理）、人力资源、财务和采购等。

➢ 采购：指购买用于企业价值链各种投入的活动，采购既包括企业就生产原料的采购，也包括支持性活动相关的购买行为，如研发设备的购买等。

➢ 技术：对于新技术的开发和应用，改善生产过程、提升产品质量。

➢ 人力资源：包括人员的招聘、雇佣、培训、开发和报酬等各种活动。

➢ 财务：源于企业资金运动及其所体现的经济关系，发挥筹资、用资、耗资、分配等过程中的管理职能，包括财务预测、财务决策、财务计划、财务控制、财务分析等。

➢ 法务：主要包括合规性控制、合同管理、公章管理、证照管理和其他法律文件管理。

1.2 企业的流程

1.2.1 业务流程与财务流程

以经典的价值链为基础，关于企业的流程有了更多的研究。美国生产力与质量中心（American Productivity and Quality Center，APQC）通过整理各个行业的业务，梳理了适用于各行业的流程清单模板，即流程分类框架PCF（Process Classification Framework，PCF），从中进一步归类、整合，形成了一份可用于各种类别企业业务流程清单的通用参考版本，为企业提供一个从流程角度运营企业的标杆。PCF 作为高级别的、一般的企业模型或分类法，给众多的企业进行流程管理提供了指导，重点在企业流程“完备性”方面提供一整套完整的框架模型。

流程框架是流程层次性的体现，将复杂流程分解，符合人们的思维习惯，有利于业务模型的建立。APQC 在通用行业 PCF 中，将流程划分为运营流程和管理支持性流程两类，一共 13 个一级流程，称为“类别”，是企业中最高层次的流程。其中，运营流程是指跨越职能边界，创造出交付给外部客户的最终产品和服务，最终目标是为外部客户提供产品和服务，也称为企业的业务流程。管理支持性流程相对于运营流程来说是内部流程，是为支持核心的运营流程的实现而设立的，共包含 7 个流程类别（见图 1－3）。

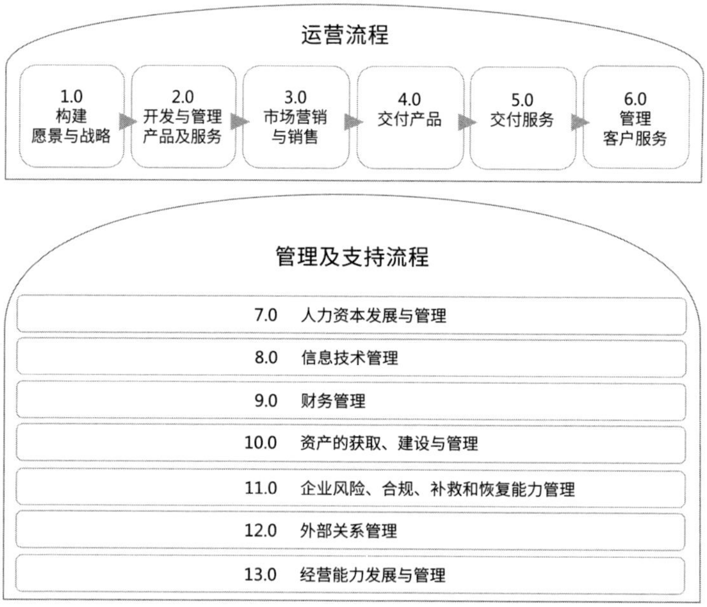

图 1－3　APQC 的流程分类框架（PCF）①

① 美国生产力与质量中心 APQC：《流程分类框架》V7. 0. 5，2016 年 10 月。

如果把流程比作地球仪上的道路，粗看地球分为七大洲，一百多个国家和地区，国家地图就是一级流程；再细分一层，又会看到每一个省份的地图，省份地图就是二级流程；再往下细分，每一个省份又有不同的城市，城市地图就是三级流程；再往下就是街道地图，是四级流程。

如果映射到企业的业务活动来看，最高层级通常是企业的价值链，而末级流程就是操作步骤。参照 APQC 的流程分类框架，考虑到企业的相关业务具有结构化和交易属性的特点，其流程框架可以进一步划分二级流程和三级流程（见图 1－4）。

图 1－4　财务管理流程分级框架

以某家电企业为例，流程框架划分为业务流程和职能流程。业务流程包括战略管理、新产品开发、市场营销、采购、生产、供应链、客户服务。职能流程包括投资管理、全面预算、质量管理、人力资源、IT 管理、审计、流程/制度管理、数据管理、项目管理（见图 1－5）。

财务管理流程是一级流程，包括财务规划与管理会计、收入核算、总账和报表管理、固定资产管理、工资处理、应付和费用报销、资金运营管理、内控管理、税务管理、国际基金/购并的管理、全球贸易服务等二级流程。

数字化时代的业财一体——业务报账系统

图1-5　某家电企业流程分类框架

财务共享服务中心的流程也可进行分级。财务共享服务是一种将分散于各业务单位、重复性高、易于标准化的财务活动进行流程再造与标准化，并集中到财务共享服务中心统一进行处理，达到降低成本、提升客户满意度、改进服务质量、提升业务处理效率目的的作业管理模式。财务共享服务中心通常是一个独立的实体，设有专门的管理机构。以某财务共享服务中心为例，其流程框架如图1-6所示。

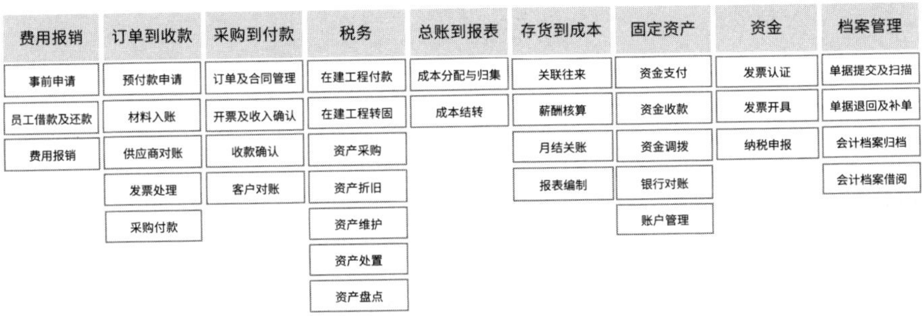

图1-6　某财务共享服务中心的流程框架

1.2.2　业务流程与财务流程的交互

虽然企业的业务流程与财务流程都是企业的一级流程，但是两者并不是独立存在的，而是相互联系的，业务流程与财务管理流程存在众多交互环节（见图1-7）。

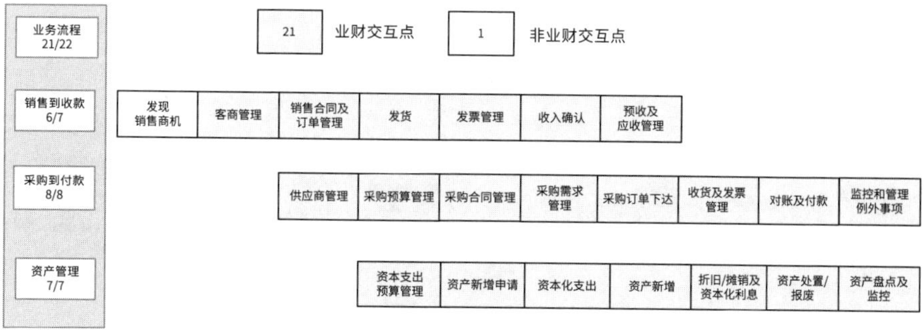

图1-7　业务流程与财务流程的交互示例

以采购到付款流程为例。企业在采购流程中，首先会根据采购需求筛选供应商、制定采购预算。确定供应商后，与其签订合同并下达采购订单。当企业收到货物并验收完成后，最终向供应商付款。在这个过程中，财务人员需要参与各个环节的工作。比如，企业筛选供应商时，财务人员会根据掌握的信息对供应商资质进行评定，为企业最终确定供应商提供参考。同时，财务人员会对采购人员提交的预算进行审批，保障预算编制合理合规；当企业与供应商签订采购合同时，财务也会参与审核合同的付款金额、付款方式、交货期限等条款，防范企业的财务风险。

财务流程与业务流程的交互环节，从财务的角度，可以分为管理类活动和操作类活动。操作类活动指的是财务的日常交易处理活动，比如发票、核算、结算等；管理类活动主要指财务对经营及管理的支持类活动，比如对客户与供应商的评估、采购与产品的预算、利润预测、成本差异分析等。下面将逐一分析各个流程中的财务操作类流程。

采购到付款各个流程环节的财务操作类流程如下（见图1-8）：

➢　在供应商管理环节，财务人员需要评估供应商的信用。

➢　在采购预算管理环节，财务人员需要对业务人员提交的预算申请进行审批。

➢　在采购合同管理环节，财务人员需要审批合同信息。

➢　在采购需求管理环节，财务人员审批采购部门提交的采购需求申请。

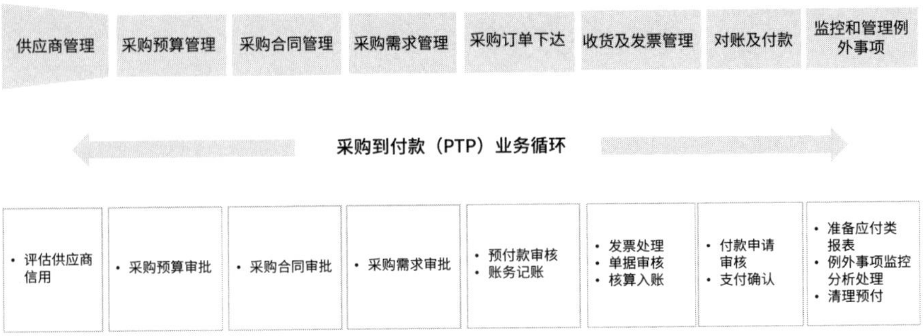

图 1－8　采购到付款流程的财务操作类活动

➢ 在采购订单下达环节，财务人员需审核提交的预付款申请，进行记账。

➢ 在收货及发票管理环节，财务人员对供应商开具的发票进行查重、验真、认账等操作，审核采购人员提交的报账单据并核算入账。

➢ 在对账及付款环节，财务人员审核付款申请，付款信息无误后确认支付。

➢ 在监控和管理例外事项环节，财务人员还会准备应付类报表、监控和分析例外事项、清理预付。

销售到收款各个流程环节的财务操作类流程如下（见图 1－9）：

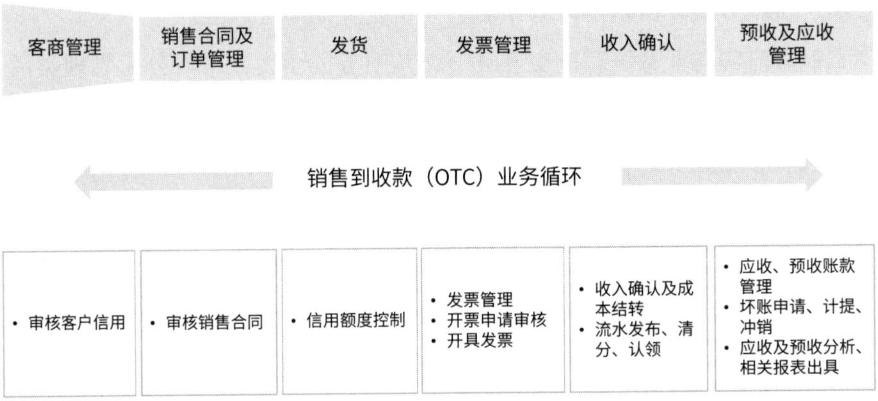

图 1－9　销售到收款流程的财务操作类活动

➢ 在客商管理环节，财务部门接受业务部门提交的准予客户赊销的期限和额度后，对客户信用情况进行审核或调查，评定信用等级，提出审核意见。

➢　在销售合同及订单管理环节，财务人员审核合同信息。

➢　在发货环节，财务人员会进行信用额度控制，保证按照信用额度进行发货，防范财务风险。

➢　在发票管理环节，财务人员需要对销项发票进行管理，审核业务人员提交的开票申请单，信息无误后开具发票。

➢　在应收处理环节，财务人员可通过审核业务人员提交的报账单，完成应收确认及核销。

➢　在收入确认环节，财务人员依照规定确认收入，结转成本；收到款项时，进行流水的发布、清分及认领。

➢　在预收及应收管理环节，财务人员进行应收账款及预收账款管理；对于无法收回的坏账，提交坏账申请、计提坏账准备；后期冲销已计提的坏账；同时，还需分析应收及预收款项、出具相关报表，为财务管理者提供决策支持。

资产管理各个流程环节的财务操作类活动如下（见图 1－10）：

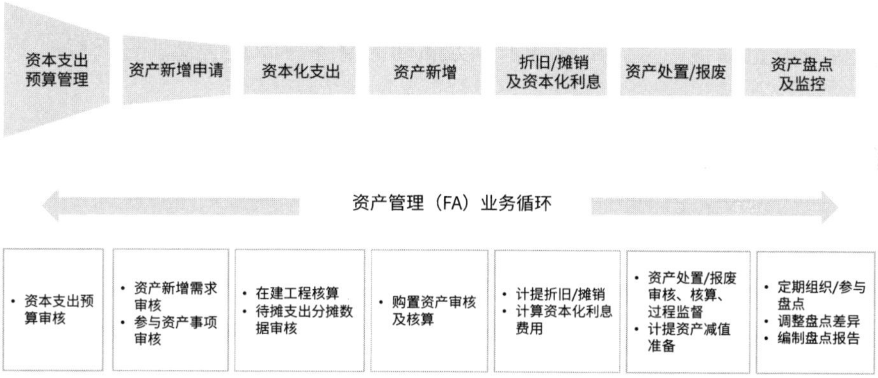

图 1－10　资产管理流程的财务操作类活动

➢　在资本支出预算管理环节，财务人员需要审核预算申请。

➢　在资产新增申请环节，财务人员需对业务人员提交的资产新增申请、资产事项及相关资料（如合同）进行审核。

➢　在资本化支出环节，财务人员会进行在建工程核算、审核待摊支出的分摊数据。

➢　在资产新增环节，财务部门通过业务人员提交的资产报账单对购置资产进行审核及核算。

➢ 在折旧/摊销及资本化利息环节，财务人员计提固定资产折旧及无形资产摊销、计算资本化利息费用。

➢ 在资产处置/报废环节，财务部门需要审核、核算及监督，同时计提资产减值准备。

➢ 在资产盘点及监控环节，财务部门定期组织/参与资产盘点，及时调整盘点差异，编制盘点报告，便于企业更好地开展资产管理。

通过上述内容，可以清晰看出企业业务活动与财务活动的交互环节中的财务操作类活动，针对该内容的详细介绍将在下文对应的章节进行，在此不做赘述。在当今信息社会中，数字化经济时代的快速发展，带给企业的不仅是质量、成本、技术和服务的局部挑战，而且是企业经营模式、业务流程、信息系统等全方位的变革，企业纷纷寻求数字化转型。业财一体化是企业进行数字化转型的重要基础，通过信息化手段使财务工作与业务联动，实现财务对业务的实时响应。如何才能实现业财一体化？企业可以借助信息系统，打开业务和财务的边界，将业务流程、财务流程、信息系统流程有机结合，从而实现基于业务驱动的财务一体化信息处理流程。

本章关键词

企业价值链	企业的活动可以分为基本增值活动和辅助增值活动，两者共同构成企业的价值链。
基本增值活动	企业的基本增值活动，即一般意义上的“生产经营环节”，如内向物流、生产运营、营销销售等，这些活动都与商品或者服务的流转直接相关。
辅助增值活动	企业的辅助增值活动支持基本增值活动的进行，包括企业的基础架构建设（行政与管理）、人力资源、财务和采购等。
流程分类框架	流程分类框架是 APQC 参照标杆企业经验，不分行业、规模和地理区域，整理各个行业业务后梳理得出的适用于各行业的流程清单模板，为企业的流程梳理提供一整套完整的框架模型。

本章小结

企业的活动可以分为基本增值活动和辅助增值活动，两者共同构成企业的价值链。根据 APQC 流程分类框架，企业的流程可以分为运营流程和管理及支持类流程两大类。财务流程是管理及支持类流程的一种。业务流程与财务流程存在交互环节，具体可以划分为管理类流程和操作类流程。业财一体化是企业进行数字化转型的重要基础，通过信息化手段使得财务工作与业务联动，实现财务对业务的实时响应。

本章练习题

一、选择题

1. 企业的价值链包括（　　）。

A. 基本增值活动　　B. 辅助增值活动

C. 经营活动　　D. 财务活动

2. APQC 在通用行业 PCF 中将流程划分为（　　）。

A. 运营流程　　B. 管理支持性流程

C. 内部流程　　D. 外部流程

3. 以下存在运营流程与财务流程交互的环节有（　　）。

A. 发现并验证销售机会　　B. 客商管理

C. 供应商管理　　D. 发货

4. 根据本章内容，运营流程与财务流程的交互环节可以细分为（　　）。

A. 支撑类活动　　B. 管理类活动

C. 操作类活动　　D. 运营类活动

5. 销售到收款流程中，属于财务操作类的活动包括（　　）。

A. 签订销售合同　　B. 开具发票

C. 收入核算　　　　　　D. 出具报表

二、判断题

1. 企业的价值链包括基本增值活动和辅助增值活动。其中，企业的辅助增值活动支持基本增值活动的进行，如内向物流、生产运营、营销销售等。（　　）

2. 企业的运营流程与财务流程并不是独立存在的，而是相互联系的，运营流程与财务管理流程存在交互环节。（　　）

3. 运营流程相对于管理支持性流程是内部流程，是支持核心的运营流程的实现而设立的，共包含 7 个流程类别。（　　）

4. 采购到付款流程中，企业进行预算管理时，财务部门需要编制预算并完成审批。（　　）

5. 资产管理流程中，企业收到购置资产后，财务人员需要提交资产新增申请。（　　）

三、思考题

1. 运营流程与财务流程的交互环节有哪些？

2. 你认为什么是业财一体化？企业应如何实现业财一体化？

第 2 章　业务报账的分域、分深度

本章学习目标

本章围绕业务报账的分域、分深度方案，首先介绍了分域的含义，其次介绍了分深度的标准、四个层次和分域、分深度方案在业务报账中的应用。

通过本章的学习，应掌握：

◇　什么是分域

◇　分深度的标准

◇　分深度的四个层次

◇　分域、分深度方案在业务报账中的应用

本章知识结构图（见图 2－1）

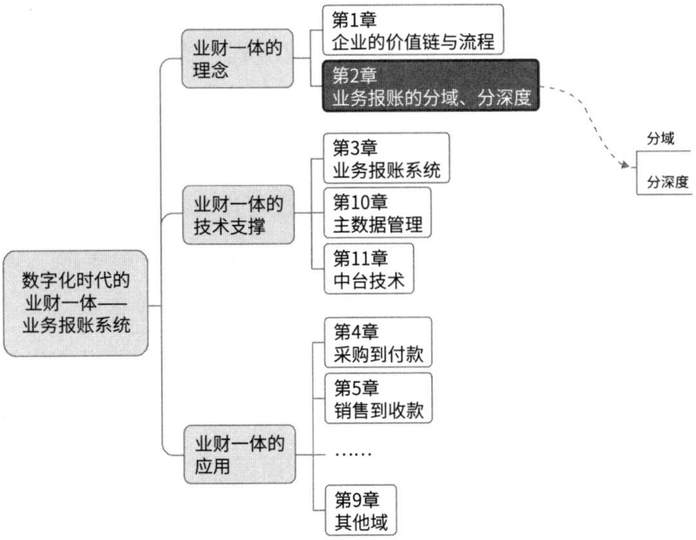

图 2－1　第 2 章框架导图

业财一体化通过业财数据的实时连接，实现了财务对业务的快速响应，其中离不开信息系统的建设。分域、分深度方案为企业业财一体化信息系统的建设提供了思路，根据企业财务流程的划分及流程的重要性，明确企业信息化建设的业务域（分域）；通过分析企业业务痛点，对每个业务域的信息系统建设进行不同深度的延伸（分深度），从而推动企业业财一体化信息系统的建设。

2.1 分域

分域是指根据企业财务工作内容分模块建设信息系统。企业如何进一步划分财务工作呢?

财务从本质上来说就是一个信息系统。财务是企业所有业务数据的集成点，企业经营中的每一个事项和交易，相应的数据最终都会汇集到财务。财务的工作就是数据识别、收集和存储的过程，也就是将业务流程中的数据转换成财务信息并进行报告，从而为企业的经营决策提供支持的过程，这一过程称之为“财务循环”。企业财务循环包括三大子循环：会计循环、管理会计循环和资金循环。基于财务循环，财务流程可以划分为员工费用报销流程、采购到付款流程、销售到收款流程、薪酬报账流程、资产报账流程、资金报账流程、税务管理流程、总账到报表流程（见图2 -2）。

因此，企业在进行业财一体信息化建设时，可以基于财务流程进行分域建设。根据财务流程的划分，信息化建设可以分为费用报销域、采购付款域、销售收款域、资产报账域、薪酬报账域、财务记账域、资金结算域、税务管理域、工程管理域、存货管理域、投融资域等。

这种分域的思路可以帮助企业将精力聚焦于影响企业经营发展的核心业务上。例如，生产制造行业更关注生产经营过程中的采购管理和存货管理，因此信息化建设的重点是采购付款域和存货管理域；建筑行业更关注建筑过程中的工程项目管理，其信息化建设的重点是工程管理域；金融行业更关注投资、融资相关的业务，其信息化建设的重点是投融资域。其

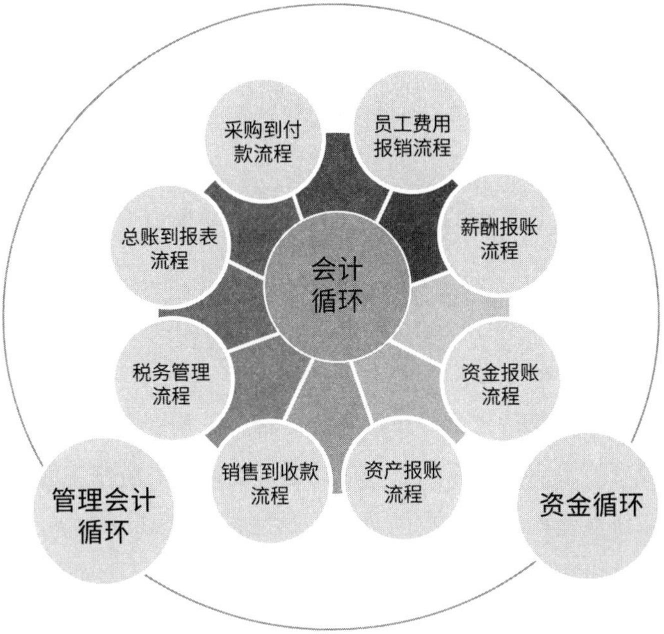

图 2－2　财务循环与财务流程

次，信息化建设进行分域能够更好地梳理业务流程和发现企业流程中的痛点，厘清系统建设脉络，控制信息化项目的建设范围。除此以外，企业分域建设信息系统可以使各个业务间的影响降到最低，使不同的业务域有独立扩展的空间。

报账是企业进行业财一体信息化建设的核心，是指业务人员根据业务场景进行提单报账，包括面向员工的费用报销，以及采购、销售、资产、薪酬、财务记账、税务、资金、工程管理、存货管理等业务报账，实现了财务对各类收支的合理合规性管控。本书主要介绍业务报账相关的流程、信息系统、业务单据及台账，面向员工的费用报销在《数字化时代的全员体验——费用报销系统》一书中详细讲解。下面对业务报账域一一做简单介绍：

➢ 采购付款域

采购到付款流程是指企业从供应商处采购产品与服务的一系列业务活动处理流程。采购付款域主要是指业务报账系统对采购到付款流程的支撑，该域主要实现的功能有采购预付报账、成本暂估报账、采购报账及采购付款报账。本书第 4 章将详细介绍。

➢ 销售收款域

销售到收款流程是指企业向客户提供产品或服务，并根据订单开具发票、收回款项等一系列业务活动处理的过程。销售收款域主要是指业务报账系统对销售到收款流程的支撑，该域的主要功能有开票申请报账、作废/红字发票申请报账、收入报账和收款/收票报账。本书第 5 章将详细介绍。

➢ 资产报账域

资产管理流程是指企业对在建工程、资产采购、资产折旧及摊销、资产处置以及资产盘点等一系列业务活动处理的过程。资产报账域主要是指业务报账系统对资产管理流程的支撑，该域的主要功能有资产预付报账、资产采购报账、资产付款报账、在建工程结转报账。本书第 6 章将详细介绍。

➢ 薪酬报账域

薪酬福利流程是指企业对工资计提、工资发放等薪酬业务活动处理的过程。薪酬报账域主要是指业务报账系统对薪酬福利流程的支撑，该域的主要功能有工资计提报账、工资发放报账、“五险一金”报账。本书第 7 章将详细介绍。

➢ 财务记账域

总账到报表流程是指企业从会计期的打开，到日记账录入、日记账复核、期末过账、外币重估、期末结账、报表出具等业务环节中形成的完整会计循环过程。财务记账域主要指业务报账系统对总账到报表流程的支撑，该域的主要功能有预提申请报账、预提/摊销报账、总账报账和财务记账报账。本书第 8 章将详细介绍。

➢ 资金结算域

资金管理流程是指企业制定资金计划、进行资金日常管理、资金/票据调拨、票据贴现/托收、财务记账及归档的资金管理全过程。资金结算域主要指业务报账系统对资金管理流程的支撑，该域的主要功能有贴现托收申请报账、资金调拨报账和票据调拨报账。本书第 9 章将进行介绍。

➢ 税务管理域

税务管理流程是指企业依据税收法律法规对其涉税业务和纳税实务所实施的税务研究和分析、税务计划和筹划、税务处理监控、税务协调沟通、税务预测和报告的全过程。税务管理域主要指业务报账系统对税务管理流程的支撑，该域的主要功能有税金计提报账和税款支付报账。本书第 9 章将进行介绍。

➢ 工程管理域

工程管理流程是指企业对重大建设工程实施的管理过程，包括工程规划项目的实施及控制过程、项目的收尾和项目的后续维护。工程管理域主要是指业务报账系统对工程管理流程的支撑，该域的主要功能有在建工程转固通知报账和在建项目形象暂估报账。本书第 9 章将进行介绍。

➢ 存货管理域

存货管理流程是指企业对库存商品的入库、出库、调拨、盘点等进行全面控制和管理以达到及时了解库存情况、降低库存量、提高取货备货效率的流程。存货管理域主要是业务报账系统对存货管理流程的支撑，该域的主要功能有存货暂估报账、存货出库报账和通用总账报账。本书第 9 章将进行介绍。

2.2　分深度

在业务分域后，各个域的业务相互间影响较小，此时可对每个域进行个性化设计，从而满足不同的业务报账需求。业务报账分深度方案在分域的基础上，依据各业务域的重要性对域内的信息系统进行深度划分，从而实现不同的业财连接方式，打通企业内因信息系统连接不足而导致的信息孤岛。

企业流程优化与分析的维度为信息系统分深度建设提供了思路。一般而言，工作量越大，对流程效率要求越高；工作重复度越高，对流程的标准化程度要求越高；流程重要性越高，管控力度要求越高。那么，如何衡量一个业务域（或称为流程）的工作量和重要性？如图 2－3 所示。

第一个指标是单据量。单据量说明了该业务域的工作量。单据量与自动化需求之间对应的标准称之为“百千万工程”：当企业月单据审核量在

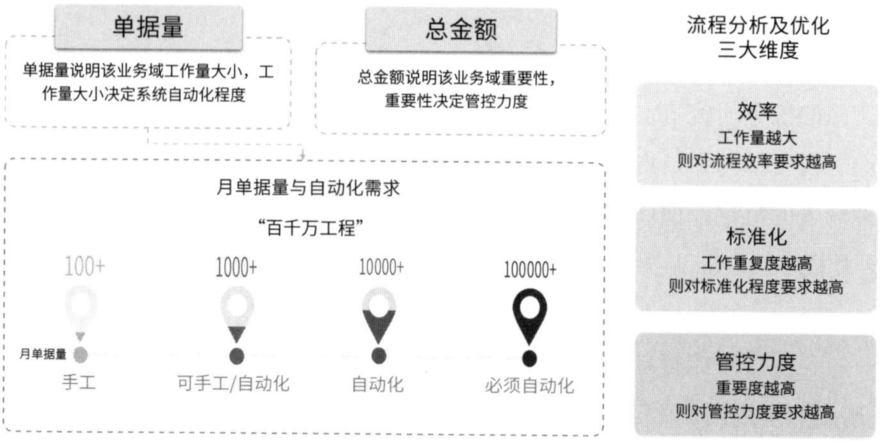

图 2-3　分深度的标准

100 单以内时，手工处理即可有效完成审核任务。当月单据量在 1000 单以上时，可通过手工或者自动化的方式完成单据审核。当月单据量在 1 万单以上，建议企业采取自动化方式处理业务。当月单据量在 10 万单以上时，企业这部分业务必须实现自动化。

第二个指标是总金额。总金额说明了该业务域的重要性。重要性越高，容错率越低，对管控力度的要求越高。比如大型保险公司每年有上亿元的保费收入，资金流水巨大。这类企业通常会重点进行资金管理相关业务的信息系统建设。若保险公司针对这部分业务采取手工处理方式，则会造成巨大的财务风险。因此，当单据量大、总金额高的时候，企业业务自动化的诉求就会变得非常高。

业务报账的分深度方案主要包括以下四个层次：

第一层，报账单。报账单是在每一笔经济业务发生时所取得或填制的、载明交易或事项实际情况的书面证明，是业务处理的载体。分深度方案的第一层中，各域内仅设计报账单据来承载简单的业务，业务流程从单据发起到单据结束，如目前的资金结算域，域内内部资金调拨业务量小，且非标准化，仅通过提单报账即能满足业务报账需求。

第二层，报账单 + 台账。台账用于业务报账域中各业务场景生成的业务数据的记录、归集、展示等，包含往来数据、中转数据、基础业务数据等。业务域内存在报账单，由于业务逻辑性，报账单之间存在前序或后序关系，域内通过报账单的报账顺序来反映完整的业务流程，比如财务记账域中摊销报账单的使用顺序在日常费用报账单后，采购付款域中采购付款单的使用顺序在采购报账单后。业务数据在前后报账单中主要是通过台账形成联系，台账平台作为数据的集中平台，与其他各个系统连接。在报账过程中，报账单据所含有的业务信息记入台账平台，从而被其他单据引用，进行数据的传递，支撑业务交互。各个业务域均可进一步拓展台账模块，如财务记账域，日常费用报账单选择待摊后生成待摊台账，待摊期间系统自动记录每月待摊金额，每月通过运行定时任务触发生成摊销报账单，摊销报账单关联待摊台账完成审核及入账。

第三层，报账单 + 台账 + 接口，称之为标准域。其中接口是业务报账系统与其他系统进行数据交互的窗口。通过接口的方式，业务报账系统能够采集各类业务信息，高效完成财务业务处理。如采购付款域中通过接口的方式将 ERP 系统（Enterprise Resource Planning Systems，企业资源计划系统，简称 ERP 系统）中的合同、采购订单等信息同步至业务报账系统，同时验收单形成验收单台账，报账时可进行关联。

第四层，报账单 + 台账 + 接口 + 子系统。在标准域的基础上上线子系统，可形成以业务报账系统为核心的闭环管理系统。如销售收款域中业务报账系统通过接口的方式对接前端业务系统如客户协同平台、ERP 系统等获取收入数据，形成应收台账。同时搭建收款认领子系统，进行收款认领并关联核销应收（见图 2 -4）。

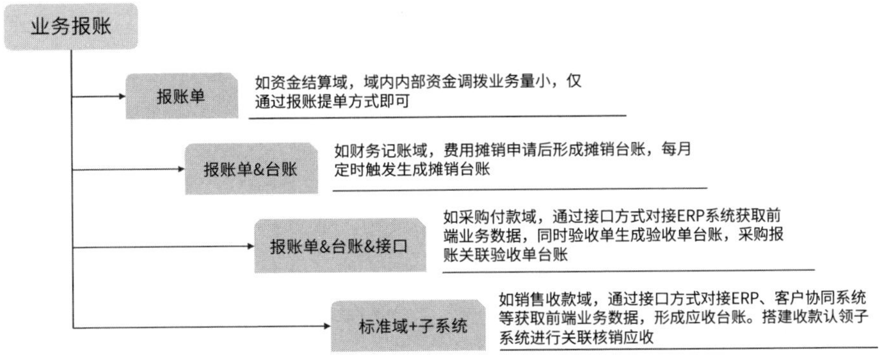

图 2 -4　业务报账分深度的四个层次

按照分域、分深度的理念，企业可聚焦业务量大、操作繁琐、困难的业务流程，设计规划各域信息系统，形成域内相关系统有效的集成互动，实现信息系统对业务的支持。

以下通过四个案例来解释分域、分深度方案在采购付款域中的作用。

案例一：A公司业务发展具有多元化，传统的线下报账方式存在着员工报账单据使用混乱、手工填写报账单不规范、预算难以管控且数据信息模糊等问题。为解决这一问题，企业对业务报账域深度进行拓展，分域上线业务报账单据。比如采购付款域上线采购预付单、成本暂估单、采购报账单和采购付款单，支撑业务数据在系统中流转，从而实现整个报账过程更加规范化、便捷化及透明化（见图2－5）。

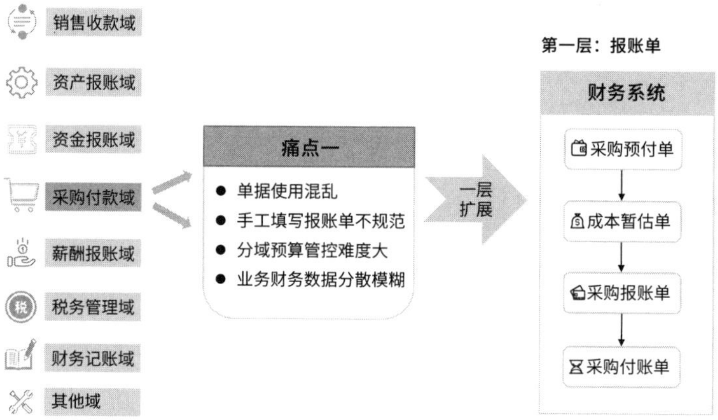

图2－5　业务报账分深度方案第一层——报账单

案例二：B公司业务种类较多且交易频率较高，业务过程中产生的业务数据采用传统的线下台账卡片记录的方式常常造成一些问题，比如手工录入台账数据工作量大、出错率高、台账登记与保管零散、调取与查阅不方便、报账单据无法关联台账等。为解决这一问题，企业对业务报账域深度进行拓展，分域上线台账。在报账过程中，业务单据的详细信息会回传至相应的台账平台，形成台账明细。比如采购付款域上线验收单台账，作为沉淀采购业务数据的平台，验收单台账数据来源于企业采购业务系统或者手工录入，可以被采购报账单、成本暂估单关联使用，从而为采购员提供存储采购结算的物料验收数据（见图2－6）。

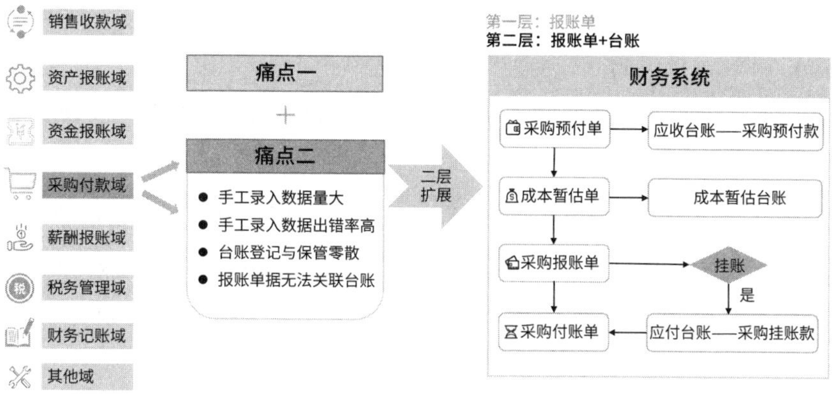

图 2－6　业务报账分深度方案第二层——报账单＋台账

案例三：C 公司某些业务具有交易数量大、交易频繁等特点，由于企业信息系统集成性较差，许多数据无法通过信息系统进行实时传递，而是通过人工方式录入，这种手工方式下信息处理过程中存在着人工失误和诸多不便。为解决这一问题，企业对业务报账域深度进行拓展，接入数据接口。大量的数据通过网络从企业各个业务子系统（如采购子系统、销售子系统、资产管理子系统）直接采集，并通过数据接口，与业务报账系统或台账平台相连接，从而减少业务处理过程中的人工干预。业务人员在报账的时候，通过报账单关联业务数据进行业务报账，比如业务报账系统接入 ERP 系统，通过接口将 ERP 系统中的采购订单、入库单、验收单等数据导入业务报账系统和台账中。采购人员在采购报账的时候，关联采购订单、入库单、验收单等，从而完成采购报账的高效处理（见图 2－7）。

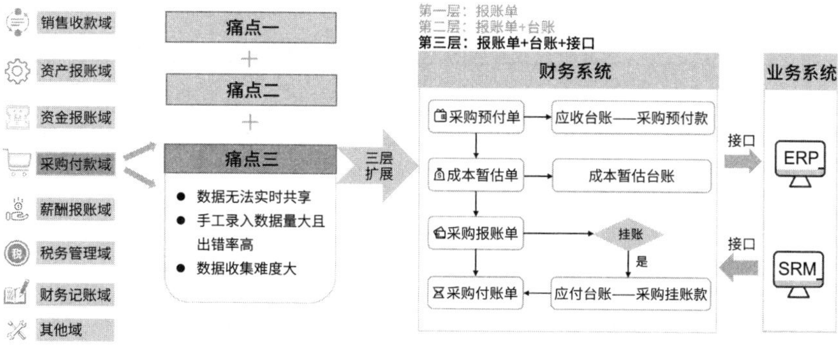

图 2－7　业务报账分深度方案第三层——报账单＋台账＋接口

案例四： D 公司上线了报账单据，业务报账系统中也已经上线了台账模块，并通过接口的方式与业务层前端系统（比如 ERP 系统）进行连接，目前各域均是标准域。但 D 公司仍存在大量的问题，比如供应商种类及数量繁多，导致采购对账与结算工作非常困难，支付流程不透明，传统手工模式下采购订单、入库单和发票三单匹配较为复杂。对 D 公司采购付款域深度进行扩展，前端延伸出供应商智能结算系统，自动进行三单匹配，直接推送数据至业务报账系统生成采购预付、采购报账、采购付款等单据。通过供应商智能结算系统实现财务采购结算数据与采购订单、验收单等业务数据链接，从而形成采购、验收、报账到付款的业务闭环（见图 2－8）。

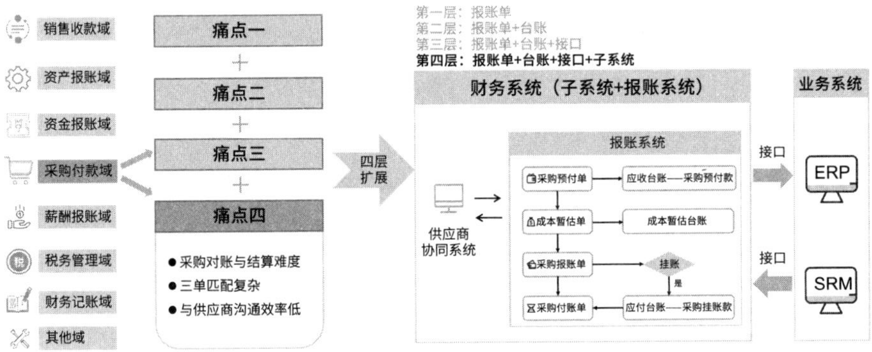

图 2－8　业务报账分深度方案第四层——报账单＋台账＋接口＋子系统

本章关键词

财务循环	财务循环是指将业务流程中的数据转换成财务信息并进行报告，从而为企业的经营决策提供支持，包括会计循环、管理会计循环和资金循环。
采购到付款流程	采购到付款流程是指企业从供应商处采购产品与服务的一系列业务活动处理流程。
销售到收款流程	销售到收款流程是指企业向客户提供产品或服务，并根据订单开具发票、收回款项等一系列业务活动处理的过程。

续表

资产管理流程	资产管理流程是指企业对在建工程、资产采购、资产折旧及摊销、资产处置以及资产盘点等一系列业务活动处理的过程。
薪酬福利流程	薪酬福利流程指企业对工资计提、工资发放等薪酬业务活动处理的过程。
总账到报表流程	总账到报表流程是指企业从会计期的打开，到日记账录入、日记账复核、期末过账、外币重估、期末结账、报表出具等业务环节中形成完整的会计循环过程。
资金管理流程	资金管理流程是指企业制定资金计划、进行资金日常管理、资金/票据调拨、票据贴现/托收、财务记账及归档的资金管理全过程。
税务管理流程	税务管理流程是指企业依据税收法律法规对其涉税业务和纳税实务所实施的税务研究和分析、税务计划和筹划、税务处理监控、税务协调沟通、税务预测和报告的全过程。
分域	分域是指基于根据财务流程的划分，信息化建设可以细分为费用报销域、采购付款域、销售收款域、资产报账域、薪酬报账域、财务记账域、资金结算域、税务管理域、工程管理域、存货管理域、投融资域等。
分深度	分深度是指在分域的基础上依据各业务域的重要性对域内的信息系统进行深度划分，从而实现不同的业财连接方式，解决企业内不同的业务痛点。分深度包括四个层次，第一层是报账单，第二层是报账单 + 台账，第三层是报账单 + 台账 + 接口，第四层是报账单 + 台账 + 接口 + 子系统。

本章小结

企业在进行业财一体信息化建设时，要基于财务流程进行分域建设。根据财务流程框架对信息系统分域建设，可以帮助企业将精力聚焦于影响企业经营发展的核心业务。对业务分域后，企业可根据业务的单据量和总金额对域内的信息系统进行不同深度的延伸，来解决业务痛点。分域、分深度方案在业务报账的信息化建设中有着广泛的应用。

本章练习题

一、选择题

1. 财务的工作就是数据识别、收集和存储的过程，称之为“财务循环”，财务循环包括三大子循环（　　）。

A. 会计循环　　B. 管理会计循环

C. 信息循环　　D. 资金循环

2. 按照分深度的标准能够实施不同层级的信息系统建设方案，分深度的标准包括（　　）。

A. 业务单据量　　B. 信息化程度

C. 总人数　　D. 总金额

3. 企业进行流程分析和优化的三大维度包括（　　）。

A. 绩效　　B. 效率

C. 标准化　　D. 管控力度

4. 分域、分深度方案是在业财一体化信息系统建设的基础上提出的。对于分域、分深度，下面理解错误的是（　　）。

A. 分深度方案的第三层“报账单 + 台账 + 接口”称之为“标准域”

B. 某企业中存在着涉税信息共享力度弱等问题，按照分域、分深度理念对税务管理域内信息系统进行延伸，延伸出发票池、进项发票认证系统等，属于分域、分深度方案的第三层

C. 基于业务报账系统对各业务类型报账的支持，对业务报账域进行分域细分

D. 对域划分的主要目的是分域后各个域的业务相互间影响较小，此时可对每个域进行个性化设计，从而满足不同的业务报账需求

5. 下列说法正确的是（　　）。

A. 建筑行业更关注建筑过程中的工程项目管理，其信息化建设的重点是工程管理域

B. 采购付款域主要实现的功能有采购预付报账、成本暂估报账、采购报账、资产报账及采购付款报账

C. 业务流程从单据发起到单据结束，属于业务报账域分深度四个层次中的第一层

D. 业务报账域分深度第二层能够解决数据无法实时传递的问题

二、判断题

1. 财务从本质上来说就是一个信息系统。财务是企业所有业务数据的集成点，企业经营中的每一个事项和交易，相应的数据最终都会汇集到财务。（　　）

2. 由于业务的逻辑性，报账单之间存在前序或后序关系，域内通过报账单的报账顺序来反映完整的业务流程，各域内通过接口方式能够解决报账单前后业务数据关联的问题。（　　）

3. 销售到收款流程是指企业向客户提供产品或服务，并根据订单开具发票、收回款项等一系列业务活动处理的过程。销售收款域主要是指业务报账系统对销售到收款流程的支撑，该域的主要功能为收入报账、收款报账。（　　）

4. 分域的第二个标准是总金额，总金额说明了该业务域的重要性，重要性越高，则容错率越低，对管控力度的要求越高。（　　）

5. 按照分域、分深度理念，将业务报账域中各域纵向划分为四个层次，其中“单据 + 台账 + 接口 + 子系统”能够形成以业务报账系统为核心的闭环管理系统。（　　）

三、思考题

1. 基于业务报账系统对各业务类型报账的支持，可以将整个业务报账域细分为哪几个域？

2. 什么是“百千万工程”？

3. 业务报账域分深度主要包括哪四个层次？分别解决业务报账中的哪些痛点？

第3章　业务报账系统

数字化时代的业财一体——业务报账系统

本章学习目标

本章以业务报账系统为核心，首先引入了财务信息系统框架，其次详细介绍了业务报账系统的定位、功能框架和实施意义，最后介绍了业务报账系统对接的外部系统。

通过本章的学习，应掌握：

◇　财务信息系统框架的各个模块

◇　业务报账系统的定位与功能

本章知识结构图（见图3-1）

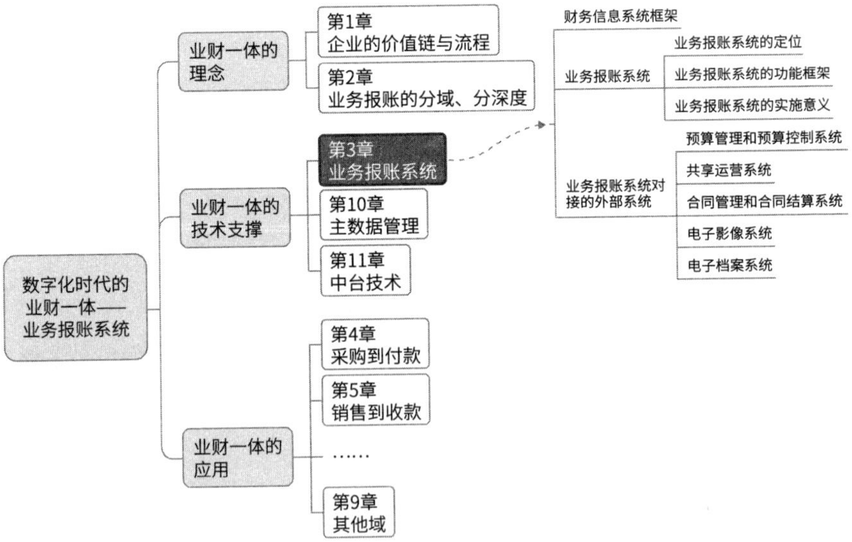

图3-1　第3章框架导图

企业财务信息系统的构建，能够提升企业财务资源共享能力，创造增量效益。分域、分深度方案为企业信息化建设提供了思路。业务报账系统作为企业信息一体化建设的重要组成部分，通过信息技术的创新和运用进行前端和后端系统的不断延伸，支撑采购付款、销售收款、资产报账、税务管理、资金报账及财务记账等业务流程在信息系统中的实现。以业务报账系统为核心的企业信息系统承载了企业业务与财务的交易数据处理，固化企业业务流程，完成了财务信息的采集、加工、处理和送报，助力企业实现业务报账的高效和高质。

3.1 财务信息系统框架[①]

财务信息系统在企业中扮演着两种重要的角色：一是支持财务业务流程和财务运营过程，提高财务业务运作效率；二是支持管理者做出更好的决策。财务活动可划分为三个层次：财务核算、管理控制和决策支持，覆盖从业务系统数据采集到财务作业处理、管理控制以及经营决策信息的发布展现，全面支持财务循环及财务价值的实现（见图3－2）。[②]

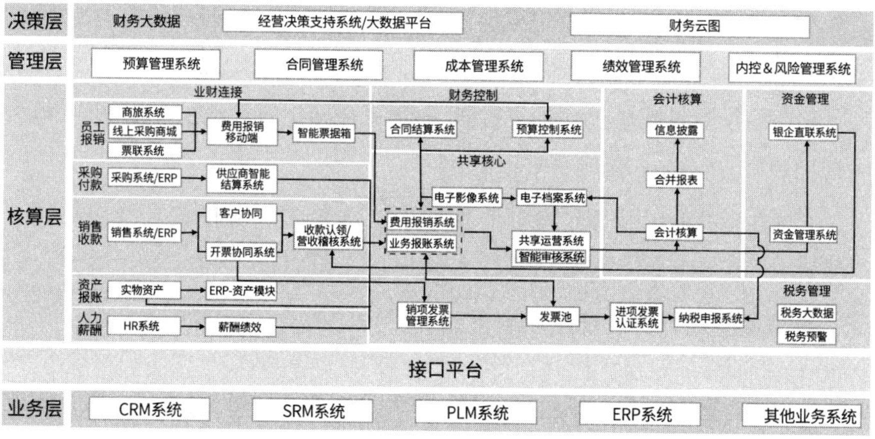

图3－2 财务信息系统架构

① 本书所提到的系统名称和系统功能均以中兴新云系统为准。

② 陈虎，孙彦丛．财务就是IT——财务信息系统［M］．北京：中国财政经济出版社，2017.

基于财务信息系统对企业业务活动和财务活动的支持，可以将企业的财务信息系统划分为四个层面，分别是业务层、核算层、管理层和决策层。

业务层信息系统覆盖企业的主价值链流程，支撑企业的业务发展，主要为业务人员所使用，但业务系统在设计时也需要充分考虑财务需求，将财务所需数据和信息的采集节点都放在业务前端，在业务人员进行业务处理的过程中，产生的数据和信息传递至财务信息系统。业务层信息系统包括 CRM 系统（Customer Relationship Management System，客户关系管理系统）、SRM 系统（Supplier Relationship Management System，供应商关系管理系统）等。

核算层信息系统支持财务会计交易处理、财经报告、资金管理、税务管理的职能，主要处理源于企业业务系统与用于财务交易处理的数据，可以提供多种供企业内、外部使用的财务报告和财务信息。

其中，核算层信息系统也称为财务云平台，财务云平台主要包括业财连接、财务控制、共享核心、会计核算、资金管理和税务管理六大模块，各模块中的信息系统通过接口互通互联，以确保业务全流程线上流转。

➢ 业财连接模块可以高效采集前端业务信息，打通业务数据与财务数据的线上通道，节省采集时间，提高采集效率，便于业务人员操作。

➢ 财务控制模块包含预算控制系统和合同结算系统，该模块可以内嵌管控规则，保障业务规范可控。

➢ 共享核心模块系统主要有报账系统（包含业务报账和费用报销两个模块）、电子影像、电子档案、智能采集、智能审核和共享运营六大系统，借助这些系统可以规范业务流程和操作，提升运营效率和质量，沉淀数据和信息。

➢ 会计核算模块能够向公司股东、政府、债权人等提供所用的财务报告和信息，包括会计核算系统、合并报表系统、信息披露系统，会计核算模块的系统与企业内外部各业务系统、共享运营系统、资金管理系统存在着复杂的数据交互关系。

➢ 资金管理模块的系统是资金流、资金调度、资金结算和运作管理的信息系统，与会计核算系统、业务系统、银行系统对接，实现资金的全流程管理。资金管理系统功能一般包括账户管理、资金计划管理、资金结算、银企直联、资金监控、银企对账、票证管理、债务管理、外汇管理等。银企直联是资金管理系统中的重要模块之一，有的企业会单独上线一套银企直联系统，以提升资金结算效率。

➢ 税务管理模块包括企业进行税务结算、税务申报、税务管理的财务信息系统，一般包括税务政策维护、税务数据采集、税务核算、审核、汇总、税务报表、纳税申报及税务预测分析等功能，涵盖企业的间接税管理、直接税以及转移定价管理等内容，是企业税务管理和分析的平台。

管理层信息系统包括企业从战略到经营计划、预算管理、过程成本管理、绩效管理以及企业风险控制管理的相关信息系统，其与企业的经营过程及管理要求密切相关，数据来源于核算层信息系统，经过进一步加工和处理，为企业管理提供财务信息。管理层包含的系统有预算管理系统、合同管理系统、成本管理系统、绩效管理系统等。

决策层信息系统属于支持管理决策的财务信息系统，为管理者提供交互式的决策支持。

3.2　业务报账系统

业务报账系统位于财务信息系统框架的核算层，是企业业财一体化建设的核心。从2000年开始，业财一体化主要通过ERP系统来实现，而ERP系统偏重以财务为核心，从而导致业财一体化建设对业务的赋能不够重视。同时，ERP系统强调用一个系统满足从业务到财务的所有需求，这种大包大揽的方式对系统的要求较高，财务无法更好地实现对业务的支撑。业务报账系统作为ERP系统核心财务模块的延伸，是面向企业所有部门和员工的统一服务窗口，为企业提供全业务、全流程的财务报账支持服务。作为衔接业务前端和财务后端的通道，业务报账系统能够弥补企业内前端信息系统业财连接的不足和解决业务财务数据收集难的问题，帮助企业完成业务财务一体化建设。

除此以外，对于传统线下的报账模式，无论是报账的员工还是业务领导，甚至财务审核人员，都会感受到流程的低效。公司与供应商和客户的往来、与银行的交割、与员工的内部结算都是基于实物进行的，依赖大量的纸质单据和手工签字。这种传统的以纸质单据作为介质的业务报账模式，使企业不得不面对其所暴露出来的成本高、效率低等问题。业务报账系统的产生，很好地解决了传统财务报账模式下所面临的各项问题。

3.2.1　业务报账系统的定位

数字化时代的业财一体——业务报账系统

业务报账系统作为核算层信息系统，是财务报账业务一体化处理平台。业务报账系统通过与其他信息系统对接进行业务数据的交互，共同完成企业业务数据和财务数据的处理，从而实现业务、财务系统的互通互联。

业务报账系统通过与 ERP 系统、实物资产系统、HR 系统（Human Resources System，人力资源系统）等对接获取业务数据，员工在进行业务报账时基于业务数据直接提单。报账系统的审批流引擎根据审批权限的设置，将报账单据推送至相应的业务领导处，业务领导审批通过后，单据自动流转至共享运营系统进行统一的任务划分和处理。财务审核完成后单据通过会计引擎自动生成会计凭证并推送到会计核算系统，同时数据流转至银企直联系统进行资金支付和流转到发票池进行税务数据的沉淀（见图 3－3）。

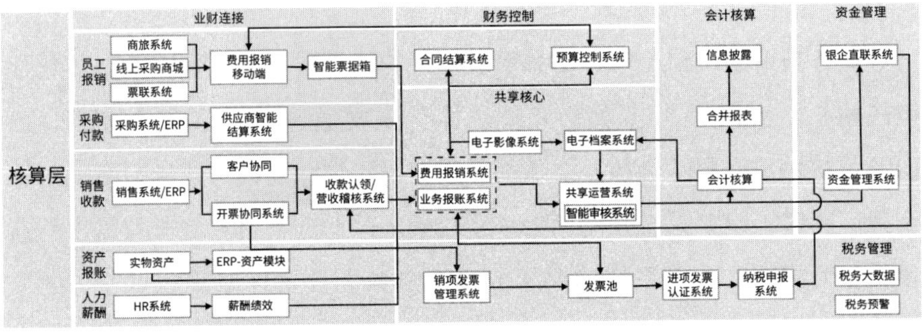

图 3－3　财务信息系统核算层系统架构

业务报账系统是面向业务的服务窗口和运营支撑平台。通过与其他财务信息系统进行业务数据的交互，业务报账系统能够完成企业业务数据和财务数据的处理，从而实现业务、财务系统的互通互联。面向财务部门、

IT、员工、用户和领导，业务报账系统的功能有所不同（见图3-4）。

图3-4　业务报账系统的定位

其中，面向财务部门，业务报账系统支持风控与合规管理，内嵌标准并可关联员工申请，进行事前进项支出管控；支持关联合同控制，关联记录更完善；结合预算控制系统，可有效加强预算管控，是财务结构化数据的采集平台、财务制度的管控平台、财务和业务的交互平台。

面向IT，业务报账系统内置实施配置平台，降低IT部门运维门槛，减少运维成本。

面向员工，业务报账系统报账单据分域设计，可勾选填单、复制单据，提高填单效率；发票展示拟物化，上手即用；系统内含单据优先级规则，支持催办审批，有效缩短报账周期，同时员工可实时跟踪财务服务进度。

面向用户，业务报账系统内置多语言环境，支持移动端填单审批，收藏常用菜单页签，内置在线预览、放大镜、在线客户等插件，全方位提升用户使用体验。

面向领导，业务报账系统支持业务领导一键、一站式审批，支持报账人修改记录留痕，审批时提示报账人信用信息、单据合规信息；支持配置会签、挂起、转交等审批节点，驳回单据到之前某一节点等功能，极大优化审批体验，让领导审批更加简便，随时随地掌握关键信息，降本增效。

数字化时代的业财一体——业务报账系统

3.2.2 业务报账系统的功能框架

业务报账系统是采购付款、销售收款、资产报账、薪酬报账、税务管理、资金报账、财务记账等财务报账业务的一体化处理平台。业务报账系统将原有单据按照业务场景划分为多个域，不同的业务进入不同的域进行操作，使单据选择更为容易。各业务域“单据 + 台账”形成标准业务流程，域内流程更加清晰。系统可以内嵌合规控制、标准控制、事前申请控制、预算控制、合同控制等，对财务风险、合规风险等风险进行全面防范。业务报账系统功能框架如图 3 –5 所示。

图 3 –5　业务报账系统功能框架

业务报账系统对财务流程分域划分后，不同的域所实现的功能不同。其中，采购付款域支持采购预付、成本暂估、采购报账和采购付款等。采购付款域内采购预付单可以记录和核算预付给供应商的货款。当原材料已经入库但未收到供应商开具的发票时，可通过成本暂估单完成原材料的成本暂估入账，相关的数据会回写至成本暂估台账。当收到相关的采购发票时，可通过采购报账单完成本次采购报账，采购报账单能够关联验收单及发票，完成采购订单、入库单、发票的三单匹配，同时冲销成本暂估。采购报账单可以关联合同、核销预付或业务收入款、挂账等。采购付款单可以核销因采购报账而形成的应付账款。

销售收款域支持开票申请、作废/红字发票申请、收款认领、收入报账、收款报账和收票报账等。当因销售业务，客户申请开具发票时，开票申请单能够完成销售发票开具的申请。若发票存在错误等，需要作废重新开具发票，作废/红字发票申请单能够完成发票的作废申请。当因销售而产生一笔收入的流水时，业务报账系统能够完成流水的自动匹配与认领。当符合收入确认条件时，收入报账单能进行收入及应收的确认，关联前端销售系统的销售订单进行核算入账，同时能够核销前期已经预收的款项。当收到客户打来的款项或者票据时，可通过收款报账单或者收票报账单完成该项经济事项的核算入账。

资产报账域支持资产预付、资产报账、资产付款和在建工程结转等。资产报账域内资产预付单能够记录和核算预付给资产供应商的款项。满足相关的资产确认条件时，可通过资产报账单完成购买资产的报账，资产付款单可核销因资产报账而产生的应付账款。在建工程建设期间，可通过资产报账单完成在建工程的入账，相关的在建工程数据会回写至在建工程台账。后期当在建工程转为固定资产时，企业可通过在建工程结转单关联在建工程台账，完成在建工程的结转。

薪酬报账域支持新增薪酬明细、工资计提、工资发放和“五险一金”报账，可通过业务报账域薪酬报账单新增薪酬明细。薪酬报账人员可通过台账平台新增工资计提台账，当工资计提报账时，可关联工资计提台账。工资报账单还可以完成工资的发放，并冲销工资计提。除此之外，薪酬报账域还可以进行“五险一金”报账。

资金结算域支持资金调拨、票据调拨、贴现托收报账。通过资金调拨单和票据调拨单可以完成企业内或者集团间的内部资金或者票据调拨。资金结算域还支持贴现托收申请报账提单。

税务管理域支持税金计提和税款缴纳报账。税务管理域通过税金计提报账单完成税金计提报账，通过税款报账单完成纳税申报税金支付报账。

财务记账域支持总账记账、业务记账、预提申请和摊销申请。业务报账系统可通过业务记账单完成业务人员事项申请，提醒财务处理相关业务。当企业发生预提业务，可通过预提申请单记录相关业务的事项申请，并通过预提/摊销报账单完成相关费用的摊销，相关数据会同步至待摊台账。当仅需要记账时，可通过总账单来完成相关账务的记录。

3.2.3 业务报账系统的实施意义

企业在进行业务报账时，常常面临着如下的问题：员工报账体验糟糕，业务数据分布零散且彼此孤立，团队流程间存在壁垒而难以实现合作与信息共享。业务报账系统的出现，使得财务处理效率得以大幅度提升，为企业带来更高的灵活性和敏捷性，从而推动企业业财一体化建设和数字化转型。业务报账系统的实施对企业运作的意义有：

（1）加强内部控制，实时掌控信息。业务报账系统实现了对各分支机构财务活动的实时监控，各级领导可以随时随地查询公司及各分支机构的资金预算、费用支出等情况，形成了“事前、事中、事后”的实时掌控、动态调控、全程在控的经营管控新模式。公司的每一笔支出都要受资金计划的控制，并需要经过业务领导审批、财务审核，各级领导可实时在线查询预算使用情况和费用支出情况。

（2）提高资金使用效率，减少资金风险。业务报账系统实现了跨地域审批、跨地域支付，彻底解决了各分支机构开设银行账户所造成的资金占用问题。同时，领导可以及时、准确地了解各单位的财务资金等状况，为其决策提供支持。业务报账系统与资金管理系统连接，通过统一付款管理、智能支付预警，加强企业资金支付业务的事前事中控制，提升资金支付的管理效率。

（3）提高报账效率，节约报账成本。业务报账系统使业务报账突破了时间和空间的限制，摆脱了线上繁琐、冗长的流程，是企业员工、供应商和客户的报账业务一体化处理平台。业务报账系统使员工和领导可以跨地域在线提交或审批单据，同时系统内嵌控制规则可实现业务报账的自动化管控，将财务人员从低效重复的工作中解放出来，转向更能为企业创造价值的工作。对于各个层级用户来说，业务报账系统的应用提高了工作效率。整个报账过程节约了员工、领导和财务人员大量的工作时间，为公司节约了报账成本，提高了全流程工作效率。

（4）规范报账流程，实时了解报账进展情况。业务报账系统将以前模糊不清的报账流程固定下来，将“申请—审批—审核—入账—付款”全流程直观透明地展示在员工面前，加快员工报账速度，员工在系统里能够实时查询报账进度，详细了解报账进展情况。

（5）灵活管理数据，实现企业互联。企业内部信息通过业务报账系统实现了最佳的传输和交流效果，使整个财务流程与业务流程成为一个相互联系的体系。业务报账系统与来自客户、供应商等领域的数据进行交互，及时获取业务数据，实现流程自动运行和整个企业范围内财务与业务的互联。

3.3　业务报账系统对接的外部系统

业务报账系统拥有高度的集成性，前端与采购系统、票联系统、销售系统等对接，实现业务信息的自动采集；与合同管理系统、合同结算系统、预算管理系统和预算控制系统对接，实现成本费用的实时管控；与共享运营系统对接，实现报销单据的智能化审核；与电子影像系统对接，实现高效的影像流转；与电子档案系统相对接，实现报账资料的归档；通过与销项发票管理系统和发票池对接，完成税务数据的沉淀（见图3－6）。

图3－6　业务报账系统的外围系统

数字化时代的业财一体——业务报账系统

3.3.1 预算管理和预算控制系统[①]

预算管理是一种系统方法，用来分配企业的财务、实物和人力资源，以实现企业既定的战略目标。预算管理系统是实施预算管理的技术支撑平台，它在应用过程中实现了预算与战略规划的衔接、预算编制、预算控制、预算调整、预算分析及预算考核全过程的管理。预算管理系统与其他财务信息系统紧密结合，为企业的事前计划、事中控制、事后分析提供了有效的工具，充分体现了预算管理在财务管理中的重要核心作用（见图3－7）。

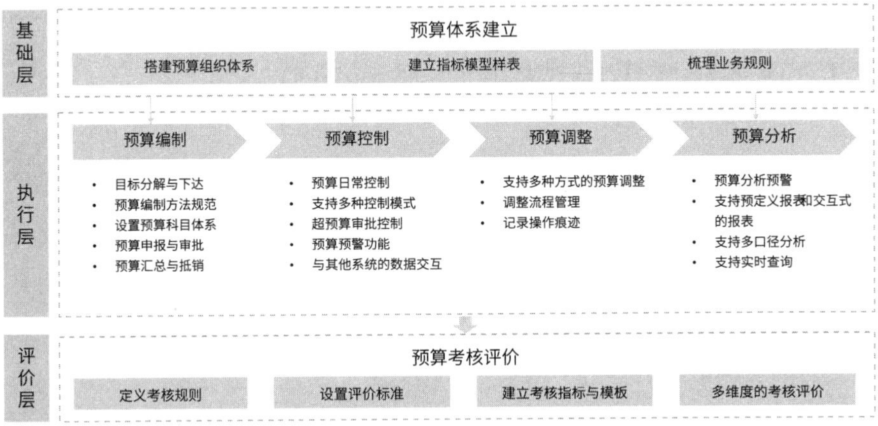

图3－7　预算管理系统功能架构

预算控制是对企业实际运营中发生的业务活动及资金支出进行控制，收集预算执行信息。预算目标在经营中如何贯彻落实，考验企业的执行能力，而执行中严密的过程控制措施，则是预算顺利执行的重要保证。作为连接市场和企业之间的纽带和桥梁，预算管理能够帮助企业更好地决策和规避风险。但在传统模式下，企业常常面临着预算管理效率低下、缺乏统一的数据平台、实施执行监控难度大、频繁变更降低预算监管效果、无法

① 孙彦丛，郭奕，扶冰清．数字化时代的全员体验——费用报销系统［M］．北京：中国财政经济出版社，2021.

建立有效的预算分析评价体系的痛点，从而无法对预算进行有效管理。

预算控制系统通过建立全面预算控制体系，对预算执行过程中进行多维度、多策略校验管控，保证业务部门各项开支均在预算范围内进行，实现预算执行事前、事中、事后全方位的控制，系统化管理录入、复核、调整预算额度，支持企业各部门、各项目多种业务活动预算校验、冻结、占用，实时跟踪预算执行全过程。预算控制系统功能架构如图 3 – 8 所示。

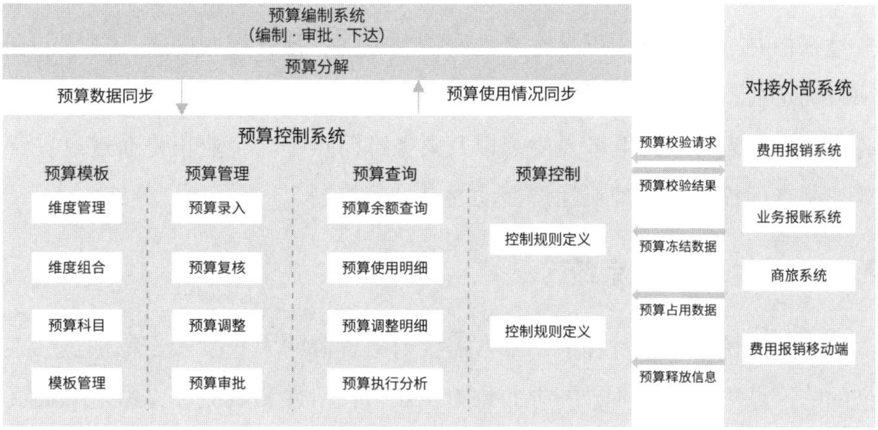

图 3 – 8　预算控制系统功能架构

预算控制系统的主要功能有：

➢　预算模板：系统支持自定义预算模板，预算控制时可直接使用模板。系统可对预算进行部门、项目等维度管理和科目管理，也可对预算维度进行不同的组合，对预算进行描述、统计和辅助控制。系统能够维护预算模板对应的期间，包括月度期间、季度期间和年度期间，用户也可以自定义期间方案，为不同年度配置预算控制期间。

➢　预算管理：预算管理包括预算录入、预算复核、预算调整和预算审批。预算录入是指预算期初预算管理专员可在系统中根据预设的预算模板导入预算申请单，也可手工录入。预算复核是指预算复核人员可查看预算录入/调整申请单详情，进行同意/拒绝审批操作。系统支持发起预算调整申请，预算管理专员选择该预算相同模板并输入信息，审批通过后自动调整预算。

➢ 预算查询：预算查询包括预算余额查询、预算使用明细、预算调整明细和预算执行分析。系统支持查询预算余额，依据预算余额确定可否继续提交申请。相关人员可查询预算调整明细，确保与预算复核结果相同，还可以通过预算控制系统查看预算的使用明细。系统可通过自动分析预算的执行情况，为管理者进行预算编制提供参考。用户可查看所负责部门预算详情，系统按预算维度层级清晰展示部门预算执行情况。

➢ 预算控制：预算管理通过预算控制点来实现事前、事中和事后的全过程控制。在系统中可自定义内嵌控制规则。预算控制的最佳环节是在项目确定前，其次是项目的发生过程及事后的差异分析。预算控制点主要有责任中心点、经济业务发生点以及财务部门点等。企业正是通过这些预算控制点的控制，实现对经济活动的全过程控制。

3.3.2 共享运营系统[①]

企业在快速扩张过程中，常常需要财务资源的大量投入。特别是大中型的跨区域集团型企业，一方面致力于获得灵活性和敏捷性，另一方面又试图取得成本上的优势。但财务管理工作往往不能有效支撑业务发展，存在诸多问题。企业各地财务流程不统一、不规范，业务扩展的同时需增加大量财务人员，人力成本较高。同时，财务人员承担的工作职责范围广泛，未进行专业化分工，全业务处理效率低下，且服务质量难以保障。除此之外，企业也未对财务的处理过程进行管理。

共享运营系统作为共享中心作业平台、财务业务统一处理平台和共享中心运营管理平台，通过集中处理任务，帮助企业标准化财务审核流程，进行实时运营监控，降本增效，保障服务质量，加强过程风险管控。系统内置三级任务调度机制、绩效管理机制、运营监控机制及统一会计引擎等，使共享服务中心的运营更加高效。共享运营系统功能架构如图 3－9 所示。

共享运营系统的主要功能如下：

➢ 任务处理：任务处理包括任务分配、任务调整、任务审核、信用

① 孙彦丛，郭奕，扶冰清．数字化时代的财务中台——共享运营系统［M］．北京：中国财政经济出版社，2021.

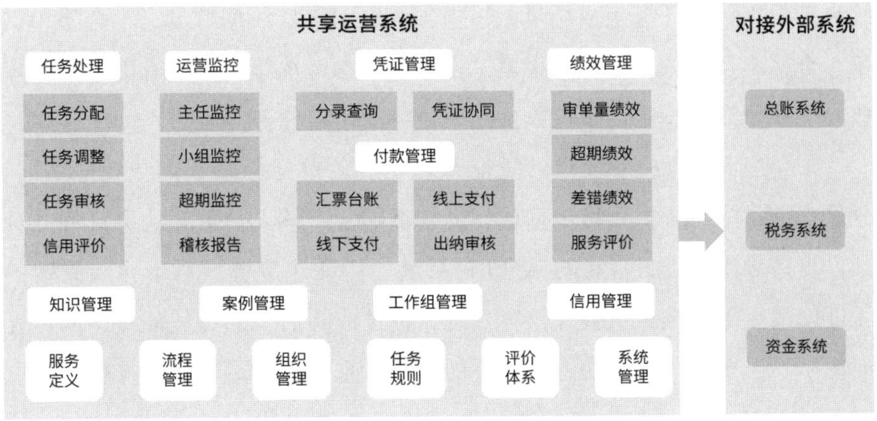

图 3-9　共享运营系统功能架构

评价。其中，任务分配是指共享运营系统的任务池中存在大量待处理的各类任务，财务审核人员以自动分配或手工获取的方式获取待处理任务的过程，系统支持按照业务类型、单据类型、核算主体、币种、报账金额设置分配规则。任务调整包括共享中心主任任务调整和共享中心小组组长任务调整。任务调整包括将任务分配到组、分配到人、任务收回、挂起和解挂。任务审核是指财务审核人员根据企业的相关制度对报账单据进行审核。财务审核时，系统显示业务类型对应的审核要点与相关制度。对不符合业务处理规范的任务可进行回退操作，系统可以记录回退原因及时间等，便于财务人员后续进行跟踪分析。系统还支持根据设定的凭证生成规则生成预制凭证，并通过接口导入会计核算系统。信用评价是指系统支持建立员工信用档案，通过配置多种违规参数建立违规扣分标准。财务审核单据信息时，可根据单据实际的错单原因，选择违规参数来调减报账人的信用分数。同时系统也支持事后对单据报账人的信用分数进行重新调整。

➢　运营监控：系统提供财务共享中心运营监控看板用以支撑中心主任和各小组组长实时监控自己权限范围内的共享人员审单情况，包括中心监控、小组监控和组员管理。共享中心主任可在中心监控查看共享服务中心所有的单据审核情况，各小组组长可在小组监控中看到本组的单据审核情况，并在组员管理中查看小组成员的待审核单据数、挂起单据数和超期单据数。系统还可基于单据稽核结果自动生成稽核报告。稽核报告是指系统自动根据稽核任务生成质量稽核报告，展示稽核单据总量、不合格单据量、合格率及稽核单据统计报表，供管理层参考决策，同时有助于加强审核人员质量意识，帮助审核人员高质量完成审核任务。

➢ 凭证管理：系统提供凭证管理功能，包括分录查询和凭证协同。分录查询是指系统提供按单据或凭证查询财务审核人员创建的会计凭证分录，支持导出凭证、凭证导入 ERP 系统、凭证作废等。对于导入失败的凭证修改后重新推送至会计核算系统，推送成功后，通过凭证接口回传凭证编号。对于已同步成功的会计凭证信息，系统提供冲销凭证操作，可调用 ERP 系统核算模块提供的凭证冲销接口冲销该凭证，冲销成功后，通过接口返回冲销凭证编号。凭证协同是指当单据存在跨核算主体分摊的情况时，可通过凭证协同功能将被分摊的核算主体会计凭证信息传送至对方核算主体财务人员系统中，经其确认之后即可推送至会计核算系统。

➢ 付款管理：系统提供出纳人员操作的付款管理模块，主要功能包括票据台账、线上支付、线下支付、出纳审核。系统支持对应收票据、应付票据、支票等票据进行线上管理，后续线下支付时可调用票据台账中的票据完成付款的操作。系统支持线上或者线下支付。对于线上支付，出纳审核确认支付后推送资金管理系统或银企直联系统发起支付，同时可对非共享服务中心原因造成的无法支付单据进行挂起或解挂。线下支付是指出纳人员在线下支付完成后，在共享运营系统内登记支付结果，更新付款状态。出纳审核是指系统支持对付款申请进行批量审核、拆分、合并、撤销合并及查看付款申请详情。

➢ 绩效管理：绩效管理是企业进行绩效计划、绩效实施、绩效评估与绩效反馈的信息化平台，是企业决策层战略目标的实现方式。绩效管理主要记录财务初审、复审、出纳的工作量、工作效率，用于考核财务共享服务中心员工的工作质量。系统支持对各环节报账工作量、单据时效、工作效率的统计，并通过图表在财务看板上进行展示。不同级别的考核对象能够通过系统进行考核指标的定义和自动计算。

除了任务处理、运营监控、凭证管理、付款管理和绩效管理外，还支持知识管理、案例管理、工作组管理、信用管理等。

3.3.3　合同管理和合同结算系统①

企业合同管理是落实企业风险管理和内部控制的一项核心管理业务，传统的合同管理模式已严重制约了合同管理工作向纵深发展，给企业管理工作带来了诸多难题。因此，对合同事务加强管理和监督，借助网络信息技术，加强合同的动态控制管理，提高履约率，已成为企业合同管理工作的当务之急。合同管理系统的出现解决了这一业务痛点，系统支持合同文本起草、审批、登记、归档、废止等一系列的管理活动。系统目标是通过基于合同条款与合同模板等信息组织方式实现合同的快速起草，降低合同编制对于业务部门人员能力的要求，同时完成合同文本全周期的管理、控制。

合同结算是合同管理的重要一环，是企业合同及合同执行情况的统一管理平台，可实时监控企业合同结算情况。合同结算集中企业所有的合同台账数据，处理合同履行环节的业务，与业务系统紧密关联，数据实时交互，形成对合同执行的有效监控。合同结算支持合同收付款计划统一管理，实时全面监控合同执行阶段的收支情况、发票进度等，关联合同数据与业务数据，帮助企业高效安排收支计划，防范资金管控风险。合同结算系统功能架构如图3-10所示。

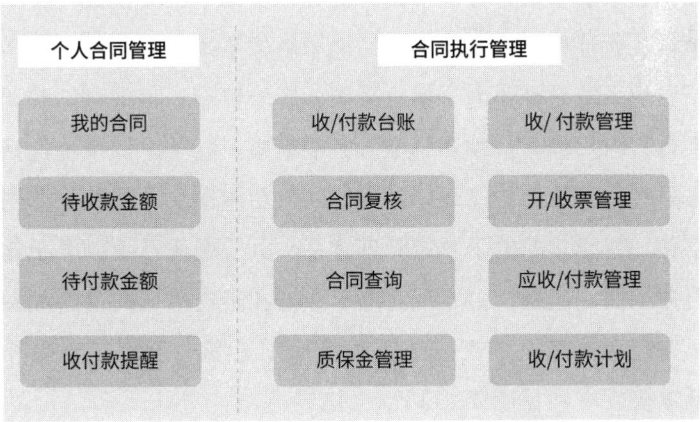

图3-10　合同结算系统功能架构

① 孙彦丛，郭奕，扶冰清．数字化时代的全员体验——费用报销系统［M］．北京：中国财政经济出版社，2021.

合同结算主要包含个人合同管理和合同执行管理两大功能模块：

➢ 个人合同管理：系统按合同类型展示当前用户权限范围内合同基本信息，实时跟踪合同状态，统计当前状态合同总数、合同总金额、已完成合同的数量、未完成合同的数量、未结算金额。

➢ 合同执行管理：该模块可以生成合同的收付款台账，便于企业进行收付款管理。收付款管理是指系统提供当前用户权限范围内所有执行中/已完成合同的收付款计划基本信息，实时跟踪计划执行状态。系统支持查询与导出，修改计划执行时间、手动关闭收付款计划，对于已关闭计划可查看关闭详情。还可基于合同直接发起报账。系统还提供合同复核、合同查询、票据管理和质保金管理等功能，贯穿合同的完整生命周期，提升企业的合同管理水平。

3.3.4 电子影像系统①

财务部门常常面临着集中办公的要求与原始凭证分散所产生的矛盾，大量纸质凭证的分散管理产生了诸多问题：实物资料传递增加了企业的管理成本、降低了作业效率；纸质档案管理，使得资料调阅不便；系统集成化程度低，数据间无法实现共享。企业迫切需要将合同、报账、财务核算等横跨预算、核算、结算等环节的各类凭证实物单据转换成电子影像，提升财务审核、凭证单据管理的效率，电子影像系统应运而生。

电子影像系统是企业电子信息采集、影像传输、集中存储和调阅管理的重要平台，由扫描客户端和影像服务端组成。电子影像系统包括影像采集、任务处理、影像上传以及影像查询四大功能模块，帮助企业构建无纸化、数字化、智能化的电子影像管理体系。电子影像系统以电子化流程替代传统财务纸面化流程，可实现对电子数据和实物单据的可追溯性、可控性管理，并配合报账系统支撑基于影像的预览和电子审核，提升审核效率，降低审核成本（见图 3－11）。

① 孙彦丛，郭奕，扶冰清．数字化时代的采集储存——电子影像 & 电子档案系统［M］．北京：中国财政经济出版社，2021.

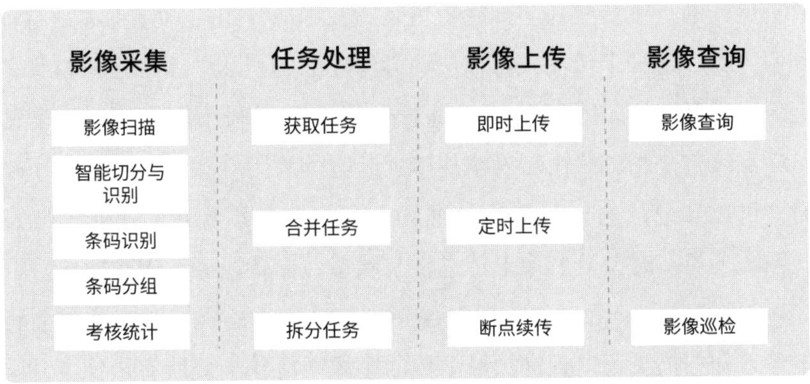

图 3-11　电子影像系统功能架构

电子影像系统的主要功能模块有：

➢ 影像采集：影像采集是电子影像系统的核心基础功能，主要包括五个子功能，分别是影像扫描、智能切分与识别、条码识别、条码分组和考核统计。其中，影像扫描是指通过电子影像系统和扫描设备的配合获取影像的过程。影像切分是指电子影像系统内嵌智能切分引擎和 OCR 识别引擎。影像扫描时系统可以自动识别需要提取信息的票据，并将一组影像的多张票据进行智能切分，分别提取每一张票据的结构化信息。条码识别是指通过坐标和参数的方式锁定识别区域进行识别。在扫描过程中，系统会自动识别文档资料中的条形码，将识别结果作为图像的索引数据保存。条码分组是可以将有条码的图像及后附的无条码图形自动分成一个独立的单据组，以方便影像扫描。系统还支持对扫描员的工作绩效进行考核统计。

➢ 任务处理：任务处理模块的存在使得电子影像系统从一个简单的采集和运输系统上升为一个核心的业务系统。任务处理功能模块主要包括三个子功能，分别是获取任务、合并任务和拆分任务。获取任务是指扫描员在电子影像系统中获取未审核单据影像，对提交过来的影像进行处理。合并任务是指扫描员根据影像的实际情况进行灵活处理。若需要把两个任务合并成一个任务，可通过合并任务来完成。若需要把一个任务拆分成两个任务，可通过拆分任务功能完成。

➢ 影像上传：影像任务处理完成后，系统支持影像任务实时上传、定时上传或断点续传模式。即时上传是指在影像分组后直接将数据自动传送到服务器，该种上传模式可以避免影像任务的积压。系统还可以设置定时上传，避开网络忙时，逐单或批量上传，充分利用网络闲时，均衡传输。断点续传是指如果由于网络故障、断电等原因导致上传中断，下次启动时，可以从记录的未上传部分继续上传，避免影像重复上传。除此之外，系统还可实时检测影像上传进度与状态，支持还原、删除操作。

➢ 影像查询：影像查询模块包括影像查询和影像巡检。影像查询是指报账人和扫描员可以查询已经上传的影像详情并下载所有影像图片。通过影像审核功能，档案管理员可对当前的影像进行巡检并备注。

3.3.5 电子档案系统①

档案资料是一种重要的信息资源，各行各业都日益关注档案管理工作，但多数企业在推进档案管理工作时，都被收集难、查阅难、保管难等问题捆住手脚：档案管理日志不完整，记录难追溯；纸质档案容易损坏、丢失、泄密；档案资料越来越多，而且分散，导致档案检索效率低；归档、借阅、鉴定过程存在障碍。

电子档案系统基于安全性、实用性和开放性原则，将会计核算产生的各类信息、纸质单据转化为电子档案，减少实物档案的邮寄成本和保管成本。电子档案系统为企业会计档案采集、归档、管理、借阅、销毁全流程的数字化管理提供支撑，以实现合规、高效、智能的电子会计档案管理。将电子档案和实体档案关联管理，电子档案系统能够实现会计档案的电子借阅和实物借阅，提升档案管理效率，保障档案管理安全。电子档案系统主要包含电子影像、电子凭证、查询统计、档案借阅、库房管理、系统管理等功能模块。电子档案系统的功能架构如图 3 – 12 所示。

电子档案系统的主要功能有：

➢ 电子影像：电子影像功能包括影像查询和影像巡检。影像查询是指系统支持查询已经扫描上传的影像，实时查看影像文件状态及推送状

---

① 孙彦丛，郭奕，扶冰清. 数字化时代的采集储存——电子影像 & 电子档案系统［M］. 北京：中国财政经济出版社，2021.

图3-12 电子档案系统功能架构

态。影像上传后，系统按照扫描顺序返回索引号，并建立索引号与报账单号对应关系。索引号规则可配置，如“扫描点编号+顺序号”，满足归档时实物档案快速定位需求。影像巡检功能对已经生成的原始凭证影像文件的质量进行复核，确保所有的电子文档符合电子档案管理规范的要求。

➢ 电子凭证：电子凭证功能包括凭证采集、凭证匹配、凭证复审和凭证分册四个子功能。电子凭证功能主要是将企业自制的记账凭证的电子文件同内、外部原始凭证的影像文件进行采集、匹配，生成完整的电子记账凭证档案数据。电子档案生成后，以册为单位在系统内进行管理，达到纸质会计档案同电子会计档案的完全统一，取代日常档案调阅中对纸质会计档案的依赖，使得纸质档案免受人为翻阅和电子设备复印、扫描的损害。

➢ 查询统计：查询统计功能包括凭证查询、凭证分册查询和查询凭证借阅记录。电子档案系统具备多维档案管理报表功能，全方位动态展示各类别会计档案数量和库存状态，可支持查询相关的凭证。凭证分册查询支持按照核算主体、月份、类型统计凭证分册，并可查看凭证分册详情。凭证借阅记录支持历史借阅记录及借阅审批记录留痕查询，促进档案合规管理。

➢ 档案借阅：档案借阅主要涵盖了档案借阅的系统流程，包含借阅申请的发起以及系统内的电子审批流，档案借阅主要以调阅电子档案为主，纸质档案为辅。电子档案是企业重要的信息资产，电子档案系统能够充分满足各类档案借阅需求场景，如外部审计、内部检查、上级检查等，并支持开放临时权限。这种实时响应借阅需求的管理模式，能够帮助企业实现对信息资产的高效管理利用。同时，系统可通过内置多项规则保障数据信息安全，确保档案流转全程可控。

➢ 库房管理：库房管理功能包含企业电子及纸质档案的入库、调拨、接收、销毁、盘点。电子档案系统可定位到每一本纸质档案的库存状态和具体库位，方便档案调阅和查找，通过条码技术的应用对纸质档案进行监控管理，确保档案的实物同电子数据一致，实现档案联动管理，提升档案管理水平。系统在支持电子档案永久储存的同时，也具备档案销毁功能。

➢ 系统管理：系统管理主要包含企业组织架构的搭建、档案系统基础数据的维护、人员权限的配置、与其他系统的接口管理等。通过权限的配置提升电子档案数据的安全性，避免企业信息泄露。同时，针对不同的企业开放不同的权限进行数据隔离，满足档案外包的需求。接口管理可以实现从其他系统获取数据生成档案数据，减少纸质数据转换成电子档案的过程。系统维护人员无须编码或通过少量代码可以快速响应业务部门的需求，减少运维工作量、降低运维难度。针对企业不同等级的网络安全要求，电子档案系统提供多种产品安全管理方式以及信息加密技术，为财务信息安全提供保障，有效防范数据遗失风险。

本章关键词

财务云平台	财务云平台是财务信息系统核算层系统，主要包括业财连接、财务控制、共享核心、会计核算、资金管理和税务管理六大模块，各模块中的信息系统通过接口互通互联，以确保业务全流程线上流转。
业务报账系统	业务报账系统作为供应商、客户、员工、资产、总账、税金、薪酬等财务报账业务的一体化处理平台，能够有效对各类开支的合理合规性进行监控，涵盖采购付款、销售收款、资产报账、薪酬报账、资金票据、税务管理和财务记账等功能模块。

预算控制系统	预算控制系统通过建立全面预算控制体系，对预算执行过程中进行多维度、多策略校验管控，保证业务部门各项开支均在预算范围内进行，实现预算执行事前、事中、事后全方位的控制，系统化管理录入、复核、调整预算额度，支持企业各部门、各项目多种业务活动预算校验、冻结、占用，实时跟踪预算执行全过程。
共享运营系统	共享运营系统作为共享中心作业平台、财务业务统一处理平台、共享中心运营管理平台，通过集中处理任务、运营监控、凭证管理、绩效管理和付款管理等功能实现共享中心的高效运营。
电子影像系统	电子影像系统是企业电子信息采集、影像传输、集中存储和调阅管理的重要平台，由扫描客户端和影像服务端组成，包括影像采集、任务处理、影像上传以及影像查询四大功能模块，帮助企业构建无纸化、数字化、智能化的电子影像管理体系。
电子档案系统	电子档案系统基于安全性、实用性和开放性原则，围绕业务流程中所涉及的各类实物单据，将会计核算产生的各类信息、纸质单据转化为电子档案，减少实物档案的邮寄成本和保管成本。

本章小结

从财务信息系统的整体架构来看，业务报账系统属于核算层信息系统。作为企业财务报账业务的一体化处理平台，业务报账系统通过与ERP系统等业务前端和共享运营系统等财务后端相对接，弥补企业内前端信息系统业财连接不足和解决业务财务数据收集难的问题，帮助企业完成业务财务一体化建设。

本章练习题

一、选择题

1. 以下系统中属于财务控制模块的系统有（　　）。

A. 合同结算系统　　B. 会计核算系统

C. 收款认领系统　　D. 预算控制系统

2. 业务报账系统作为财务共享运营的核心信息系统，从财务信息系统的整体架构来看，业务报账系统属于（　　）信息系统。

A. 决策层　　B. 管理层

C. 核算层　　D. 业务层

3. 业务报账系统拥有高度的集成性，支持分域、分场景提单报账，与（　　）相对接，提高报账效率。

A. 预算控制系统　　B. 共享运营系统

C. 资金管理系统　　D. 电子影像系统

4. 下列选项中，关于业务报账系统说法正确的是（　　）。

A. 业务报账系统与进项发票认证系统直接对接，从而实现进项发票的认证

B. 业务报账系统使业务报账突破了时间和空间的限制，摆脱了线上繁琐、冗长的流程，是企业员工、供应商和客户的报账业务一体化处理平台

C. 业务报账系统作为财务共享运营的核心信息系统，是实现业务报账信息采集、审批、传递和财务审核以及账务自动处理的信息中转系统

D. 业务报账系统涵盖了采购付款、销售收款、资产报账、薪酬报账、资金票据、税务管理和财务记账等功能模块

5. 企业的财务信息系统可以分为四个层面，分别是业务层、核算层、管理层和决策层。其中管理层数据来源于核算层信息系统，经过进一步加工和处理，为企业管理提供财务信息。下列属于管理层信息系统的有（　　）。

A. 预算管理系统　　B. 合同管理系统

C. 成本管理系统　　D. 共享运营系统

二、判断题

1. 在企业财务信息系统中，收款认领系统属于财务云平台中业财连接的子模块。（　　）

2. 资金管理系统、电子档案系统、会计核算系统都属于会计核算模

块的范畴。（　）

3. 业务报账系统从业务前端获取业务数据，在业务报账系统进行提单，业务领导审批通过后，单据自动流转至共享运营系统，进行统一的任务划分和处理。财务审核完成后单据通过会计引擎自动生成会计凭证并推送到会计核算系统，同时数据流转至银企直联系统进行资金支付和流转到发票池进行税务数据的沉淀。（　）

4. 面向财务部门，业务报账系统支持风控与合规管理，内嵌标准并可关联员工申请，进行事前进项支出管理。（　）

5. 业务报账系统可以设置控制规则，比如合规控制、标准控制、事前申请控制、合同控制等。（　）

三、思考题

1. 财务信息系统框架中的各个模块分别有什么作用？
2. 业务报账系统的功能主要包括哪些？
3. 业务报账系统对接的外部系统主要包括哪些？

数字化时代的业财一体——业务报账系统

第 4 章　采购到付款

本章学习目标

本章围绕采购报账业务，首先介绍了采购到付款的业务流程、财务流程和信息系统流程，其次介绍了与采购报账相关的业务单据，最后介绍了采购付款域中相关的台账。

通过本章的学习，应掌握：

◇　采购到付款的业务流程及财务流程

◇　采购到付款的信息系统流程

◇　采购到付款的业务单据及台账

本章知识结构图（见图 4－1）

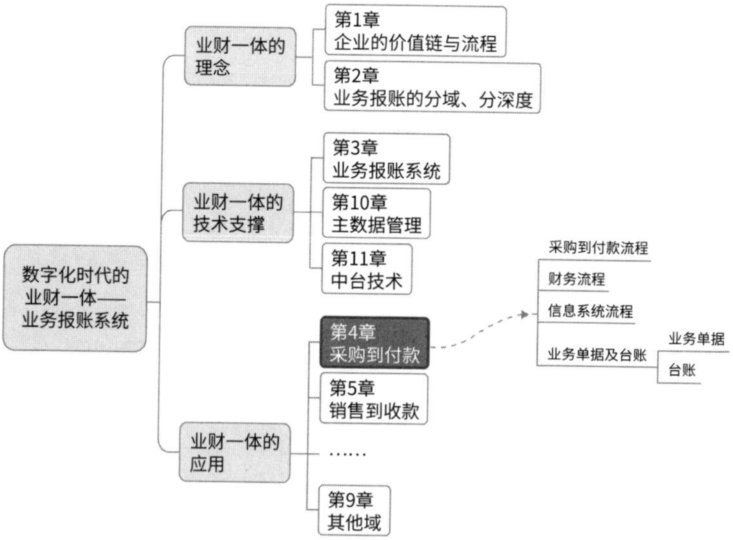

图 4－1　第 4 章框架导图

采购是企业重要的价值链活动。经济全球化背景下，企业经营压力显著，企业迫切需要从“节流”的视角优化业务，从粗放式的模式向精细化的经营模式转变。采购数字化转型是节流的重要途径。在企业采购数字化转型中，标准化的采购业务和财务流程能够提高企业采购效率；自动化的信息系统流程能够提高员工报账效率。未来企业的采购将朝着采购流程标准化和采购报账高效化发展。

采购到付款流程涵盖了企业从供应商管理、采购预算管理、采购合同管理、采购需求管理、采购订单下达、收货及发票管理、对账及付款、监控和管理例外事项的全过程，其业务循环如图 4－2 所示。

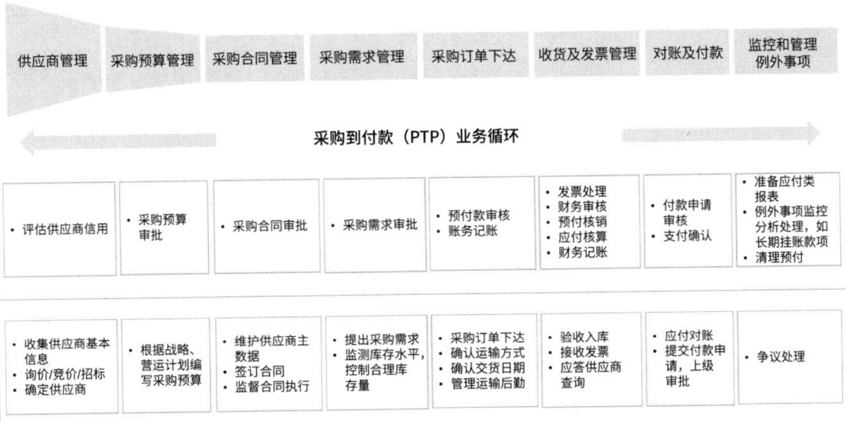

图 4－2　采购到付款业务循环

基于采购到付款流程中各业务节点的不同，业务部门和财务部门的分工不同。其中，业务部门主要负责采购到付款流程中确定供应商、采购预算编制、合同签订及执行、采购需求申请、采购订单下达、收货及采购报账、付款申请及争议处理。财务部门主要负责采购供应商信用评估、采购预算审批、采购合同审批、采购需求审批、预付款审核、财务审核及核算、资金支付、例外事项的财务处理。

4.1　采购到付款流程

采购到付款流程是指企业从供应商处采购产品与服务，并进行采购预

数字化时代的业财一体——业务报账系统

算管理、采购合同管理、采购订单下达、到货验收、对账及付款的一系列业务活动处理流程。企业采购到付款流程包含供应商管理、采购预算管理、采购合同管理、采购需求管理、采购订单下达、收货及发票管理、对账及付款、监控和管理例外事项等环节（见图4－3）。

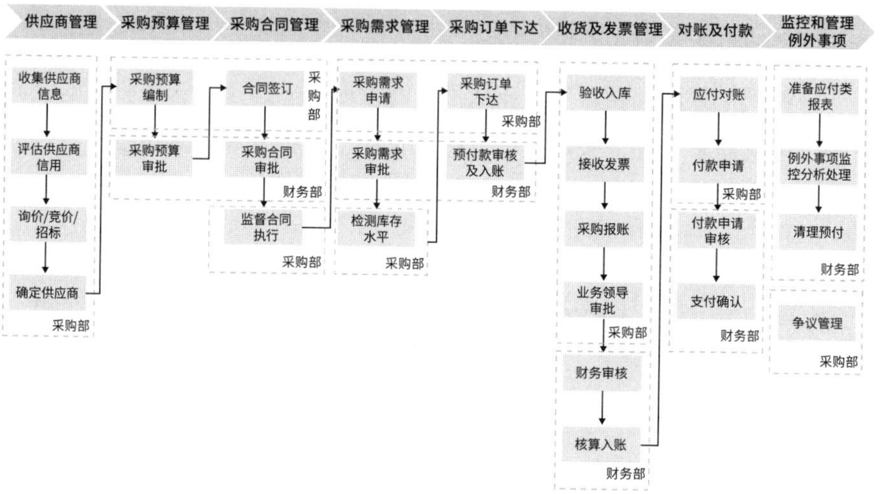

图4－3　采购到付款业务流程

下面对采购到付款流程的每个步骤做详细介绍：

（1）供应商管理

供应商管理由采购部门负责，初选择供应商时，采购部门应索取与供应商相关的税务登记证副本复印件（国税）、营业执照副本复印件等资质证明文件。采购部门人员或供应商填写供应商基本信息表，由采购部门进行后续审核及供应商准入流程。

采购部门人员填写供应商基本信息表后，采购部召集采购经办人、工程技术人员、质检人员、财务会计等进行现场评审，从供应商的供货能力、质量保证情况、价格优势等方面对供应商综合能力进行信用评价确定合格的供应商待选名单。

为了寻找到合适的供应商，企业首先要汇总采购需求，形成需求池并发布给供应商，然后根据采购管理规定针对不同采购品目采取询价、招投标、竞争性谈判等不同的方式，从中选择最为合适的供应商。供应商根据企业发布的招标信息进行投标。

经磋商后，企业根据一定的选择标准对提交最后报价的供应商的响应文件和最后报价进行评分，以确定供应商。

（2）采购预算管理

采购预算管理是指采购部门为配合企业年度销售预测或生产数量，对所需求的原料、物料、零件、劳务的数量及成本编制预算计划，以利于企业整体目标的实现及资源的合理配置。采购部门根据采购计划，编制采购预算表并确定本次采购的金额，提交采购预算申请至财务部进行审批。

（3）采购合同管理

➢ 合同签订与审批

确定供应商后，采购人员与供应商签订合同。合同需财务部进行审批。采购合同需要变更或提前终止时，财务部门也应进行相应的审批。

➢ 监督合同执行

采购部门采购人员、合同结算人员及财务部门在合同签订后，应跟踪并监督合同的执行。采购人员按照采购合同中确定的交货时间等监督合同按期执行。

（4）采购需求管理

使用单位根据生产经营、建设需要和预算，提出采购需求申请。经部门领导审核后报采购部门进行采购。采购部需监控库存量保证库存量始终处于合理水平。

（5）采购订单下达

➢ 采购订单下达

企业采购人员根据制定的采购方案、与供应商签订的合同信息，在采购管理相关系统或线下下达采购订单。下达采购订单后，采购方应与供应商确定运输方式和交货日期。

➢ 预付款审核

若因应客户要求，需要预付给供应商一定的货款，采购人员提出预付款申请，财务人员需要对采购预付申请进行审核，确认支付后入账。

（6）收货及发票管理

➢ 到货验收

企业收到供应商发来的物资后，质检部门对到货物资进行质量检验，出具质量检验报告书传送给采购部门、仓储部门、财务部门。

采购部门编制物资入库单或系统自动生成入库单，仓储部门对到货物资进行外观和数量检验并审核入库单，对符合合同要求的合格物资办理验收入库手续，并将入库验收单传送给财务部门和采购部门；对检验不符合合同要求的物资，不得办理入库手续。

➢ 发票接收

企业确认货物无误后，向供应商提出开票申请，采购方确认发票信息无误后供应商开具纸质发票并邮寄给采购方或者开具电子发票，企业采购部门接收发票。

➢ 采购报账及审批

收到发票后，采购部员工根据采购发票发起采购报账，相关业务领导进行审批。

（7）对账及付款

➢ 应付对账

公司财务和采购部门应定期与供应商核对确认应付账款及预付账款，发现差异及时处理。

➢ 付款申请

采购申请部门根据采购合同规定的货款支付方式及合同执行情况，提出采购资金支付申请。

➢ 付款申请审批及支付确认

财务部门收到采购部门的货款支付申请，首先对采购合同、发票、货物入库验收单等进行审核，同时根据应付、预付账款和分期付款等付款约定，以及采购享有的折扣和折让等进行审核。在符合合同、程序规定的情况下，编制付款会计凭证和填制银行付款单据，经会计主管复核、财务部门负责人审核签字后付款入账。

（8）监控和管理例外事项

在采购合同的履行过程中，经常会因为合同条款不明确、物资质量不合格、采购交期未达成等原因出现纠纷，若与供应商发生争议，采购部需与供应商沟通解决争议。

从整个流程中可以看出，采购业务流程和财务流程并不是独立分开的，而是存在着流程上的交互点，如供应商管理、采购预算管理、采购合同管理、采购需求管理、采购订单下达、收货及发票管理、对账及付款、监控和管理例外事项。企业风险管理贯穿于采购到付款的整个流程，财务的职能在整个流程中得以充分发挥。

其中，企业进行预算管理主要是在采购预算管理环节。财务部门首先需要根据公司总预算，召开预算启动会，必要时与预算编制主体进行沟通和协调。采购部、销售部等各部门提交本部门年度预算表给财务部。最终，财务部门汇总整理年度预算草案，提交总经办审批，经总经办审核批准后成为集团年度预算草案。采购部在采购原材料前应根据部门年度预算提交本次的采购预算计划。

财务风险管理主要涉及供应商管理、采购合同管理、采购需求管理、采购订单下达、监控和管理例外事项环节。在供应商管理环节，财务人员需要根据收集的供应商信息从商品价格、质量、服务、交付等维度评估供应商的信用。在合同管理环节，财务人员需要审核采购人员提交的合同；合同签订前，财务人员要对合同签订主体的资格进行审查，判断当事人是否具有订立合同相应的民事权利能力和民事行为能力；其后对合同履约能力进行调查，查明当事人的经济实力、信用情况和不良行为记录。合同签订过程中，财务人员要对合同主体、买卖标的物、价款及支付方式、标的物交付方式、质量标准、违约责任、整理条款的约定进行审核。在采购需求管理环节，财务部需要对采购人员提交的采购需求申请进行审批，确定本次采购符合相关的财务制度。采购订单下达环节，若供应商要求预付一部分货款，财务人员需对预付款申请审核。一般而言，采购部门需要根据经过采购部门领导、总会计师审批后的采购合同条款，办理预付账款支付手续，因此为了从严控制预付账款的发生，节约货币资金的支出，需要财务人员在采购预付环节进行财务的审核。在审核的时候，应重点关注预付款申请金额、是否依据合同预付货款。在监控和管理例外事项环节，财务人员需要清理未核销的预付款项，进行例外事项监控分析处理如处理长期挂账款项，准备应付类报表支持管理人员做出采购相关的决策。

会计核算主要涉及采购订单下达、收货及发票管理、对账及付款三个环节。其中，在采购订单下达环节，财务人员对采购人员提交的预付款申请审核后确认支付预付款，并进行核算入账，便于进行后期预付账款的核销。在收货及发票管理环节，采购人员提单报销，财务人员进行成本暂估、采购报账的核算入账处理。在对账及付款环节，采购人员需要与供应商对账，确认应付金额，并在确认采购付款后入账。

税务管理主要涉及收货及发票管理环节。在报账环节，财务人员需要对业务人员提交的采购报账相关单据进行审核，检查采购发票的真实性及与采购订单、验收单和发票是否匹配，同时对采购进项发票进行认证、抵扣、纳税申报等操作。

资金管理主要涉及采购订单下达和对账及付款环节。在采购订单下达环节，财务人员对预付款申请审核之后，下达支付指令进行资金的支付。在对账及付款环节，采购部收齐对账单、采购单、送货单等月结单据并核对好后，将对账单交给财务部审核，财务审核通过后盖章传给供应商。财务人员对付款申请审核后下达支付指令进行资金支付。

除此以外，为了便于对采购业务数据进行整理与调取，财务人员需要针对业务编制采购类业务台账，包括验收单台账、成本暂估台账、应付台账等。由此可见，企业采购业务的发生决定了财务的计量，财务的核算以业务流程的计量确认为基础，风险控制贯穿于全流程，业务、财务两者配合，共同形成了采购到付款的一体化管理（见图4-4）。

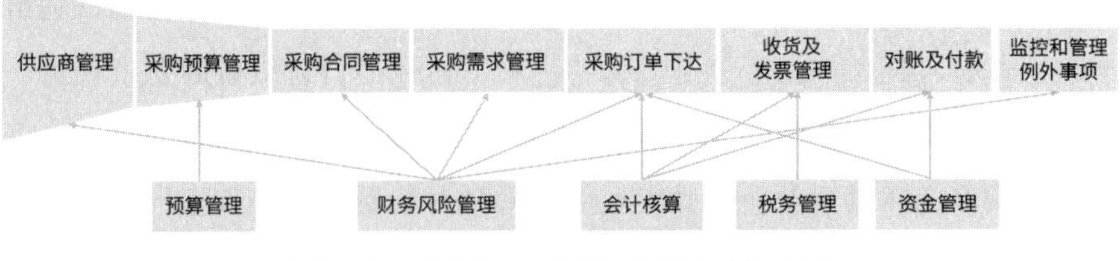

图4-4　采购业务流程与财务流程的交互

4.2　财务流程

财务流程是财务部门为实现财务会计目标而进行的一系列活动，它包含数据的采集、加工、存储和输出，是连接业务流程和管理流程的桥梁。本书采购到付款的财务流程主要描述的是采购到付款流程业财交互点中财务的操作类流程，主要包括供应商信用评估、采购预算审批、采购合同审批、采购需求审批、发票处理、财务审核入账、资金支付、监控和管理例外事项等活动。采购到付款的财务流程如图 4－5 所示。

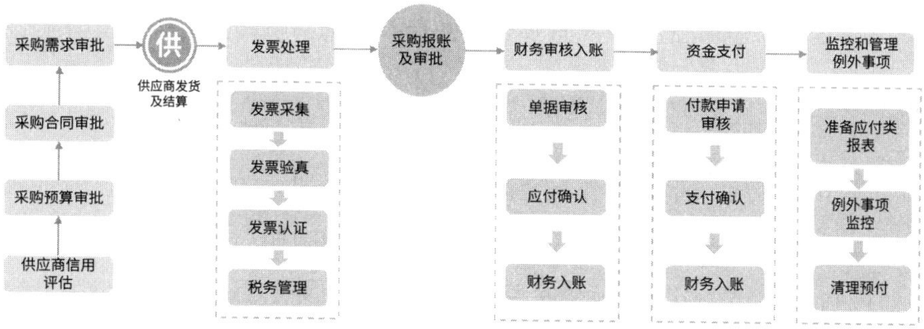

图 4－5　采购到付款财务流程

采购到付款的财务流程包括如下环节：

（1）供应商信用评估

采购部收集供应商的信息后，财务人员根据实际情况选取质量、交付、价格、服务等作为信用评价指标对供应商的信用进行评估。

（2）采购预算审批

确定供应商后，财务部门根据采购计划编制采购预算表提交至财务处进行审批。在采购前，采购部门需针对本次采购事项提交采购预算申请，财务部对采购部门的采购预算申请进行财务审批。

（3）采购合同审批

采购预算审核通过后，采购人员与供应商签订合同并在系统中录入合同信息。采购人员录入合同后，财务人员进行合同复核以确保合同金额在预算额度内及合同内容是否合规。

(4) 采购需求审批

合同签订后，采购人员基于本次的采购提交采购需求申请至财务人员处进行审批。

(5) 发票处理

采购方下达订单后，供应商确认采购订单信息并发货，采购方验收入库后，将开票信息传递给供应商，供应商发起结算流程。采购方发起开票请求，供应商同意后开具预制发票，预制发票与订单信息匹配无误后开具正式发票。供应商邮寄发票至采购方进行发票处理。发票处理包括发票信息采集、发票验真、发票认证和税务管理。发票信息采集过程包括增值税专用发票的接收和扫描，这两个步骤的主要目的在于提取发票中的信息，并将这些信息作为后期报账的依据。财务人员可以在发票采集环节，获取发票全票面信息，通过相关信息系统完成发票查重和验真。资金支付后，财务人员需通过信息系统的操作进行发票的认证，并向税务机关提交纳税事项书面报告，完成纳税申报，缴纳税金，并生成税务分析报告以进行税务管理。

(6) 财务审核入账

员工提单报销，业务领导审批后由财务人员进行审核。财务人员对采购人员提交的采购报账单据进行审核时，需审核发票的合规性，并检查采购订单、入库单、采购发票是否匹配。单据审核完毕后进行入账。

(7) 资金支付

业务人员提交付款申请，财务人员对业务人员提交的付款申请进行审核，根据预付货款情况确认应付金额，进行资金支付，之后进行核算入账及资料的归档。

(8) 监控和管理例外事项

针对未核销的预付款项，财务人员应根据相关的财务制度及时进行清理。除此之外，财务人员应每季度、年中或者年末针对采购业务确定应付金额，准备应付类报表，以供管理者分析采购应付及预付情况，了解采购业务，做出经营决策。财务人员还应进行例外事项监控分析处理，比如针对不同的原因处理长期挂账款项。

什么是三单匹配？如图4－6所示。

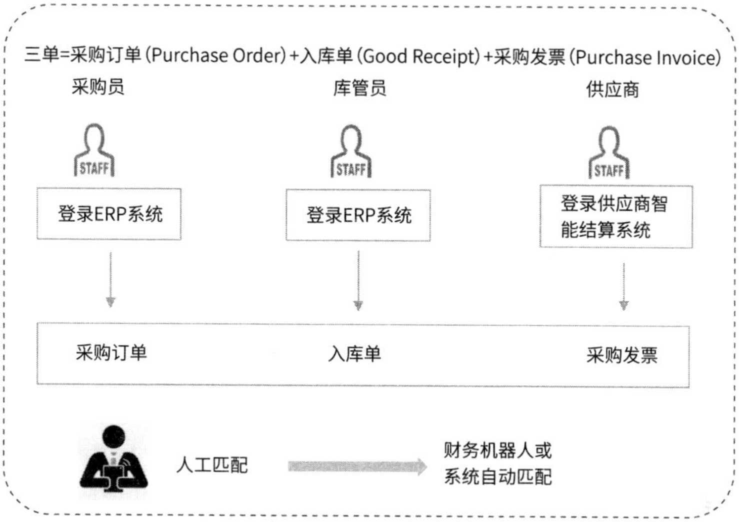

图4－6　什么是三单匹配

4.3　信息系统流程

传统的采购模式面临着采购流程复杂、系统不完善、采购周期漫长、采购成本高、供应商渠道有限及付款手续繁琐等业务痛点，企业迫切需要借助信息系统优化采购到付款流程，节约采购成本，提升采购效率。其中，采购预算管理、采购合同结算、供应商结算、发票处理、采购报账及审批、财务审核入账及资金支付是采购到付款业务流程的重点。采购付款域相关信息系统为企业提供了一个公平公开、合法合规、高效的采购管理平台，实现了全生命周期闭环管理。

采购到付款流程以业务报账系统为核心，业务前端信息系统如ERP系统、SRM系统中的业务数据传递至业务报账系统以进行业务数据的收集。整个采购到付款流程还涉及的财务信息系统包括业财连接模块（采购商城、供应商智能结算系统）、财务控制模块（合同结算系统、预算控制系统）、共享核心模块（共享运营系统、电子影像系统、电子档案系统）、资金管理模块（资金管理系统、银企直联系统）、会计核算模块（会计核

数字化时代的业财一体——业务报账系统

算系统)、税务管理模块(发票池、进项发票认证系统、纳税申报系统)。

下面对采购到付款流程中涉及的财务信息系统,即采购商城、供应商智能结算系统、发票池、进项发票认证系统、纳税申报系统、资金管理系统和银企直联系统等进行介绍。

采购商城是一种协同平台,将前端成本费用发生源头与后端成本费用结算紧密联系起来,实现了由线下采购模式到线上采购模式的转变,从而帮助企业提升采购计划执行效率,缩短采购招标周期,提高供应商管理能力,实现高效便捷、低成本的采购目标。采购商城直接对接合同结算系统和招投标系统,有效管控从采购计划、采购申请、购买过程到采购结算的全流程,并汇集采购订单、采购付款状态等信息形成统一展示平台。除此之外,采购商城还支持对接第三方平台(京东及苏宁等),引入海量商家资源,满足不同企业的采购需求,方便企业对商品采购的透明化管理(见图4-7)。

图4-7 采购商城功能框架

供应商智能结算系统是企业与供应商连接的业务平台,前端与企业采购业务系统对接,实现采供双方线上对账,业务数据的全流程线上流转。利用互联网在线协同技术和OCR智能识别技术并与国家税务系统数据库对接，供应商智能结算系统将传统模式下需要人工处理的对账、手工开票、应付三单匹配、人工发票验真、发票认证及抵扣等工作实现自动化操作，保证内外部沟通高效、准确，减少人为差错，建立了从采购订单、验收单、结算单到发票全程关联和可回溯管理，提高了企业内外部的协同效应（见图4－8）。

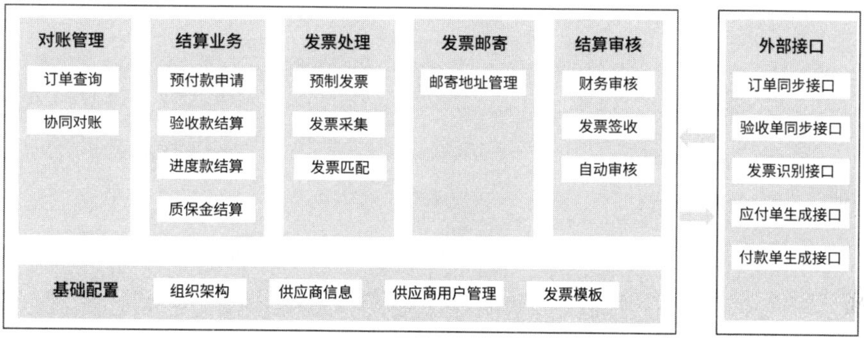

图4－8　供应商智能结算系统功能框架

发票池能够对企业生产经营过程中涉及的全类型发票进行集中管理，基于汇集的全票面信息、发票状态、报账信息、合同及关联信息等内容，深度挖掘发票价值，实现发票管理便捷化、智能化，辅助企业经营决策。通过建立集团层面的发票池，在汇集企业所有的增值税进、销项发票后，企业能够解决发票重复报销问题，自动进行发票认证，实时获取发票状态和失控企业发票、税务黑名单等信息（见图4－9）。

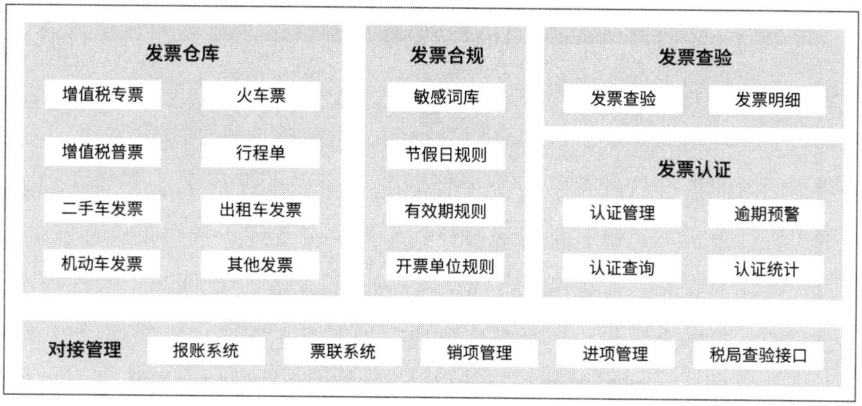

图4－9　发票池功能框架

进项发票认证系统作为企业采购发票的统一管理平台，承担了商品采购业务中进项发票的采集、签收、验真、报账、认证、抵扣、监控等工作。系统通过与税局系统和发票池对接，实现了进项发票的自动化和数字化管理，解决了传统采购发票管理模式存在的痛点，大大提高了企业采购发票管理流程中各工作节点处理效率，降低了企业成本，增强了涉税信息共享力（见图4－10）。

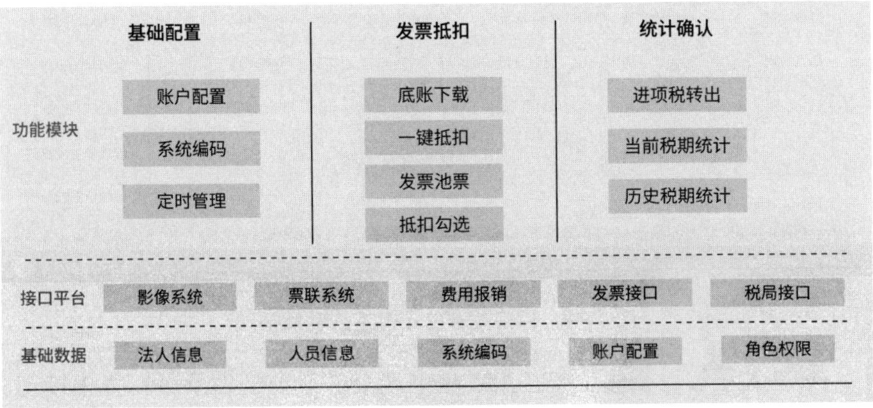

图4－10　进项发票认证系统功能框架

纳税申报系统作为企业税务管理的平台，可以通过接口或者手工录入的方式录入前端系统的业务数据。系统支持对认定税种相同的多税号可操作批量认定，免除单个税号逐一维护的繁琐步骤。为满足差异化需求，纳税申报系统支持分税种、分行业、分类型维护不同的税务方案。系统内置生成申报任务定时器，每月1日自动根据税种认定及税务方案配置信息，生成每个税号的当期应申报任务，避免逾期纳税（见图4－11）。

资金管理系统以客户的需求作为导向、资金的业务领域为驱动。按照企业不同阶段资金管理系统对资金管理的不同需求进行了业务层次划分，分别为统计分析与风险管理、资金计划、投融资管理、资金集中和资金结算，包括账户管理、结算管理、票据管理、资金池、票据池、内部银行、资金监控、投融资管理、资金报表模块，加上银企接口、ERP接口以及基础架构及工具等基础服务部分，共同构成了整体资金管理系统功能框架。资金管理系统实现了企业内部资金集中管理、集中运营、财务管理等业务

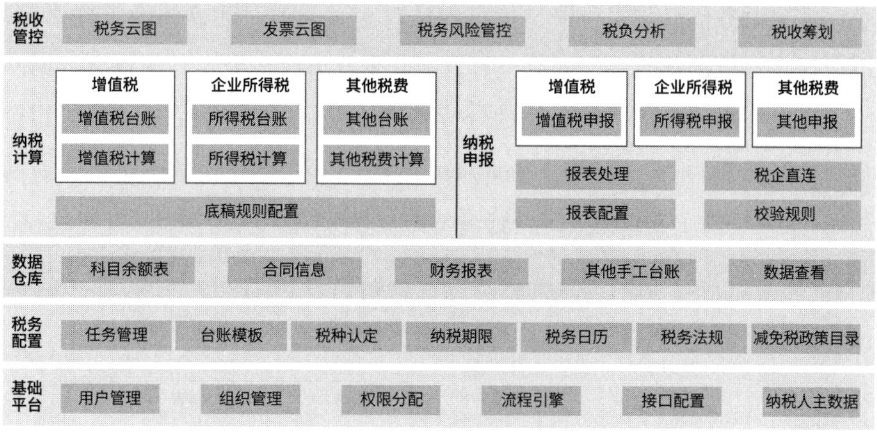

图4－11　纳税申报系统功能框架

的独立开展，帮助集团企业实现资金可视、可控、可调，资金支付数据全流程不落地。资金管理系统各个业务模块相对独立又紧密联系，企业可以根据自身所处的不同阶段和不同业务需求，选取必要的功能模块（见图4－12）。

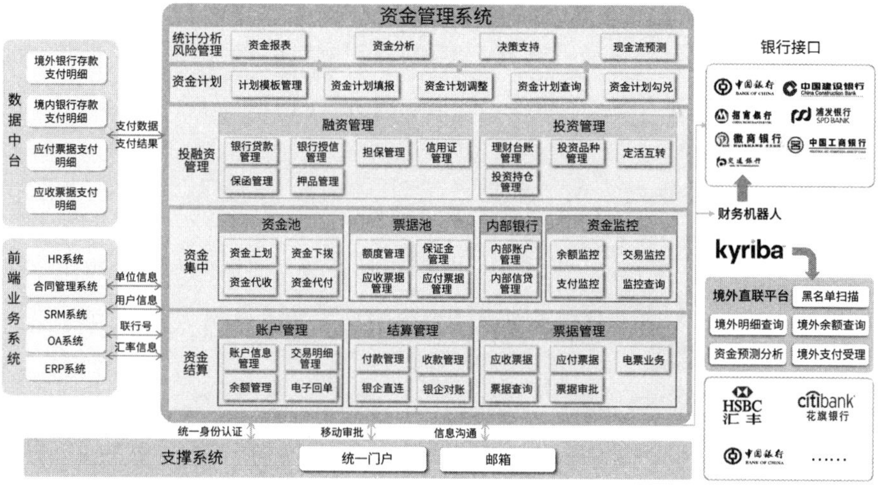

图4－12　资金管理系统功能框架

银企直联作为实现资金集中管理的重要工具，支持银行账户的集中管理、资金不落地支付以及银企自动对账，建立了企业和银行安全通畅的信息交互通道，帮助企业快速高效地在客户端通过调用数据接口完成各项指

数字化时代的业财一体——业务报账系统

令，实现财务信息与银行账户信息的实时一致。通过建立银企直联通道，可以提高资金运营效率。同时也可以帮助企业形成一个实时的资金数据网络，有效支持内外部管理部门的分析决策、风险控制和大数据应用。银企直联系统还可以和企业的电子影像系统、电子档案系统进行对接，实现自动校验和风险控制，以更加广泛的触角进行数据的融合和应用（见图4－13）。

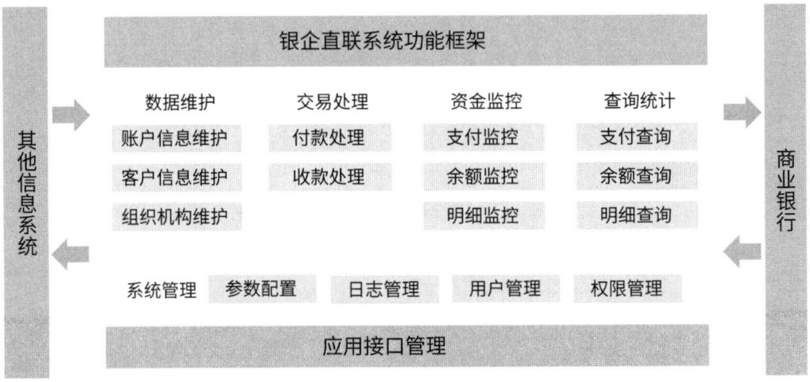

图4－13　银企直联系统功能框架

采购到付款的信息系统流程节点包括预算录入及复核、采购订单下单、采购合同签订、供应商结算、发票查验与认证、采购报账、业务审批及财务审核、财务入账及资金支付。采购到付款的信息系统流程如图4－14所示。

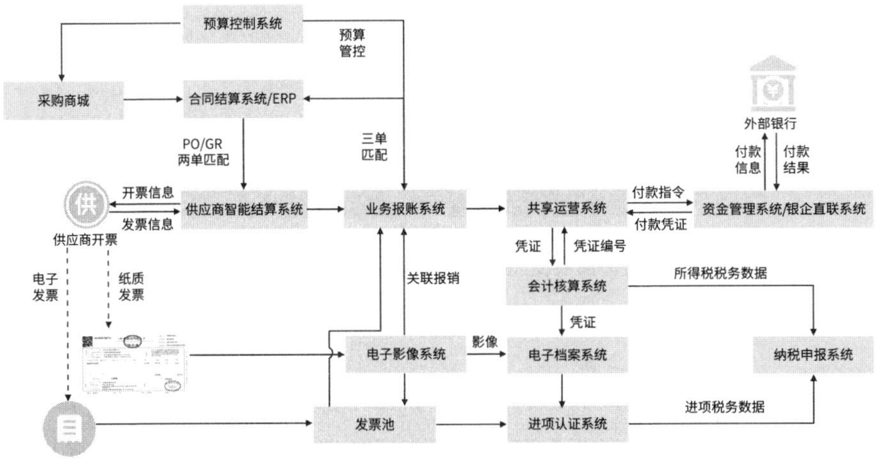

图4－14　采购到付款信息系统流程

采购到付款的信息系统流程节点包括预算录入及复核、采购订单下单、采购合同签订、供应商结算、发票查验与认证、采购报账、业务审批及财务审核、财务入账及资金支付。

（1）预算录入及复核。业务人员根据需求分析和市场调研编制采购计划，采购部人员根据采购计划编制采购预算表后，预算管理专员将采购预算明细表导入预算控制系统，预算复核专员对预算导入进行复核，从而对采购申请和采购报账的额度进行控制（见图 4－15）。当采购申请或采购报账超出预算时，系统会警告或者禁止提单。

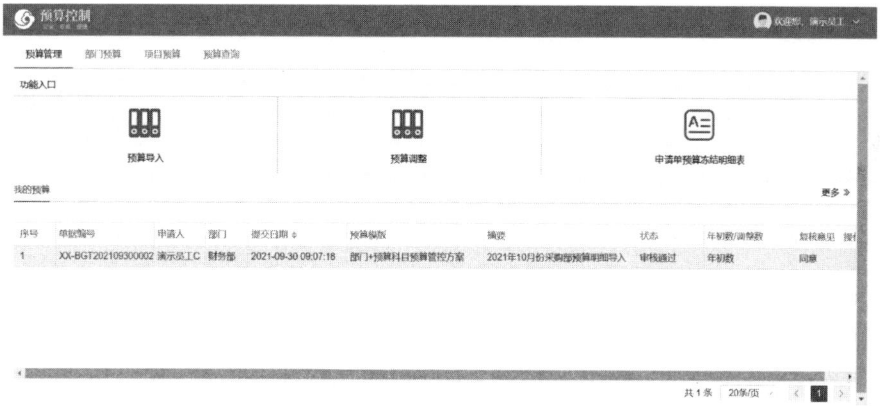

图 4－15　采购预算导入及复核

（2）采购订单下单。预算复核通过后，采购人员通过采购商城竞价采购或者直接下单。若企业财务信息系统中没有采购商城，预算控制系统也可以直接与业务报账系统相对接，对采购进行预算管控。采购商城对接合同结算系统，用户登录采购商城，可选择直接下单或竞价采购，采购商城根据不同的结算方式生成相应的采购订单。采购商城校验订单成功后，采购报账单据关联校验成功的订单，从而实现对采购费用预算管控（见图 4－16）。

（3）采购合同签订。采购人员在采购商城上与供应商确定成交结果后签订合同后，并完成合同的上传。通过采购商城签订的合同信息会自动导入合同结算系统或者在合同结算系统上手动新增合同信息，财务人员在合同结算系统上对合同管理专员录入的采购合同进行复核，同时合同信息会

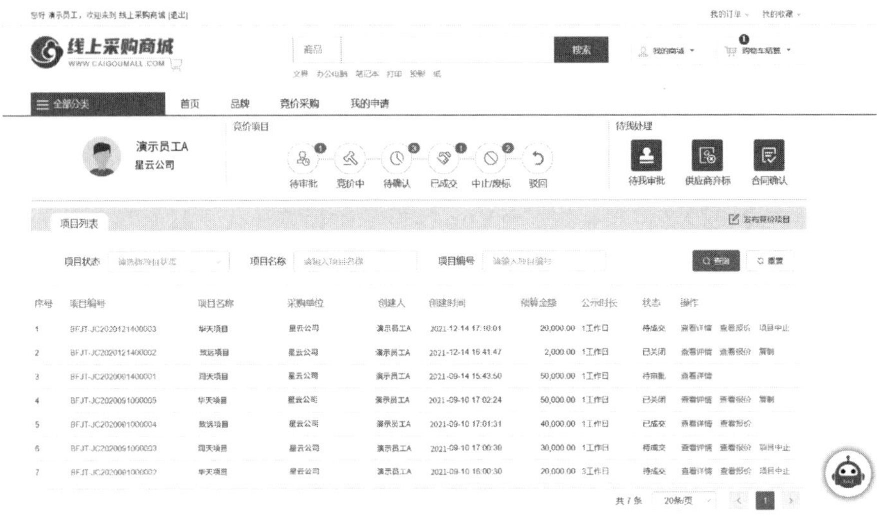

图 4 – 16　采购商城下单

自动同步至供应商智能结算系统（见图 4 – 17、图 4 – 18）。当合同发生变更或者终止时，也需要及时在合同结算系统中维护合同信息。

图 4 – 17　采购商城合同上传

图 4－18　合同录入

（4）供应商结算。合同签订后，企业中的采购专员根据采购计划在 ERP 系统上下达采购订单，待业务领导审批通过后 ERP 中的采购订单同步至供应商智能结算系统。供应商确认订单信息后组织发货，企业收货后验收信息同步至供应商智能结算系统。供应商智能结算系统线上自动完成采购订单、验收单和发票的匹配后，供应商在供应商智能结算系统上选择要结算的订单，系统自动生成预制发票，供应商确认预制发票无误后开出实际发票。若为纸质发票，则需邮寄至采购方；若为电子发票，以邮件的形式发送至采购方（见图 4－19）。

图 4－19　供应商智能结算系统结算

（5）发票查验与认证。采购方收到供应商开具的纸质发票后，财务人员对增值税专用发票进行扫描，采集票面信息。若为电子发票，可通过票联系统直接获取发票信息。票联系统对接税局系统自动查重验真。通过票联系统采集的发票信息汇集至发票池。进项认证系统与发票池相对接，获取进项认证数据。进项认证系统无缝对接税局网站，自动完成发票认证，同时将进项税务数据传递至纳税申报系统（见图4－20）。

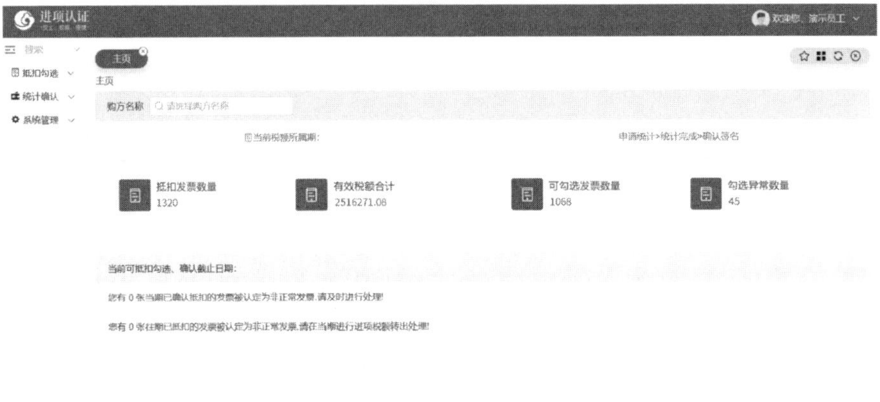

图4－20　发票认证界面

（6）采购报账。供应商发起结算后，采购方员工在供应商智能结算系统审核三单是否匹配，点击确认审核后供应商智能结算系统自动生成采购报账单据推送至业务报账系统，采购人员可在业务报账系统中可查看相关的报账单据。以采购报账单为例（见图4－21）。

图4－21　采购报账单查看界面

（7）业务审批及财务审核。业务人员确认采购报账单据无误后提交单据，采购报账单据流转至业务领导处，业务领导根据相关的经济事项进行业务审批（见图 4－22）。业务领导审批之后，单据流转至共享运营系统，财务人员根据财务审核制度对单据进行审核（见图 4－23）。

图 4－22　业务领导审批界面

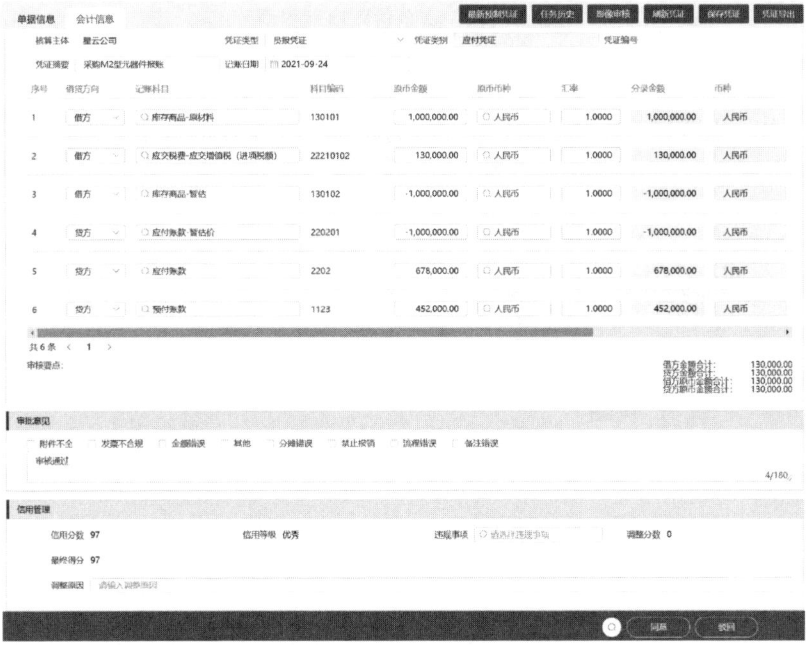

图 4－23　财务人员审核页面

（8）财务入账及资金支付。财务人员对采购报账单据进行审核后，并根据预付情况确认应付金额，之后在共享运营系统下达支付指令，支付指令流转至资金管理系统或者银企直联系统进行资金支付（见图 4－24）。同时，共享运营系统将预制的凭证信息推送至会计核算系统进行入账，资金支付后付款凭证信息也推送至会计核算系统做入账处理。

图 4－24　资金付款申请界面

业财一体信息化流程帮助企业实现了采购过程的在线共享、全程可视、电子化管理，提升了内控水平，进而提高了企业的数字化采购水平和核心竞争力。

4.4　业务单据及台账

4.4.1　业务单据

业务单据，是指在每一笔经济业务发生时所取得或填制的、载明交易或事项实际情况的书面证明，它是进行会计核算的原始资料和重要依据，与记账凭证配套使用。不同的业务单据类型适用于不同业务类型。员工进行业务报账时，需要根据报账事项的业务类型填写对应的单据并提交。

采购到付款的信息化流程实际上是采购付款域中的单据及单据承载的业务数据在企业财务信息系统中流转。根据实际业务的需要，采购付款域的单据包括采购预付单、成本暂估单、采购报账单和采购付款单（见图 4－25）。

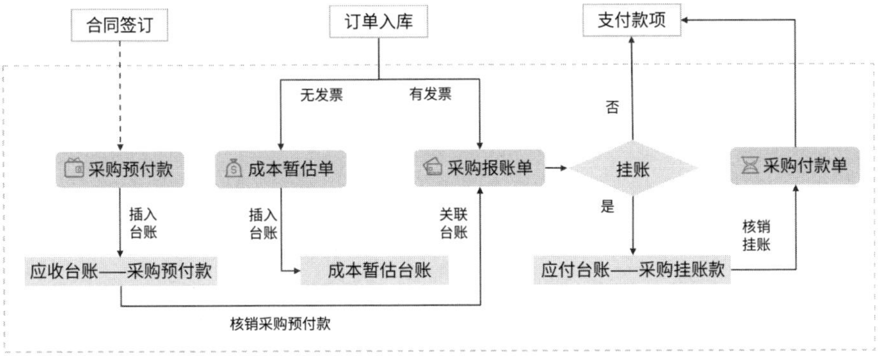

图 4－25　采购报账域单据流转示意图

（1）采购预付单

采购预付单主要用于完成基于合同的对外采购预付业务。预付款项作为提前支付出去的资金，企业需要跟踪管理，尤其需要关注是否进行真实的业务，因此采购预付单常常需要关联采购合同。采购专员在业务报账系统依据合同提交采购预付单，业务领导审批和财务审核结束后出纳进行款项支付，单据业务信息写入应收台账——采购预付款台账。

本章我们以星云股份有限公司（以下简称“星云公司”）的采购和付款业务为例，具体演示采购付款域中各单据的使用。

【案例】星云公司近期产品订单大量增加，需向供应商九天仪器采购一批价值为 113 万元的原材料用于设备制造，该采购项目由采购部员工 A 负责。本次采购业务中的信息如表 4－1 所示。

表 4－1　　　　采购合同信息表

合同名称	货物名称	合同编号	数量（件）	含税单价（元）
M2 型元器件采购合同	M2 型元器件	CS001	100	1130000

前期星云公司采购员 A 与供应商九天仪器进行了沟通并签订了采购合同，由于该批仪器在市场中供不应求，应九天仪器要求，星云公司需以网银转账的形式预付 40% 的货款。合同签订后，采购员 A 在业务报账系统中提交采购预付单，业务领导审批后财务进行审核（见图 4 – 26）。

图 4 – 26　采购预付单提交界面

（2）成本暂估单

成本暂估单是企业采购物资验收入库后，尚未获取供应商开具的增值税发票时，进行成本暂估入账使用的业务单据。采购专员提交成本暂估单发起成本暂估申请，财务人员对成本暂估单审核并入账。成本暂估单的发起基于验收单，验收单数据来源于验收单台账。单据审批流程结束后，采购原材料的成本暂估结果回传写至验收单台账。成本暂估报账提单不是必须流程，企业可以根据实际需要选择使用。

【案例】收到星云公司订单和预付款后，供应商九天仪器进行订单信息的确认并组织发货，7 日后采购原材料到达星云公司，现已全部入库。但目前星云公司仍未收到供应商九天仪器开具的正式发票，因此采购员 A 需在台账平台上维护验收单信息，并进行成本暂估入账提单，共计 113 万元。采购员 A 在业务报账系统上提交成本暂估单，业务领导审批后财务进行审核（见图 4 – 27）。

图 4－27　成本暂估单提交界面

（3）采购报账单

采购报账单是采购员凭获取的采购发票在业务报账系统发起报账所使用的业务单据。采购报账单需同时关联验收单和发票，两者完成匹配后才能发起申请。验收单来源于验收单台账。采购报账单的支付方式有多种，包括网银转账、票据、现金、挂账等。在资金困难或信用良好的情况下，可向供应商申请信用期，待信用期满后提交采购付款单核销挂账。采购报账流程结束后，挂账数据写入应付台账——采购挂账款。

【案例】 收到九天仪器开具的增值税专用发票后，采购部员工 A 进行采购报账。由于星云公司信用较好，供应商九天仪器答应给予 60 天的信用期，此时采购员工 A 提交采购报账单，核销预付款 45. 2 万元，并对剩余的货款 67. 8 万元进行挂账（见图 4－28）。业务领导审批后财务进行审核。

（4）采购付款单

采购付款单主要核算按照采购合同的约定支付进度款的事项，用来核销采购报账单挂账所形成的应付账款。在资金紧张或信用良好时，供应商给予采购方一定的信用期，采购方可延期支付货款，在采购报账的时候结算方式采取挂账的支付方式。当信用期满时，企业为履行付款义务，需要支付货款，核销挂账所形成的应付账款，此时报账人员需要提交采购付款单。在采购报账中，采购付款单需要和采购报账单配合使用。

数字化时代的业财一体——业务报账系统

图 4 – 28　采购报账单界面

【案例】 60 天后，供应商九天仪器给予的信用期满，星云公司与九天仪器公进行结算。经统计，九天仪器向星云公司共销售 113 万元的设备，还剩余 67.8 万元的货款需要支付。采购部员工 A 在业务报账系统提交采购付款单，核销挂账 67.8 万元并通过网银转账向九天仪器支付剩余款项 67.8 万元，业务领导审批后财务进行审核（见图 4 – 29）。

图 4 – 29　采购付款单界面

4.4.2　台账

台账用于业务报账域中各业务场景生成的业务数据的记录、归集、展示等，包含往来数据、中转数据、基础业务数据等，即明细记录表。台账可以理解为企业为了加强某方面业务的管理、需要详细了解某方面业务信息而设置的一种辅助账簿。台账没有固定的格式和账页，企业可根据实际需要自行设计。

（1）验收单台账

验收单台账是为业务人员提供存储采购结算的物料验收单，沉淀采购业务数据的平台。其来源于企业采购业务系统或者手工导入生成的到货验收单数据，可以被采购报账单、成本暂估单关联使用（见图 4－30）。

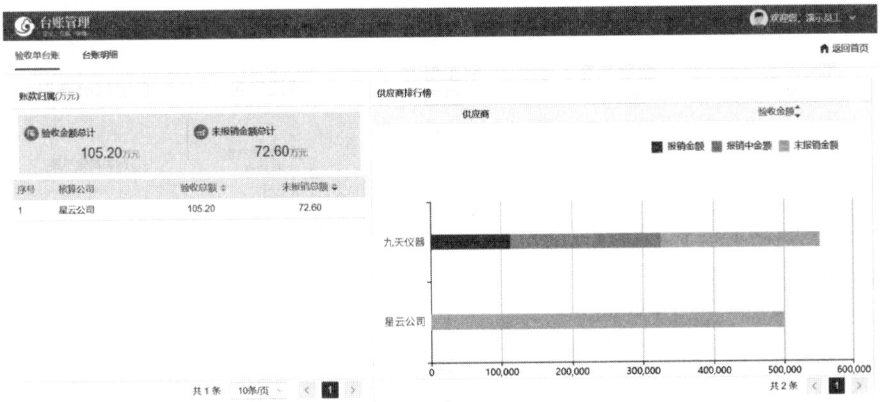

图 4－30　验收单台账界面

（2）成本暂估台账

成本暂估台账是企业基于谨慎的态度核算成本，提供暂估入账的统一督查平台，其数据来源于成本暂估单。当采购方未获取供应商开具的增值税专用发票时，采购员依据验收单信息，通过成本暂估单完成申请流程及入账。成本暂估单审批流程结束后，暂估结果回写至成本暂估台账。当收到供应商开具的增值税专用发票时，采购员工提交采购报账单，由采购报账单冲销关联相同验收单的成本暂估单，冲销数据回写成本暂估台账（见图 4－31）。

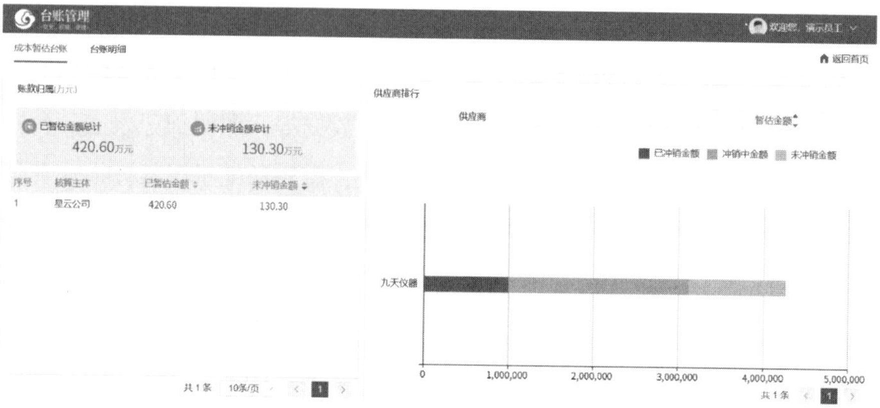

图 4－31　成本暂估台账界面

（3）应付台账——采购挂账款

应付台账——采购挂账款是采购报账时采用挂账的支付方式所形成的应付账款，用来记录应付数据的明细账。当企业因资金周转困难或信用良好而获取供应商给予的信用期，采购人员在采购报账的时候支付方式选择挂账，此时形成的应付账款信息就会被写进应付台账。应付台账——采购挂账款可以被采购付款单关联，当进行款项的支付后，数据会回写至应付台账（见图 4－32）。

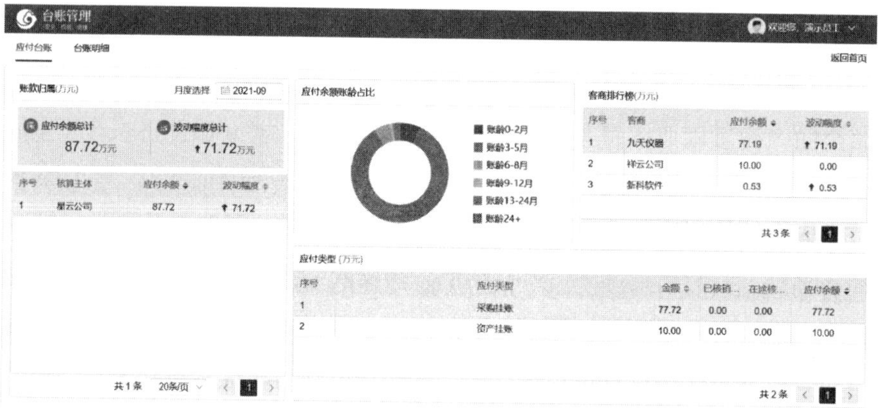

图 4－32　应付台账——采购挂账款界面

本章关键词

采购到付款	采购到付款流程是指企业从供应商处采购产品与服务的一系列业务活动处理流程。
三单匹配	三单匹配是指在采购报账时所进行的采购订单、验收单、采购发票的匹配。
采购到付款财务流程	采购到付款财务流程是指财务部门实施的对采购预算管理、合同签订与执行、发票处理、审核入账及资金支付等过程进行会计核算处理的流程。
业务单据	业务单据，是指在每一笔经济业务发生时所取得或填制的、载明交易或事项实际情况的书面证明，它是进行会计核算的原始资料和重要依据，与记账凭证配套使用。
采购预付单	采购预付单主要用于完成基于合同的对外采购预付业务。
成本暂估单	成本暂估单主要用于企业采购物资验收入库后，尚未获取供应商开具的增值税发票时，进行成本暂估入账使用的业务单据。
采购报账单	采购报账单是采购员工凭获取的采购发票在业务报账系统发起报账所使用的业务单据。采购报账单需同时关联验收单和发票，两者完成匹配后才能发起申请。
采购付款单	采购付款单主要核算按照采购合同的约定支付进度款的事项，用来核销采购报账单挂账所形成的应付账款。
台账	台账是指用于业务报账域中各业务场景生成的业务数据的记录、归集、展示等，包含往来数据、中转数据、基础业务数据等，即明细记录表。
验收单台账	验收单台账是为业务人员提供存储采购结算的物料验收单，沉淀采购业务数据的平台。其源于企业采购业务系统或者手工导入生成的到货验收单数据，可以被采购报账单、成本暂估单关联使用。
成本暂估台账	成本暂估台账是企业基于谨慎的态度核算成本，提供暂估入账的统一督查平台。其数据源于成本验收单。
应付台账——采购挂账款	应付台账——采购挂账款是采购报账时采用挂账的支付方式所形成的应付账款，用于记录应付数据的明细账。

本章小结

采购到付款流程是指企业从供应商处采购产品与服务，并进行三单匹配、发票查验到资金支付的一系列业务活动处理流程。其业务流程包括供应商管理、采购预算管理、采购合同管理、采购需求管理、采购订单下达、收货及发票管理、对账及付款环节。企业采购到付款流程中业务流程与财务流程不是独立分开的，彼此存在着交互点。借助信息系统流程，能够实现采购到付款全生命周期闭环管理。采购到付款流程中主要是通过相关的业务单据和台账完成采购报账。

本章练习题

一、选择题

1. 采购到付款流程是指企业从供应商处采购产品与服务的一系列业务活动处理流程。其中，整个过程中三单匹配主要指（　　）。

A. 采购订单　　B. 验收单

C. 采购发票　　D. 采购申请单

2. 从整个采购到付款的流程中可以看出采购业务流程和财务流程并不是独立分开的，而是存在着流程上的交互点，这些交互点包括（　　）。

A. 采购预算管理　　B. 采购订单下达

C. 对账及付款　　D. 发票管理

3. 企业风险管理贯穿于采购到付款的整个流程，财务的职能在整个流程中得以充分发挥。其中，企业进行财务风险管理的环节包括（　　）。

A. 采购预算管理　　B. 采购合同管理

C. 发货及发票管理　　D. 对账及付款

4. 采购合同签订后，企业中的采购专员根据采购计划在 ERP 系统上下达订单，待业务领导审批通过后企业 ERP 中的采购订单同步至（　　），后续在此系统完成三单的自动匹配。

A. 供应商智能结算系统　　B. 业务报账系统

C. 进项发票认证系统　　D. 采购商城

5. 下列说法正确的是（　　）。

A. 采购付款单主要用于核销采购报账单中的挂账，采购付款单必须和采购报账单配合使用

B. 验收单台账是为采购员提供存储采购结算的物料验收单，可以被成本暂估单关联，采购报账单无须关联验收单台账

C. 在采购到付款的信息系统流程中，企业可通过合同结算系统和采购商城中进行采购合同的签订

D. 供应商智能结算系统自动生成采购报账单推送至业务报账系统，采购人员可在业务报账系统中查看相关的报账单据

二、判断题

1. 在企业采购到付款的业务循环中，采购需求管理既需要业务人员参与，又需要财务人员参与。（　　）

2. 采购业务流程和财务流程的交互，包括采购预算管理、采购合同管理、采购订单下达、收货及发票管理、对账及付款等环节，充分体现了业财一体化理念在采购付款域中的运用。（　　）

3. 采购到付款财务流程中的发票处理流程包括发票信息采集、发票验真、发票认证和税务管理环节。（　　）

4. 在采购到付款信息系统流程中，企业可通过采购商城对采购金额进行预算管控，也可通过预算控制系统直接与业务报账系统对接对采购进行预算管控。（　　）

5. 采购到付款的信息化流程实际上是采购付款域中的单据及单据承载的业务数据在各信息系统中进行流转，采购到付款域中的单据没有报账顺序。（　　）

三、思考题

1. 采购到付款业务流程和财务流程的交互点都包括哪些？

2. 采购到付款信息系统流程中都涉及哪些系统？供应商智能结算系统在采购到付款过程中的作用是什么？

3. 采购到付款业务中涉及的单据和台账都有哪些？

第 5 章　销售到收款

本章学习目标

本章围绕销售收款业务，首先介绍了销售到收款的业务流程、财务流程和信息系统流程，其次介绍了与销售报账相关的业务单据，最后介绍了销售收款域中相关的台账。

通过本章的学习，应掌握：

◇　销售到收款的业务流程及财务流程

◇　销售到收款的信息系统流程

◇　销售到收款的业务单据及台账

本章知识结构图（见图 5－1）

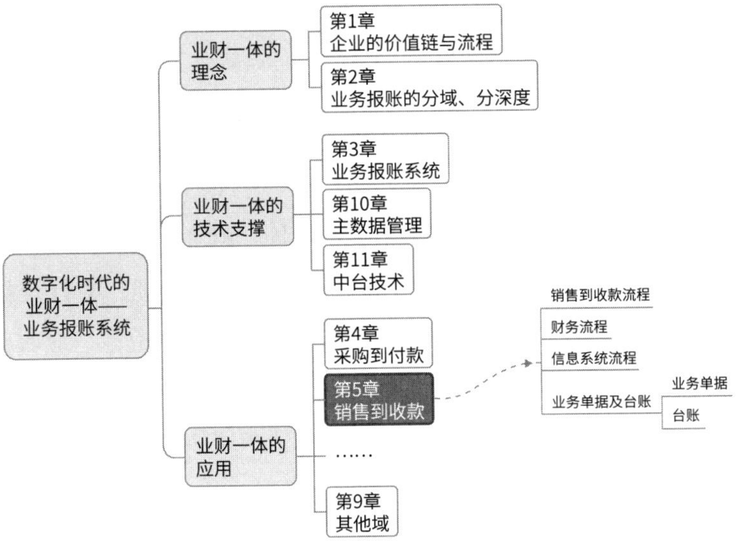

图 5－1　第 5 章框架导图

近年来，企业逐渐深化对供应链管理的认知，供应链管理在企业经营中的重要性愈发显著。作为供应链管理中重要的一环，销售到收款也格外得到关注，企业期望通过对销售收款环节的管理优化，实现企业效益的整体提升。因此，实现销售到收款业务流程的标准化、财务流程的高效化及信息系统的自动化对于企业完成财务部门全流程的数字化、上下游企业的管理和提高企业的业务收入及效益至关重要。

销售到收款流程涵盖了企业发现销售商机、客商管理、销售合同及订单管理、发货、发票管理、收入确认、预收及应收管理的全过程，其业务循环如图 5 –2 所示。

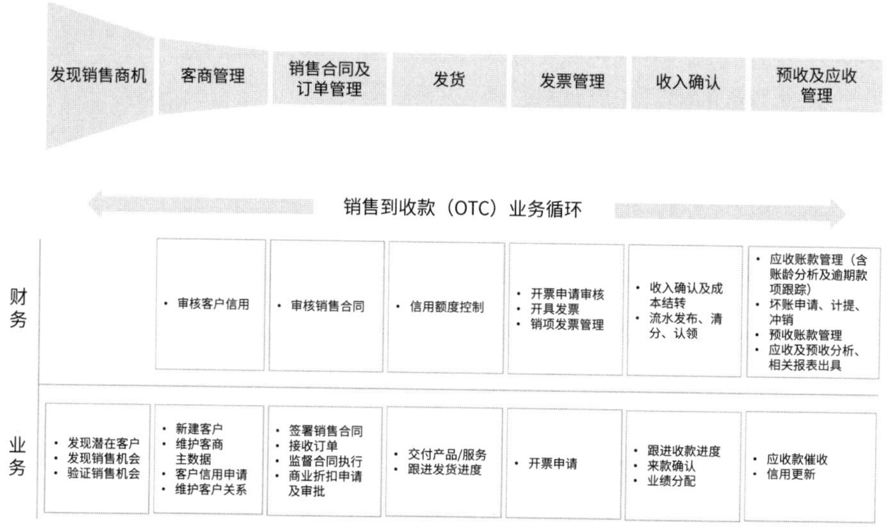

图 5 –2　销售到收款业务循环

基于销售到收款流程中各业务节点的不同，财务和业务的分工有所不同。其中，业务主要负责发现销售商机、进行客商管理、签订及执行合同、发货、开票申请、跟进收款进度、来款确认及业绩分配、应收账款的催收及客户信用维护。财务主要负责审核客户信用、审核销售合同、信用额度控制、发票开具、收入确认核算及收款流水认领、预收及应收的分析及相关管理。

5.1　销售到收款流程

销售到收款流程，即企业向客户提供产品或服务，并根据订单开具发票、收回款项等一系列业务活动处理的过程。

企业销售到收款业务流程主要分为八个环节：业务人员发现销售商机；客商管理，维护客户信息；销售部门分析客户需求，受理客户订单，与客户签订销售合同；根据客户信用情况进行折扣申请及审批；组织生产发货或提供服务；进行销项发票开票及管理；如有应收账款进行应收处理及后续核销，如有预收账款则进行预收处理及后续核销；以及后续对应收及预收的持续跟进管理（见图 5－3）。

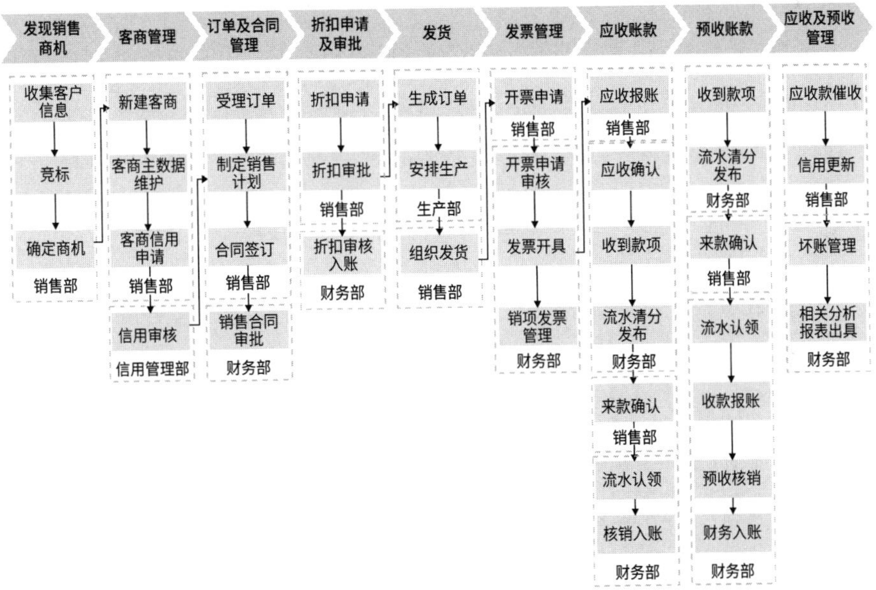

图 5－3　销售到收款的业务流程示意图

下面对销售到收款流程的每个步骤做详细介绍：

（1）发现销售商机

业务人员通过不断拓展业务渠道、与潜在客户的反复磋商沟通，发现合适的商机，通过竞标等方式转化为公司确定的销售机会。

（2）客商管理

销售机会确定并验证后，业务人员需要新增客商，并在系统中对客户信息进行维护，包括但不限于客户名称、客户编号、税号、地址电话、银行信息等。

业务人员还需考察客户信用，并进行客户信用申请。销售部门应首先根据已掌握或客户提供的信用资料，结合产品销售市场情况，提出准予客户赊销的期限和额度，经部门领导审核后，连同有关信用资料等一并传送给财务部。财务部依据客户的信用资料以及已建立的客户信用档案和记录，对客户信用情况进行审核或调查，评定信用等级，提出审核意见。

（3）订单及合同管理

➢ 订单管理

销售部门对客户需求进行分析，受理客户订单，订单应按类别连续编号。所有订单由被授权人核准后，销售部门依据客户信用状况及订单和生产计划、库存等情况，编制销售产品的品种、规格型号、数量、价格、货款支付方式等具体的销售计划与赊账方案，并经部门领导签字。

➢ 签订销售合同

销售数量较大或批量销售业务应当签订销售合同。销售合同文本由销售部门拟定，法律部门和财务部门对销售合同进行审核，提出书面审核意见交销售部门修改合同。

分管业务的领导和财务总监依据审核部门的意见审定销售合同，按内部授权交由授权人员签订。

销售部门将已签订的销售合同分送财务、法律、仓储等部门备查。

销售合同需要变更或提前终止时，应报分管业务的领导和财务总监同意，重大合同需报公司上级主管部门审定同意，并传送财务、法律等部门。

➢ 合同执行

销售部门销售人员、合同结算人员及有关部门在合同签订后，应该跟踪并监督合同的执行。销售人员按照销售合同中确定的回款时间及金额等监督合同按期执行。

（4）折扣申请及审批

销售部门受理客户提出的折扣申请，并依据折让理由组织相关部门查验和核实，提出处理意见。属于合同规定的折让，则由销售部门审核后，将销售折让通知书传送财务部。财务部审核销售折让通知书后，制作相应的会计凭证并冲销当期的销售收入。

（5）发货

生成订单后，生产部门根据销售合同采购原材料并安排生产，生产完毕后由销售部门依据销售发货通知单、销售合同和销售订单组织发货。

（6）发票管理

客户验收入库后，销售部门提出开票申请。财务部依据销售合同、核准的发货单和出库手续等有关原始单据传送到有关销项发票管理系统开具销售发票，并加盖印章。根据销项发票管理系统和税控开具的销售发票等数据，系统生成税金相关会计凭证并入账。

（7）应收账款

若在收到款项前发货，则应进行应收账款的确认。需要销售部门及时跟进收款进度，回款后及时进行来款确认及应收账款核销。

（8）预收账款

若为预收款项，需要进行预收处理，企业接收到银行来款通知后，销售部门完成来款确认，由财务人员完成相应的流水认领、收款入账核算等工作，待发货后进行预收账款的核销。

（9）应收及预收管理

销售部门需要及时对到期或逾期应收账款进行催收，加快回款进度，提升回款效率，同时对产生坏账的应收账款及相应客商进行信用更新。

销售到收款的业务流程需要业务和财务的有机融合、互相支撑。从整个流程中可以看出销售业务流程和财务流程并不是独立分开的，而是存在着流程上的交互点（见图5－4），即销售到收款流程需要销售部门业务人员维护，也需要财务人员的辅助。在销售到收款全流程中，财务人员主要完成财务风险、税务、会计核算、资金等方面的管理。

销售到收款流程的财务风险主要涉及客商管理、销售合同及订单管

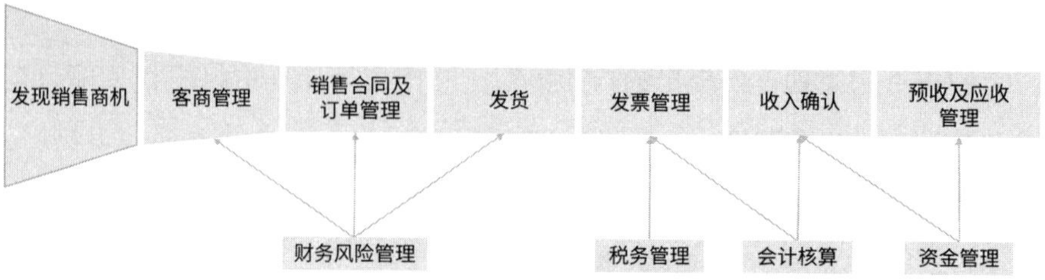

图 5-4　销售业务流程与财务流程的交互点

理、发货三个环节，包括坏账风险、合同违约风险、客户信用风险等。财务人员需要对客户信用进行审核，从源头降低坏账风险，对公司财务风险进行整体把控，可以从客户公司、银行、行业协会、中国企业资信网等渠道获取客户的相关资信资料。信用审核要点主要包括客户的基本信息、客户主要往来银行账户、客户基本经营情况、客户财务状况、是否有过业务往来及业务往来状况、客户业务信用记录等。财务人员还需要审核销售人员提交的合同：合同签订前，财务人员要对合同签订主体的资格进行审查，判断当事人是否具有订立合同相应的民事权利能力和民事行为能力；其次对合同履约能力进行调查，查明当事人的经济实力、信用情况和不良行为记录。合同签订过程中，财务人员要对合同主体、买卖标的物、价款及支付方式、标的物交付方式、质量标准、违约责任、清理条款的约定进行审核。合同执行过程中，财务人员需定期跟进合同执行情况，如出现违约等情况，需及时处理。发货前财务人员需要对客户信用额度进行审核及把控，禁止出现客户已超信用额度，仍向其发货的情况出现；发货后，财务人员需要及时跟进回款进度。

税务管理主要存在于发票管理环节。财务人员需要对业务人员提交的开票申请单进行审核，进行发票开具，并对销项发票进行管理；若日后需作废红冲，需对作废红冲申请单进行审核，并完成作废红冲动作。

会计核算工作存在于全流程的多个环节。销项税额计算及登记、确认应收及核销、确认预收及核销都需要财务人员完成相应的单据审核、分录编制及凭证生成。财务人员在审核的过程中需要着重审核客户各项基本信息、交易金额、关联合同、执行情况、会计分录的准确性与时效性。

资金管理主要涉及收入确认和预收及应收管理环节。预收款项、回款后核销应收款项均需要出纳进行流水的相关处理，对银行流水进行清分与发布，以及后续的认领和审核入账；预收应收管理环节中，财务人员进行账龄分析时，也需要资金管理的支撑。

5.2　财务流程

上节描述了销售到收款的业务流程，其中订单及合同管理、发票开具、应收及预收等流程是企业收款管理的关键。本书销售到收款的财务流程主要描述的是销售流程业财交互点中财务的操作类流程，主要包括客商管理、合同管理、发货、发票开具、应收及核销、预收及核销、应收及预收管理等活动（见图 5－5）。

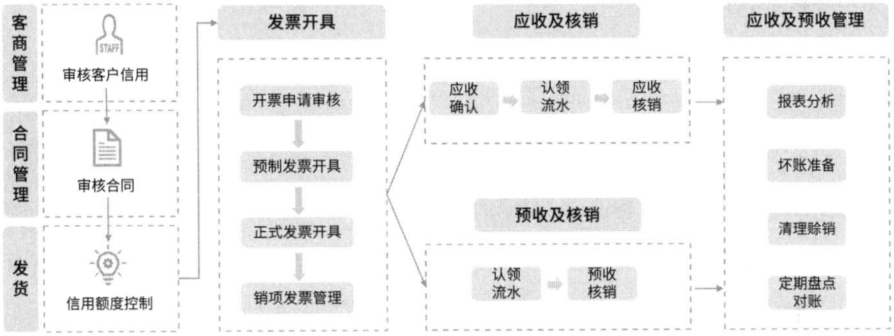

图 5－5　销售到收款的财务流程示意图

销售到收款的财务流程包括如下环节：

（1）审核客户信用

业务人员进行客户信用申请后，财务人员需要完成对客户信用的审核。审核要点包括但不限于：客户的社会信用及声誉状况、客户的财务状况（销售额、利润、资产流动性等）、客户的客户运行状况、客户历史信用记录等。

（2）审核合同

业务人员录入销售合同后，财务人员需对销售合同进行审核。审核要点包括合同双方名称及银行账户、合同范围、收付款计划等信息。

（3）信用额度控制

财务人员及时跟进信用额度，当客户赊购超出信用额度时，需提醒业务人员谨慎进行后续订单及业务往来。

（4）发票开具

客户验收入库后，业务人员需根据合同、订单和项目账单信息向客户确认开票信息是否有误。确认无误后，业务人员发起开票申请，财务人员进行审核，通过后开具预制发票，预制发票和销售订单匹配无误后开具正式发票。与此同时，财务人员需对销项发票进行统一管理。

财务人员根据业务人员与客户谈妥且经过审批的销售折让方案进行具体销售折让额的计算。财务部还需审核经销售部门确认的销售折让通知书，编制/录入折让会计凭证，并对销售收入进行会计调整。

（5）应收及核销

若已向客户发货但尚未收到款项，按应收账款确认。业务人员提交应收报账单，经业务领导审批通过后，财务人员进行审核并入账，生成凭证。待收到款项、接到客户付款通知后，财务人员检查银行收款记录，并进行流水认领，将该笔流水匹配到对应的账户、公司、客户。流水认领后，经办人关联该笔流水生成收款报账单交至财务人员进行审核，审核通过后进行入账，核销相应的应收账款。

（6）预收及核销

若因原材料或商品供不应求等原因，客户提前支付部分款项，按预收账款进行处理。财务人员需进行流水认领，将该笔流水匹配到对应的账户、公司、客户。流水认领后，经办人关联该笔流水生成收款报账单交至财务人员进行审核，财务人员审核后进行入账。待达到收入确认时点时，业务人员提交收入报账单，业务领导审批通过后财务人员进行审核，核销相应的预收款项。

（7）应收及预收管理

➢ 对账盘点、坏账与赊销处理

财务部定期对销售及存货情况进行盘点，并及时对赊销货款进行清理。坏账指企业无法收回或收回可能性极小的应收款项。每期期末，财务人员对坏账损失进行估计，设置“坏账准备”账户，按照一定方法及比例计提坏账准备，实际发生坏账时则直接冲减已计提坏账准备。

➢　报表分析

财务人员在报表中对应收账款账龄、逾期款项、回款效率、预收账款进行分析，以帮助企业对客户进行评估管理，优化企业收入收款效率。

5.3　信息系统流程

传统的销售模式存在着与客户沟通效率低、开票成本高、销售回款慢等痛点。销售业务是企业的主要盈利来源，对企业销售到收款业务流程进行流程化管理，能够提高整个环节的业务处理效率，尤其是签单效率和回款效率，进而增加企业的业务收入。

在信息系统的支持下，销售收款流程实现企业与客户的紧密关联，打通企业与客户之间的数据传递通道，提高交易处理效率，实现了销售全流程自动化，帮助完成销售数字化的转变。

销售到收款流程涉及的前端业务信息系统包括 ERP 系统、合同管理系统、客户关系管理系统（CRM）等。全流程还包括业财连接模块（客户协同平台、开票协同系统）、共享核心模块（业务报账系统、共享运营系统、电子影像系统和电子档案系统）、收款认领系统、资金管理系统、会计核算系统等（见图 5－6）。

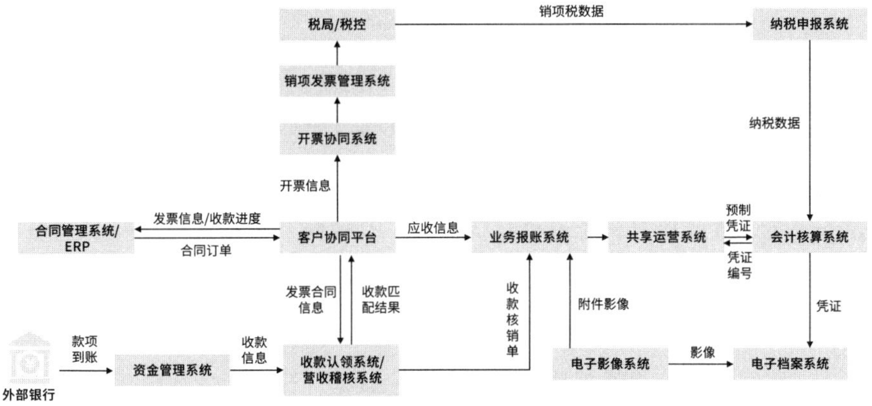

图 5－6　销售到收款信息系统流程

收款认领系统聚焦企业收款环节，主要针对收款对象为企业的行业及收款渠道相对单一的行业。它作为企业收款的统一管理平台，承担了流水管理、流水清分、来款认领、流水认领等工作。在收款认领流程中，根据款项类型和认领方式，系统自动为流水匹配对应的认领分步式步骤，包含核销应收、登记预收、登记收入、登记费用。认领任务完成后，系统根据分步式认领操作信息自动推送收款/收票报账单并生成记账信息。同时针对这项繁琐且重复性高的工作，收款认领系统配置三大规则库，实现收款流水和票据从接收、认领到入账流程的智能管理，大大提高了企业报账认领流程中各工作节点处理效率，降低企业成本（见图 5 –7）。

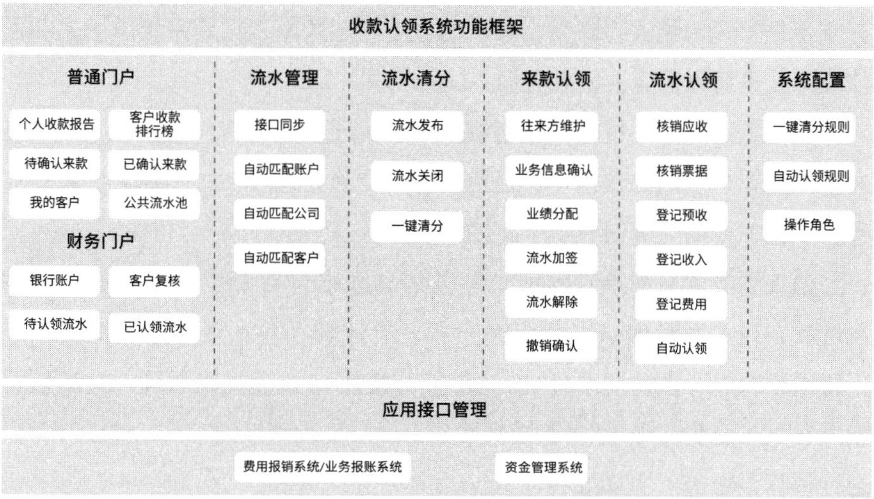

图 5 –7　收款认领系统功能框架

营收稽核系统主要针对收款对象为消费者的行业及收入来源多、收款类型复杂的行业，如电信行业、零售行业等。营收稽核系统可自动并快速获取多渠道基本数据，支持多种渠道、多种收款方式的营收稽核，实时与业务系统、会计核算系统进行数据交互，有效整合数据信息，提高财务稽核效率，保障营收资金数据的准确性。营收稽核系统具备业务化、自动化和可视化特点，通过规范收款流程，提高企业财务和资金核查能力。除此之外，系统还能直观展现营收数据和风险数据，预警运营风险。

开票协同系统作为协同平台将前端业务系统与销项发票管理系统紧密

联系起来，聚焦于业务人员开票申请审批这一中间环节，将传统线下业务线上系统化处理，有效管控新开/红废发票数据获取、申请、审批、开票数据推送各流程节点，并形成待开票数据、发票数据及状态信息的统一展示平台。

销项发票管理系统通过前端与开票协同系统对接，后端与开票终端对接，实现纸质和电子发票统一集中开具，包括数据导入、开票规则管理、开票管理、红废管理、递送服务、报表中心功能模块。通过与ERP等相关业务系统对接，实现发票与订单的匹配以及发票和报账信息的交互。系统覆盖了发票开具过程中发票申请、发票审批、信息同步、发票开具、发票实物递送、查询统计的全流程，实现各种开票规则管理，监控发票寄送过程，全流程电子化，提升效率，减低风险（见图5－8）。

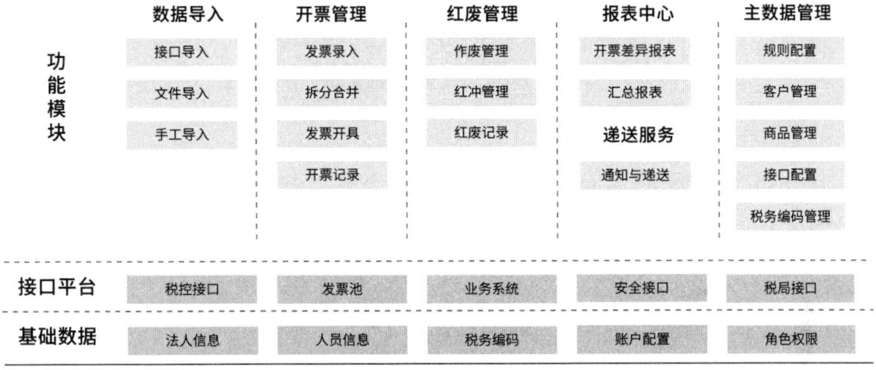

图5－8 销项发票管理系统功能框架

销售到收款的信息系统流程包括如下环节：

（1）录入订单信息

销售人员对客户的需求进行分析，受理客户订单后，将订单信息录入ERP系统，ERP系统自动安排产品生产计划，进行完工产品结转。待产品出库后，发货信息反写至ERP系统中。

（2）录入合同信息

与此同时，销售人员在合同结算系统中录入合同信息（见图5－9）。合同复核人员在合同结算系统对合同进行复核，合同信息会自动同步至客户协同平台。合同发生变更或者终止时，也需要及时在系统中维护合同信息。

数字化时代的业财一体——业务报账系统

图 5－9　合同信息录入

（3）开票申请

客户验收入库后，向销售方提出开票申请。开票协同系统可以同步企业 ERP 中的销售订单及合同管理系统中的合同信息，相关业务人员勾选需要开票的订单或合同发起开票申请。开票人在系统上发起开票申请，领导审批、财务审核（见图 5－10）。

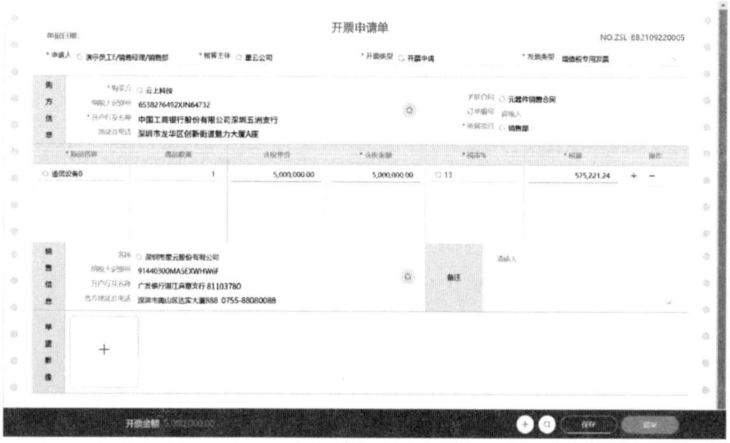

图 5－10　开票申请单

（4）开具发票

开票申请经领导审批和财务审核通过后，开票信息自动传递给销项发票管理系统。销项发票管理系统同步 ERP 系统销售订单数据，系统预设一系列规则，自动读取和处理销售开票数据，根据开票要求直连税务局电子发票公共服务平台开具增值税专票，完成发票的打印，并通过邮箱、微信或短信等线上方式传输给客户（见图 5－11）。

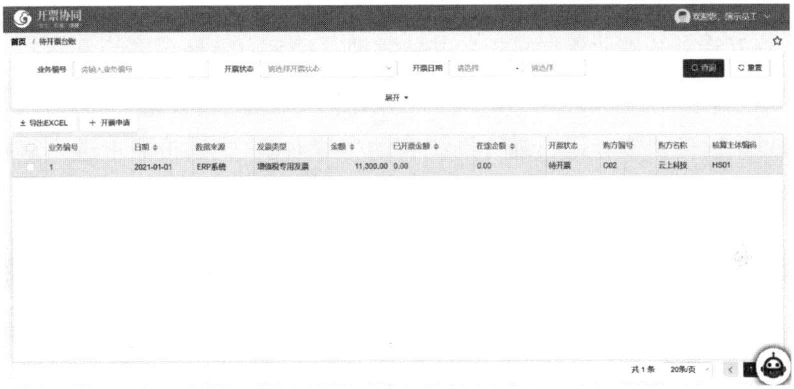

图 5－11　待开票台账

（5）应收报账

客户协同平台可以记录发票的寄送状态与客户签收情况。开票信息传递至业务报账系统，自动生成应收报账单，财务人员在共享运营系统审核后，在会计核算系统中完成入账（见图 5－12）。

图 5－12　销售收款域报账入口

（6）收款认领、收款报账

企业接收到银行来款通知后，银行流水信息会自动同步至收款认领系统。财务人员可在收款认领系统对收款、收票流水进行统一汇总管理。财务人员对流水进行清分和发布后，系统根据不同角色所拥有的权限自动匹配收款流水，流水分别进入客户经理待认领池、财务待认领池、公共认领池。

在待认领池，客户经理和财务经理均可操作来款确认款项类型、合同和认领方式等基础业务信息。公共认领池存储未有效匹配客户和客户经理关系的流水，客户经理可在公共认领池提取流水。来款确认完成的收款拆分行可由财务认领登记明细，系统自动生成收款/收票报账单进入审批流（见图5－13）。

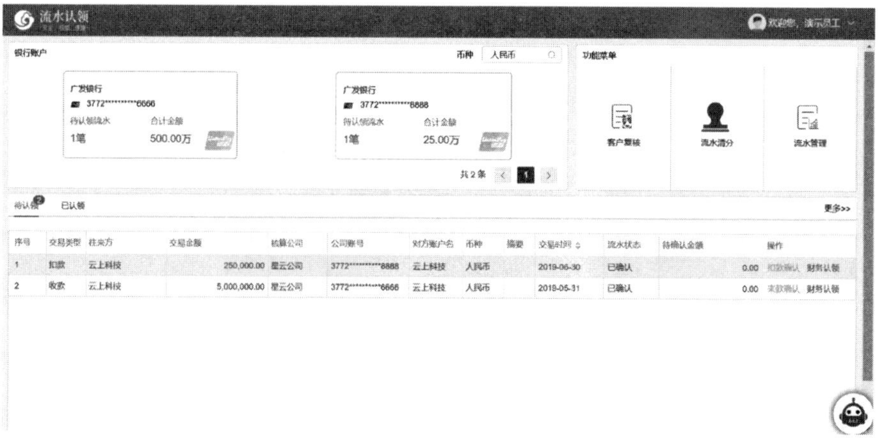

图5－13　销售收款认领

（7）凭证入账

财务审核通过后，审核结果及数据流转至会计核算系统，生成会计凭证及入账（见图5－14）。

图 5 – 14　凭证生成入账

5.4　业务单据及台账

5.4.1　业务单据

销售收款域的单据主要包括开票申请单、作废/红字发票申请单、收入报账单、收款/收票报账单，销售收款域单据流转示意图如 5 – 15 所示。

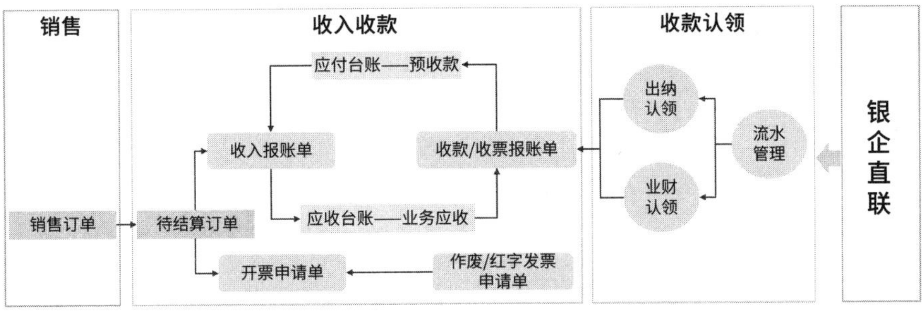

图 5 – 15　销售收款域单据流转示意图

数字化时代的业财一体——业务报账系统

（1）开票申请单

开票申请单用于销售人员进行销项发票开具的申请业务，可以关联合同及销售订单，需明确填写购买方及销售信息，便于后续填写实际发票。审批流程流转至财务开票岗位后，财务填写实际开票的发票信息，包含发票代码、发票号码、开票日期及价税合计金额信息，记录开票申请与实际开具发票的关联关系。开票节点完成发票开具及信息录入后销项发票会写入发票池，进行发票查验并返回查验结果。

【案例】 由于星云公司产品口碑较好，近期产品订单大量增加，4 月 1 日向客户云上科技公司销售一批金额为 500 万元的通信设备，销售部员工 B 为本次项目的负责人。15 日云上科技验收入库后向星云公司提出开票申请，员工 B 在开票协同系统中提交开票申请单，业务领导审批之后财务进行审核（见图 5－16）。

图 5－16 开票申请单提交界面

（2）作废/红字发票申请单

作废/红字发票申请单用于销售专员进行已开具发票的作废及红冲申请业务。作废/红字发票申请单提交时需关联发票池原已开具的蓝票，关联之后会记录原蓝票状态已作废或已红冲。如果为红冲申请类型，流程流转至财务开票岗位后，财务填写实际开具的红字发票信息，包含发票代码、发票号码、开票日期及价税合计金额信息，开票节点完成发票开具及信息录入后销项发票会写入发票池，并记录原蓝票及红字发票的关联关系。

【案例】 销售部员工 B 于 4 月 16 日完成增值税专用发票开具工作，18 日，云上科技公司发现收到的增值税发票存在错误信息，随即与星云公司进行沟通，重新开具发票。星云公司现需开具红字发票冲销 4 月 6 日已开的发票，随后才能为云上科技公司重新开具一张新的发票。销售部员工 B 在业务报账系统上提交作废/红字发票申请单，业务领导审批之后财务进行审核（见图 5 – 17）。

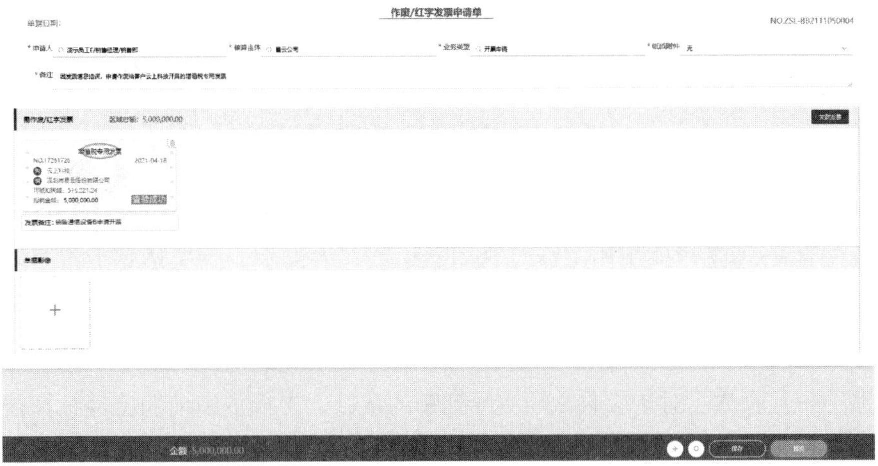

图 5 – 17　作废/红字发票申请单提交界面

（3）收入报账单

收入报账单通常用于确认应收账款及核销预收账款。该单据是基于客户没有 ERP 应收模块，需在报账系统完成收入及应收的确认，填写收入明细，完成收入入账。如果客户企业有销售系统，则可关联销售订单进行计入账，支持核销前期已经预收的收入款项，也支持核算收入至应收账款，核算至应收款项的数据在流程结束后写入应收台账——业务收入款。

【案例】 云上科技公司安装并验收完购入的所有通信设备，满足合同约定的销售收入确定条件，现需对本公司该笔产品款项进行收入确认，销售部员工 B 在业务报账系统上提交收入报账单以确认收入（见图 5－18）。

图 5－18　收入报账单提交界面

（4）收款/收票报账单

收款/收票报账单用于银行收到款项的业务处理。基于认领平台收款流水的认领生成，单据经认领后自动生成并提交至业务领导待审批处。认领收款流水时需区分款项类型，对于预收款项支持核算并写入应付台账——预收款。对于应收款项实际到账的认领，支持核销前期已经核算挂账的应收款项。一些由于接口等问题无法识别认领银行流水的业务，需要会计人员手工填写收款/收票报账单。对于政府补助、税收返还等其他类型的款项支持计入营业外收入等。对于票据贴现、承兑等款项支持核销应收票据。

【案例】 4 月 30 日，星云公司收到来自客户云上科技 500 万元的现金收款。由于云上科技资金周转不灵，经与星云公司协议，用承兑人为中国工商银行西安分行的银行承兑汇票作为支付款项。销售部员工 B 随即在业务报账系统上提交收款/收票报账单已完成收款报账及入账的核算，业务领导审批后财务进行审核（见图 5－19）。

数字化时代的业财一体——业务报账系统

图 5－19　收款报账单界面

5.4.2　台账

（1）应收台账

应收台账中的数据来源为收入报账单，作为归集应收款项的数据和后台核销的管理平台，对应收款项的控制与坏账准备等提供数据化服务。应收台账可以被收款报账单关联核销，核销数据回写至对应关联行，流水认领时也需关联应收台账，实现收款流水和应收账款的连接（见图 5－20）。

图 5－20　应收台账界面

数字化时代的业财一体——业务报账系统

（2）应付台账——预收款

应付台账中的预收款为企业提前预收客户的销售款，支持后期供付款单核销付款，也支持登记预收款项供后期收入报账单核销预收，从而加强财务对预收业务的合理合规管控。在销售收款域，应付台账的数据来源于业务小类为预收款的收款报账单（见图 5－21）。

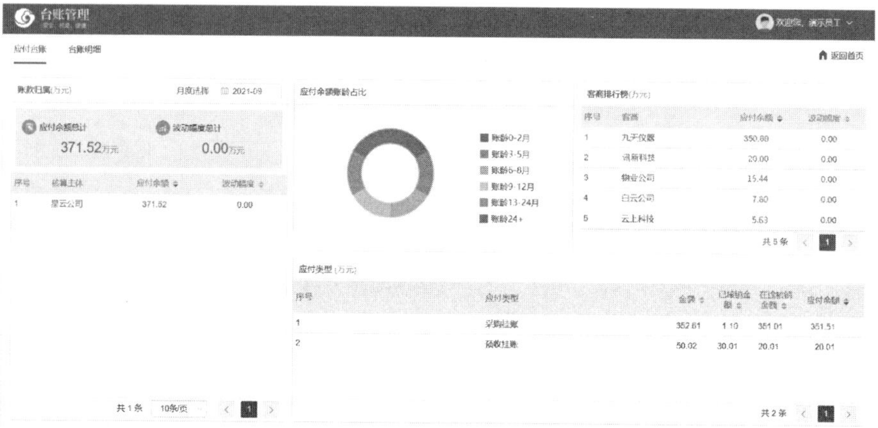

图 5－21　应付台账——预收款台账界面

（3）应收台账——采购预付款

应收台账——预付款来源对外预付款和采购预付款等预扣项款，作为归集预付账款的数据及后期核销的管理平台，对预付账款的控制与坏账准备等提供数据化服务。如需要的原材料供不应求或基于双方达成的采购协议，采购方需要提前预付一定比例的款项。采购人员提交采购预付单，领导审批、财务审核及资金支付后，此时预付账款作为采购方的资产，其预付信息自动同步至应收台账，以方便数据查询（见图 5－22）。

（4）待开票台账

待开票台账汇集各业务系统待开票数据，通过接口或者 Excel 导入汇集到一起，便于集中对未开票的发票进行开票申请（见图 5－23）。

图 5 - 22　应收台账——预付款

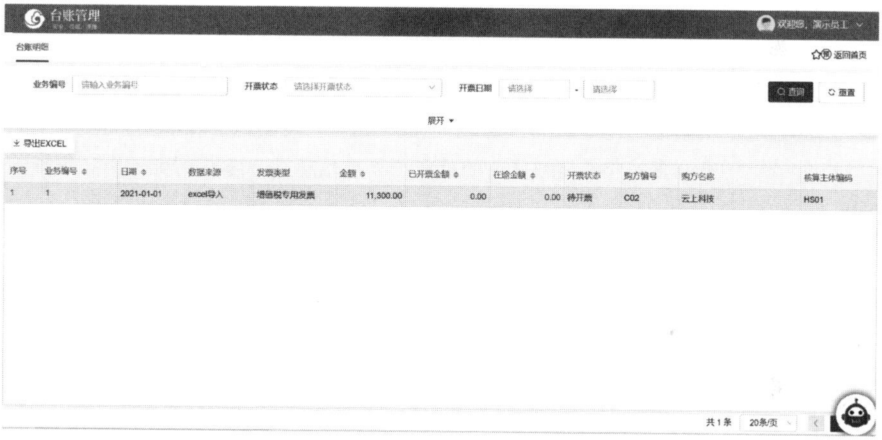

图 5 - 23　待开票台账

本章关键词

坏账损失	坏账损失是指企业未收回的应收账款、经批准列入损失的部分。
开票协同系统	开票协同系统作为协同平台将前端业务系统与销项系统紧密联系起来，聚焦于业务人员开票申请审批这一中间环节，将传统线下业务线上系统化处理，有效管控新开/红废发票数据获取、申请、审批、开票数据推送各流程节点，并形成待开票数据、发票数据及状态信息的统一展示平台。

续表

销项发票管理系统	销项发票管理系统通过前端与开票协同系统对接，后端与开票终端对接，实现纸质和电子发票统一集中开具，包括数据导入、开票规则管理、开票管理、红废管理、递送服务、报表中心功能模块，实现各种开票规则管理，监控发票寄送过程，全流程电子化，提升效率，减低风险。
收款认领系统	收款认领系统聚焦企业收款环节，作为企业收款的统一管理平台，承担流水管理、流水清分、来款认领、流水认领等工作。针对这项繁琐且重复性高的工作，收款认领系统配置三大规则库，实现收款流水和票据从接收、认领到入账流程的智能管理，大大提高了企业报账认领流程中各工作节点处理效率，降低了企业成本。
营收稽核系统	营收稽核系统是一个专业的企业收款对账业务系统，主要是针对收入来源多、收款类型复杂的行业，如电信行业、零售行业、金融行业、物流行业等，自动并快速获取多渠道基本数据，支持多种渠道、多种收款方式的营收稽核，实时与收费受理业务系统，财务核算系统进行数据交互，有效整合数据信息，提高财务稽核效率，保障营收资金数据的准确性。
收入报账单	收入报账单是基于客户没有 ERP 应收模块，需在报账系统完成收入及应收的确认，填写收入明细，完成收入入账。如果客户企业有销售系统，则可关联销售订单进行计入账，支持核销前期已经预收的收入款项，也支持核算收入至应收账款，核算至应收款项的数据在流程结束后写入应收台账——业务收入款。
收款/收票报账单	收款/收票报账单用于银行收到款项的业务处理。基于认领平台收款流水的认领生成，单据经认领后自动生成并提交至业务领导待审批处。认领收款流水时需区分款项类型，对于预收款项支持核算并写入应付台账——预收款。

本章小结

销售收款作为企业主要盈利来源，其流程一直以来是各企业关注的重点。销售到收款流程包括：发现并验证销售机会；客商管理；订单与合同管理；折扣申请及审批；发货；开票及收入确认；应收、预收及核销；应收预收管理。通过加强对销售收款业务的流程化管理、提高业财一体化深度、提高信息化程度、合理运用信息化手段，可以有效优化销售收款流程，为企业增益。

本章练习题

一、选择题

1. 客户信用审核要点包括（　　）。

A. 主要往来银行账户　　B. 客户财务状况

C. 客户薪资水平　　D. 客户业务信用记录

2. 应收及预收管理中财务人员需要完成（　　）。

A. 报表分析　　B. 清理赊销

C. 商品分析　　D. 定期盘点对账

3. 收款报账单的功能包括（　　）。

A. 核销票据　　B. 核销应收

C. 登记预收　　D. 登记收入

4. 收款认领的步骤包括（　　）。

A. 新增流水　　B. 财务认领

C. 流水清分发布　　D. 来款确认

5. 销售到收款涉及的单据包括（　　）。

A. 收入报账单　　B. 开票申请单

C. 收款报账单　　D. 总账记账单

二、判断题

1. 客户经理来款确认、财务人员财务认领后，由客户经理提交收款报账单。 （ ）

2. 销售部门对客户需求进行分析，受理客户订单，订单应按类别连续编号。所有订单由被授权人核准后，需对客户信用状况进行初步核查。 （ ）

3. 所有企业的财务人员审核业务人员提交的开票申请后，直接开具正式发票。 （ ）

4. 营收稽核系统具备业务化、自动化和可视化特点，通过规范收款流程，提高企业财务和资金核查能力。 （ ）

5. 应付台账可以支持后期供付款单核销付款及收款报账单登记预收款项供后期收入报账单核销预收，从而加强财务对预收业务的合理合规管控。 （ ）

三、思考题

1. 请简要描述销售到收款的业务与财务流程。

2. 销售到收款信息系统流程中都涉及哪些系统、单据及台账？

第 6 章　资产管理

本章学习目标

本章围绕资产管理业务，首先介绍了资产管理的业务流程、财务流程和信息系统流程，其次介绍了与资产管理相关的业务单据，最后介绍了资产管理域中相关的台账。

通过本章的学习，应掌握：

◇　资产管理的业务流程及财务流程

◇　资产管理的信息系统流程

◇　资产管理的业务单据及台账

本章知识结构图（见图 6－1）

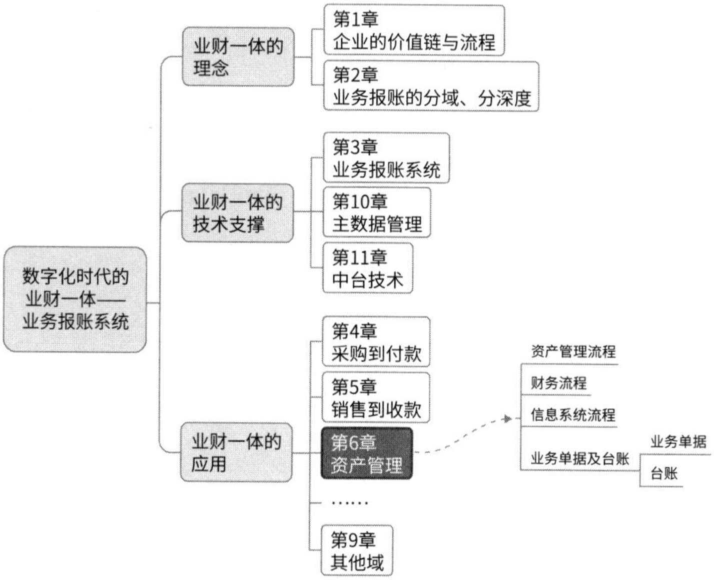

图 6－1　第 6 章框架导图

数字化时代的业财一体——业务报账系统

企业的资产包括固定资产、无形资产和在建工程。固定资产是指企业为生产产品、提供劳务、出租或者经营管理而持有的、使用时间超过 12 个月的，价值达到一定标准的非货币性资产，包括房屋、建筑物、机器、机械、运输工具以及其他与生产经营活动有关的设备、器具、工具等。

无形资产是指企业拥有或者控制的没有实物形态的可辨认非货币性资产，包括土地使用权、商标权、专利权、非专利技术、著作权等。固定资产和无形资产是企业的劳动手段，也是企业赖以生产经营的主要资产。

在建工程是指企业资产的新建、改建，或者技术改造、设备更新等尚未完工的支出，在建工程待完工后可转为固定资产。在建工程是企业新增固定资产的重要途径，因此加强对在建工程的管理，从工程建设前期成本费用、设备及材料成本和工程投资支出等方面实现对在建工程成本费用的控制，能够降低企业新增固定资产成本。

管好公司的每一个资产，用好每一个资产可以帮助企业节约大量现金流，创造大量利润。企业的数字化转型涉及方方面面，实现对资产的精细化管理，降低资产运营成本，提高企业固定资产、无形资产和在建工程的现代化管理水平，已成为当前企业的重要挑战。

资产管理流程涵盖了企业对资本支出的预算管理、资产新增申请、资本化支出处理、资产采购新增、折旧/摊销、报废/处置、盘点及监控的全过程，其业务循环如图 6－2 所示。

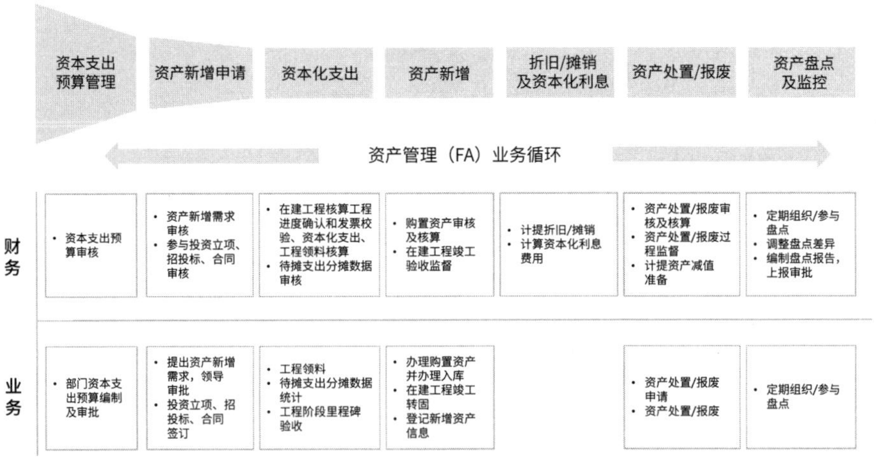

图 6－2　资产管理业务循环

基于资产管理流程中各业务节点的不同，财务和业务的分工不同。其中业务主要负责资产管理流程中预算编制、资产新增采购、立项招标、合同签订及执行、工程领料、工程验收、转固、资产报废/处置、定期盘点等部分。财务主要负责预算审核、资产新增审核、合同审批、在建工程核算、资产处置/报废审核、定期盘点等部分。

6.1　资产管理流程

资产管理流程主要是对在建工程、资产采购、资产折旧及摊销、资产处置以及资产盘点全过程的业务进行处理。

资产管理业务流程主要分为四个环节：资产预算管理；资产采购、在建工程管理；资产报废及处置；资产定期盘点（见图6-3）。

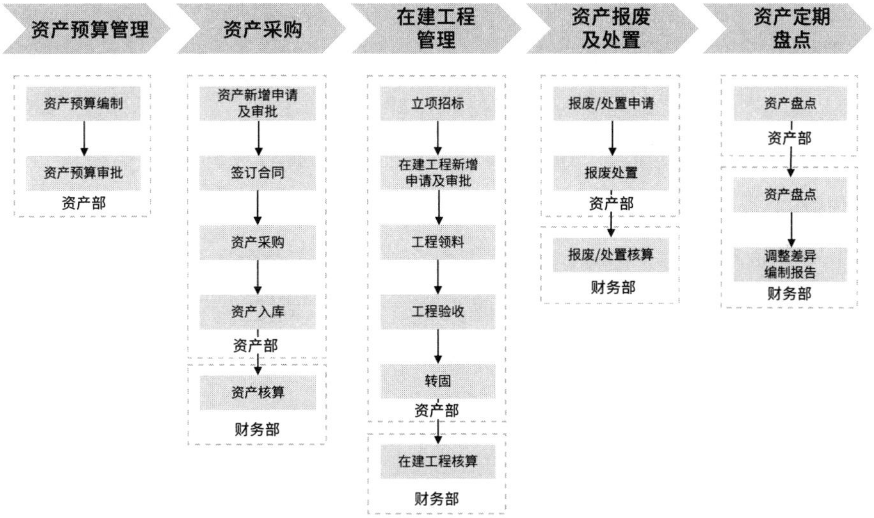

图6-3　资产管理的业务流程示意图

下面对资产管理流程的每个步骤做详细介绍：

（1）资产预算管理

在进行资产采购或者在建工程建设之前，业务人员需要进行资产预算编制。健全有效的资产支出预算制度能保证企业将有限的投资资本分配到最有利的投资上。资产部门根据资产采购计划，编制采购预算表并确定本次采购的金额，提交采购预算申请至财务部进行审批。

（2）资产采购

➢ 新增申请及审批

业务人员根据需求及调研，提出资产新增申请，领导审批。

➢ 签订合同

预算审批通过后，资产采购人员提交需求申请，经过业务审批以后由采购人员与供应商签订相关采购合同。

➢ 资产采购

企业采购人员根据制定的采购方案、与供应商签订的合同信息，进行固定资产或者无形资产采购。供应商根据采购订单组织生产并发货。

➢ 验收入库

资产到货后由采购人员发起到货验收通知，组织资产管理人员或者使用部门对实物进行验收并签写验收记录或者统一在验收入库单上签字。资产验收涉及实物清点、信息核对、产品序列号（Serial Number，SN）等数据收集。入库登记，即建立资产台账，如果是固定资产，还涉及资产编号张贴、库房库位分配等。资产编号根据资产类别对应的编码规则进行编制，每个资产对应唯一的一个资产编号。

➢ 资产登记

验收入库后，通常需要登记新增资产信息。固定资产登记一般采用固定资产卡片的形式。固定资产卡片是指登记固定资产各种资料的卡片，对固定资产进行明细分类核算的一种账簿形式。它是每一项固定资产的全部档案记录。从企业开始到企业结束的整个生命周期，所发生的固定资产全部情况，比如新增、折旧、停用、出售、转移、报废、清理等都要在卡片上予以记载。新增无形资产信息一般只需要录入系统中，无须新增资产卡片。

（3）在建工程管理

➢ 立项招标

在建工程通常需要立项。在建工程项目立项通常包括审批项目建议书和项目可行性研究报告。项目建议书根据国家产业政策和行业、地区发展规划要求编制，编制完毕并附上必要的附件后，通常的审批流程是按项目隶属关系经各地州市发改委、行业主管部门初审后，报省发改委审批。

项目可行性研究报告由项目建设单位以批准后的项目建议书为依据编制，并在项目建议书规定地区范围内，由规划、国土部门确定项目建设地点。项目可行性报告经批准后，即可编制项目初步设计文件，并报有关部门审批，审批通过且其他建设条件完备后，可进行立项。

建设工程招标投标制度，是建设单位对拟建的建设工程项目通过法定的程序和方法吸引承包单位进行公平竞争，并从中选择条件优越者来完成建设工程任务的行为。为节约在建工程成本，保证施工质量，企业一般采用招投标的方式确定施工单位。

➢ 新增申请及审批

预算审批通过后，业务人员提交在建工程新增申请，经过业务审批以后进行工程领料，期间可能涉及存货核算、薪酬核算、采购等流程。

➢ 工程物资采购

签订合同后，采购部门根据在建工程所需的原材料进行工程物资采购。工程物资采购的货物验收单需由施工总承包单位、监理单位、建设单位负责人会签。

➢ 工程领料

施工单位根据施工委托、施工组织计划制定工程物资需求计划，填写工程物资领用申请表提交监理单位审核。监理单位根据建设单位建设量、建设周期要求和施工计划进行审批。工程物资领用申请表通过项目主管审批通过后，由施工单位交物流供应中心，并由物流中心负责工程物资的出库、台账管理。

➢ 工程验收

建设单位组织勘察、设计、施工、监理等单位和其他有关方面的专家组成在建工程验收组并制定验收方案。验收组根据验收方案对工程勘察、设计、施工及设备安装质量和各管理环节等方面做出全面评价形成工程竣工验收意见，验收员签字。

在建工程验收过程中发现不符合施工验收标准的严重问题，质量监督站应责成有关责任单位整改，宣布此次验收无效，重新确定时间组织竣工验收。

➢ 转固

通常情况下，在建工程转固定资产，应根据企业固定资产管理使用部门的固定资产验收单、交付使用固定资产清单等可以作为在建工程结转固定资产的原始凭证。例如，如果企业房屋建筑属于行政后勤部门管理，则应由在建工程管理部门与行政后勤部门办理移交手续，验收单或交付使用财产清单签字应由行政后勤部门签章；如果企业的生产车间的设备移交给生产部门，应由在建工程管理部门与生产部门办理验收移交手续。财务部门根据验收移交手续，进行在建工程结转固定资产的账务处理。

（4）资产报废/处置

资产处置是指使企业资产退出生产经营过程所做的处理活动。当资产失去使用价值，或者到达折旧期限时，将会面临报废处理，如果有残骸需要清理或者出售，还会涉及报废处置。

（5）资产盘点

在资产盘点中，企业一般对固定资产进行盘点。固定资产盘点是指对固定资产进行实物盘点，以确定各种财产在一定时期的实存数，从而了解企业固定资产的账物相符程度。盘点的做法通常是先将固定资产账户里的余额与固定资产明细账（固定资产卡片）的原始价值金额之和核对确认是否相符，之后由资产管理部门、使用部门和财务部门共同盘点。

固定资产的账物相符程度在盘点出资产的实际情况后，资产管理部门要与财务对账。如果账实相符，那么就可以出具盘点报告；如果不一致，负责人需要找到不一致的原因，和财务一起根据实际盘点结果，调整账面资产，直到账实相符。在整个盘点执行完成之后出具盘点报告。

随着企业经营范围的不断拓展，企业每年都会投入大量的成本购置各种资产，但企业在资产管理过程中往往会出现一些问题，包括资产重复购买、资产状态无法实现实时展示和信息互通，导致业务部门和财务部门之间的信息不对称，易出现资产状态与相应手续或资产核算情况不匹配、资产的权属单位与使用单位分离等问题。这些问题不仅增加了企业对资产的投入成本，还影响了企业的正常运营。究其原因，是企业缺乏合理的资产管理流程。因此，优化资产管理流程，实现对资产全生命周期的跟踪管理，有助于企业提高资产的使用价值、优化资源配置，最大限度防止资产的闲置、浪费和损坏等，从而增强企业盈利能力。

在资产管理流程中，业务与财务仍需互相配合，共同保障整个流程的顺利运行。其中，财务人员需要完成预算、财务风险、会计核算、资产等管理活动（见图6－4）。

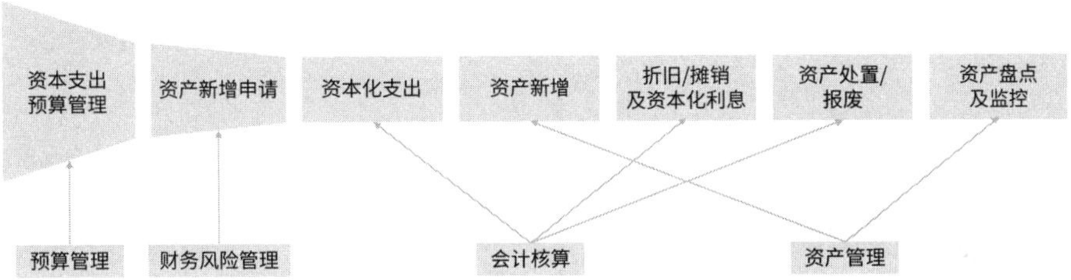

图6－4 资产业务流程与财务流程交互点

在预算管理时，财务人员需要对业务人员提交的资本支出预算进行审核，必要时需与资产部门协调沟通，对预算进行审核与调整。

在财务风险管理时，财务人员需对资产新增申请的必要性及合理性进行审核，确保企业有必要且以适当的价格采购资产，降低企业的财务管理风险。

会计核算涉及资本化支出、资产新增、折旧/摊销及资本化利息等环节，财务人员需要根据资产卡片的变更及时进行入账及凭证生成、审核待摊支出、计算资本化利息费用等动作。

财务人员还需辅助资产部门人员进行资产管理。新增时需要对资产新增申请进行审核及信息登记；还需定期同资产部门人员进行盘点，进行差异调整、编制资产盘点报告，对需要处置/报废的资产进行审核及监督，及时更新资产状态。

6.2 财务流程

本书资产管理的财务流程主要描述的是资产管理流程业财交互点中财

务的操作类流程，主要包括资产预算审核、资产购置、在建工程处理、资产折旧/摊销及资本化利息处理、资产盘点及资产报废/处置等活动（见图6－5）。

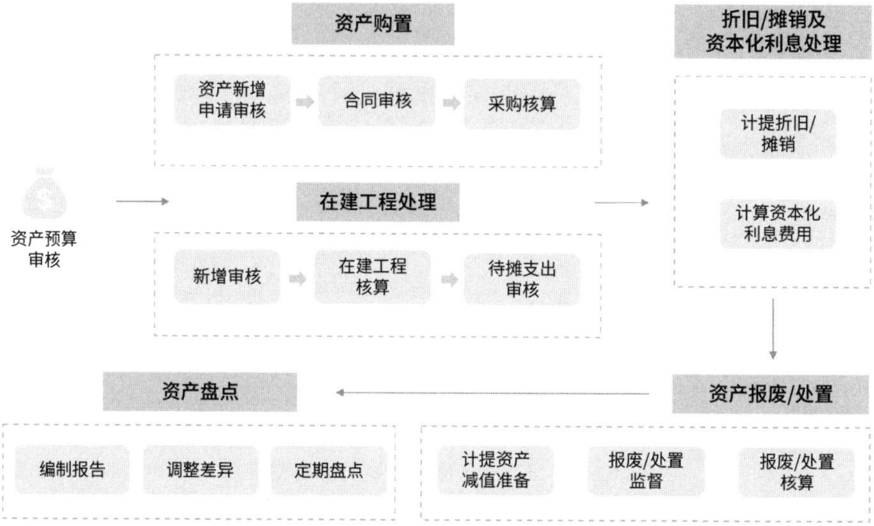

图6－5　资产管理财务流程示意图

资产管理的财务流程包括如下环节：

（1）资产预算审核

固定资产、无形资产的购置和在建工程的建设均需受到预算的管控。相关资产需求部编制采购预算表提交至财务部进行审批。

（2）购置资产

➢ 新增申请审核

财务人员需对经业务审批的业务人员提起的资产新增申请进行审核。

➢ 合同审核

采购人员提交资产采购合同，财务人员对合同的具体内容及合规性进行审核，需格外关注付款方式、付款计划等关键信息点。

➢ 采购核算

企业购置资产并将其验收入库后，对于资产及资产清单均到达、供应商已经开具发票的资产，资产管理人员在ERP系统内录入设备信息，进行报账提单入库，业务领导审批通过后，财务人员审核并对资产进行成本入账处理。

对于资产已到达、但资产清单及发票未能收到的资产，财务人员采取成本暂估入库方式入库入账。待下月初应将此分录按暂估金额红字冲回。待收到供应商开具的发票后，按实际发票列明金额进行资产成本入账的账务处理。

(3) 在建工程

➢ 新增审核

财务人员需对通过业务审批的在建工程新增申请进行审核。

➢ 在建工程核算

在建工项目实施过程中，财务部对领用的工程物资、人工成本等进行成本费用的归集。一般而言，对在建工程进行成本费用的归集时通常采用完工百分比法。完工百分比法是根据完工的比例确认收入和成本的方法。该方法被用于须签订合同的长期项目，且对完工部分、收入和成本可以可靠估计。

➢ 待摊支出核算

在建工程达到预定可使用状态时，对在建工程进行待摊费用的财务处理以确定资产成本费用归集的准确性。待摊支出是指在建设期间发生的，不能直接计入某项固定资产价值，而应由所建造固定资产共同负担的相关费用。

(4) 折旧/摊销及资本化利息

➢ 固定资产折旧

固定资产折旧是指企业在生产经营过程中使用固定资产而使其损耗导致价值减少仅余一定残值，其原值与残值之差在其使用年限内分摊。企业的固定资产长期参加生产经营而仍保持其原有的实物形态，但其价值随着固定资产的使用而逐渐转移到生产的产品成本中，构成了企业的费用。如果不计提折旧或不正确地计提折旧，将对企业计算产品成本或营业成本产生影响。因此，企业应根据固定资产的预期消耗方式计算并计提折旧。资产折旧需由企业事先对各类资产设定统一的折旧方案，包括年限平均法、工作量法、加速折旧法等。ERP 系统在会计期间内自动计提，或由资产业务处理人员定期同意请求完成固定资产折旧计提。

➢ 无形资产摊销

无形资产摊销是指对无形资产原价在其有效期限内进行摊销。无形资产是资本性支出，一般情况下其受益期限不会很短，它的价值也不可能迅速贬值。如果以象征性的金额代表无形资产的价值，虽然解决了可能存在的虚增问题，但同时又表现得过于谨慎，造成资产价值虚减，既不符合会计的客观性原则要求，也违背会计的重要性原则。而将其价值保留在账上，无形资产不做摊销的办法，有虚增资产的风险。由于使用无形资产而损耗的价值不能合理地归集到费用中，导致营业成本不实、不符合会计的配比原则要求，因此企业应根据无形资产的预期使用年限进行摊销。

➢ 资本化利息计算

资本化利息是指将借款利息支出确认为一项资产。无论是外购固定资产、无形资产或是通过在建工程的方式新增资产，均可能会存在资金不足而借款的现象。会计上规定，借款费用必须同时满足以下三个条件，才能允许开始资本化，并计入相关资产的成本。借款费用资本化的条件：资本支出已经发生、借款费用已经发生、为使资产达到预定可使用或者可销售状态的构建或者生产活动已经开始。因此，财务人员在固定资产、无形资产或者在建工程达到预计可使用状态时需进行资本化利息的计算，并将其计入资产成本。

（5）资产报废/处置

设备使用部门在系统内提交报废申请，设备专家进行审核鉴定，资产管理人员录入设备报废单，进而可进行资产处置活动，系统根据资产变动信息更新资产卡片。财务人员进行凭证入账，同时凭证及资产处置单据的影像信息将流转至电子档案系统归档。

资产减值是指资产的可收回金额低于其账面价值。资产在使用过程中，为了更准确地体现资产的真实价值，避免了资产的虚增导致企业利润的虚增，财务人员应判断资产是否存在可能发生减值的迹象。对于存在减值迹象的资产，应当进行减值测试，计算资产的可收回金额。可收回金额低于账面价值的，应当按照可收回金额低于账面价值的金额，计提减值准备。

（6）资产盘点

财务部定期通过条码或射频技术对固定资产进行盘点。通过将固定资产档案信息传输至条码盘点机中，可实现固定资产登记信息的条码盘点、分类统计。若资产存在盘盈或者盘亏时，财务人员应根据不同的情况进行账务上的处理。

6.3 信息系统流程

传统纸质化的资产管理模式下，纸质化的人工管理手段耗费人工成本，并且容易出现纰漏。这种人工管理资产的方式会加大工作量，造成人力的浪费，也会造成的工作效率低下和准确率低，从而导致资产数据混乱和资产流失等问题的出现。资产管理员无法实时掌握固定资产的准确数量、状态以及实时的存放位置等信息。另外，调阅某些固定资产的实时信息也比较困难。比如，要统计某个分公司的闲置或者损坏的资产数量等。

相较于传统资产管理方式，通过信息化手段实现业务流程的线上运转，能够快速有效地收集和管理企业的整体资产数据信息，从而为管理者进行资产评估、管理决策以及制定预算计划提供更为可靠的数据依据，避免企业在资产管理环节上可能造成的隐患。

资产管理流程主要以业务报账系统与资产管理系统为核心，前端对接业务系统如ERP系统、供应商管理系统（SRM）等。全流程还包括共享核心系统（业务报账系统、共享运营系统、电子影像系统和电子档案系统）、资金管理系统、会计核算系统等（见图6-6）。

资产管理系统通过先进的条形码技术对资产实物从购置、领用、清理、盘点、借用归还、维修到报废进行全方位准确监管，结合资产分类统计等报表真正实现账物相符，同时按照国内固定资产折旧的实际情况和惯例对固定资产计提折旧。

数字化时代的业财一体——业务报账系统

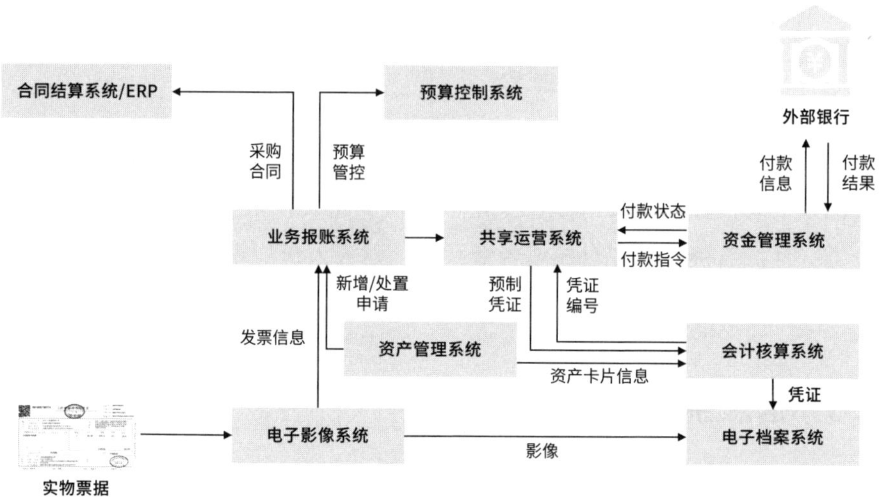

图6－6　资产管理信息系统流程

资产管理信息系统流程包括如下步骤：

（1）预算编制

业务人员根据需求分析和市场调研编制采购计划，采购部人员根据采购计划编制采购预算表，预算管理专员将预算明细表导入预算控制系统，对采购申请和采购报账的额度进行控制（见图6－7）。

图6－7　资产管理预算编制

(2) 新增申请

业务人员在资产管理系统中提交资产/在建工程新增申请，业务领导审批。

(3) 录入合同

业务人员可以根据预算及市场调研选择资产供应商/施工单位并签订合同，完成合同的上传。合同信息会自动导入合同管理系统，或者由合同管理员在合同管理系统上手动新增合同信息。合同发生变更或者终止时，也需要及时在系统中维护合同信息。合同签订后，后续采购、协同对账及发票查验认证与采购到付款流程相同（见图6-8）。

图6-8　资产采购合同

(4) 资产报账

资产报账时，业务人员在业务报账系统提交资产报账单，需关联资产管理系统的新增申请和查验认证过的相关发票，经审批和审核通过后，完成资产报账。财务人员在资产管理系统新建固定资产/无形资产卡片，卡片信息同步至会计核算系统生成相应的凭证（见图6－9）。

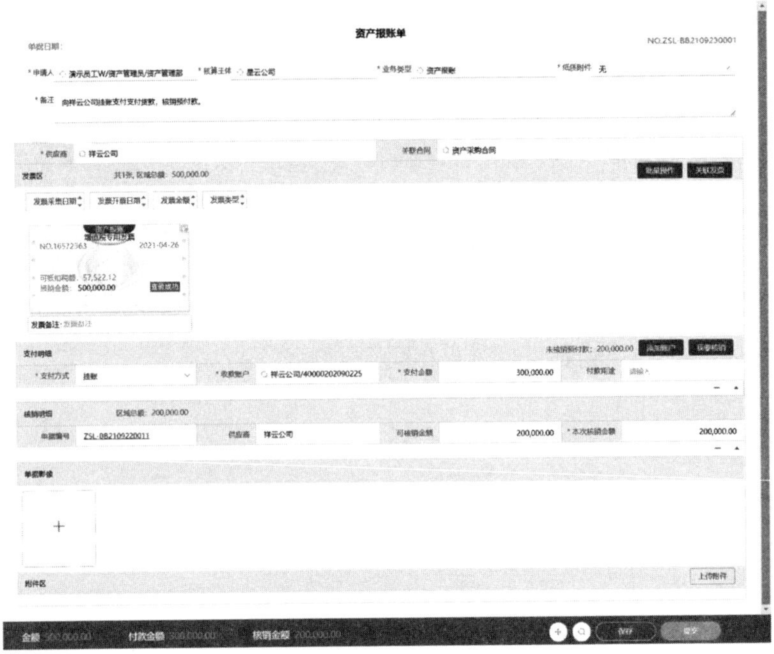

图6－9　资产报账单

（5）在建工程转固

在建工程转固时，业务人员在业务报账系统提交在建工程结转单，审批及审核通过后完成转固（见图6－10）。

图6－10　在建工程结转单

（6）折旧/摊销、处置、减值

资产的折旧/摊销在资产管理系统中自动运行。资产的报废/处置需业务人员在资产管理系统中提交申请，审批通过后对资产进行处置、减值等操作。

6.4　业务单据及台账

6.4.1　业务单据

按照采购固定资产、无形资产或者构建在建工程报账的业务顺序，资产报账域的单据包括资产预付单、资产报账单、在建工程结转单和资产付款单。业务单据在系统中的流转示意图如图 6－11 所示。

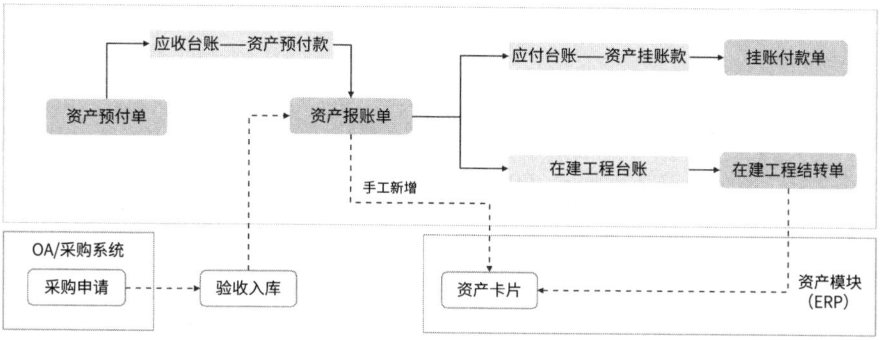

图 6－11　资产报账域单据流转示意图

（1）资产预付单

资产预付单主要用于资产采购预付的业务。资产从购买或建造开始，直到资产交付使用为止的全过程，涉及的金额一般比较大，因此在采购前，采购方与供应商需要签订采购合同，以对整个资产采购过程和建设过程进行跟踪管理。资产采购专员依据采购合同进行资产采购预付款的申请，业务领导审批后进行财务审核，整个流程结束后会进行预付款项的支付并写入应收台账——资产预付款。

【案例】 星云公司行政管理部门因管理需要而购买一台价值 500000 元

的办公设备。由于该办公设备价值高且在市场中供不应求，通过与供应商祥云公司进行沟通，签订了采购合同，合同约定：星云公司需以网银转账的形式预付40%的固定资产货款，待收到祥云公司开具的增值税专用发票后支付剩余60%的货款。合同签订后，资产管理部员工C在业务报账系统中提交资产预付单并经业务领导审批和财务审核（见图6-12）。

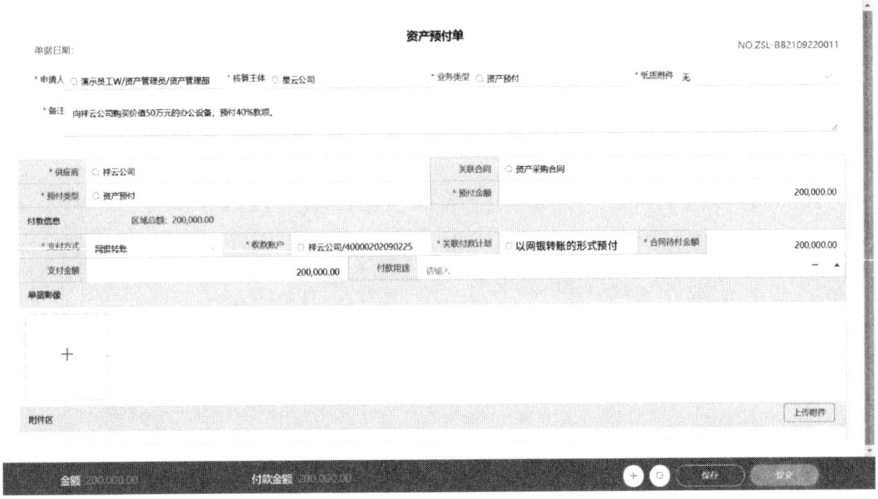

图6-12　资产预付单提交页面

（2）资产报账单

资产报账单主要用于处理资产采购验收、取得发票后的报销业务。资产采购专员凭发票及其他采购资料发起报账申请，资产报账单可以核销前期已经支付的预付款，也支持进行挂账处理，挂账的支付数据在审批流程结束后写入应付台账——资产挂账款。如果资产报账单涉及的资产未达到预定可使用状态不构成资产入账，则可以选择对应业务类型计入在建工程，单据流程结束之后写入在建工程台账。

【案例】收到星云公司的订单和预付款，祥云公司组织发货。24日星云公司收到办公设备并进行验收入库，入库单和采购订单匹配无误后生成验收单。随后星云公司向供应商申请开具增值税专用发票，26日收到祥云公司开具的发票。但目前星云公司资金流不充裕，经过与祥云公司沟通，祥云公司同意给予30天的信用期。资产管理部员C在业务报账系统上提交资产报账单并经业务领导审批和财务审核（见图 6－13）。

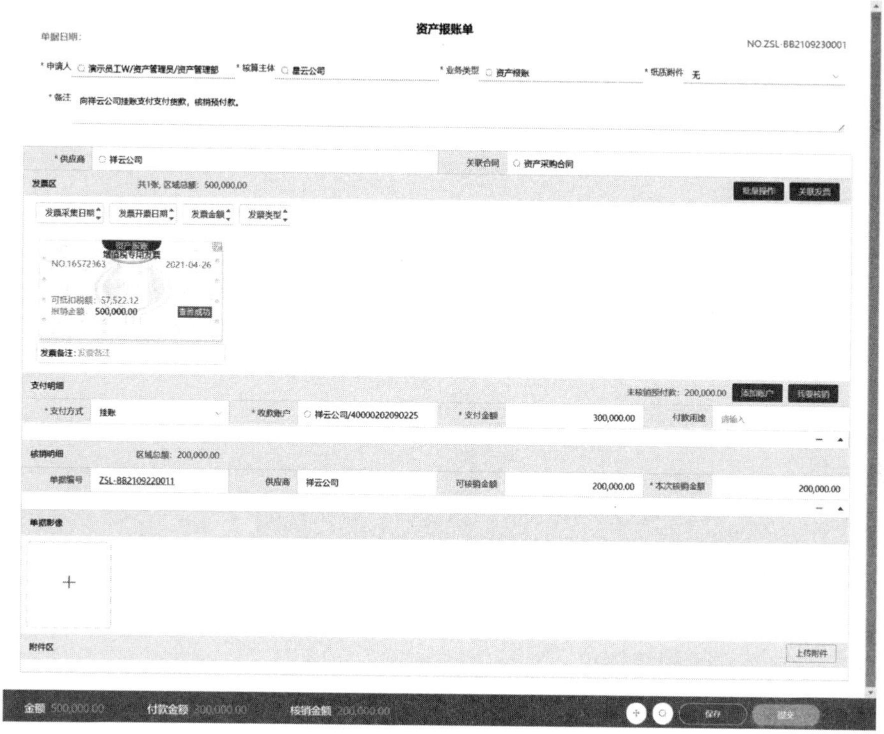

图 6－13　资产报账单提交页面

（3）资产付款单

资产付款单用于处理资产报账单挂账款项的付款支付申请业务。对于已经达到支付条件的挂账款，资产管理专员可以通过资产付款单关联应付台账——资产挂账款，提交挂账款的付款申请，资产付款单流程结束之后进行款项的支付（见图 6－14）。

【案例】 30 天后，供应商给予的信用期满，星云公司与祥云公司进行结算。经统计，祥云公司向星云公司共销售 50 万元的设备，预付 20 万元，还剩余 30 万元的货款需要支付。资产管理部员工 C 在业务报账系统提交资产付款单，核销挂账 30 万元并通过网银转账向祥云公司支付剩余款项 30 万元，业务领导审批后财务进行审核。

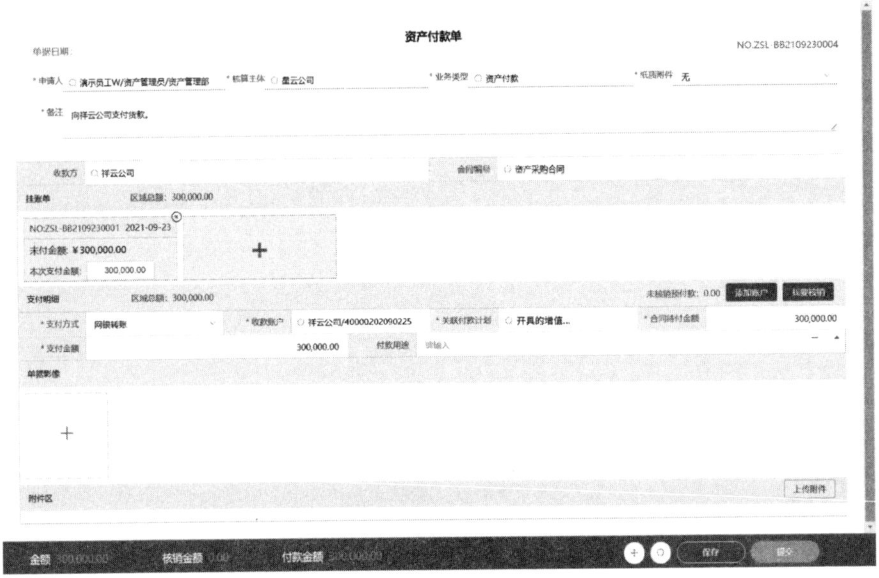

图 6-14 资产付款单提单页面

（4）在建工程结转单

在建工程结转单主要用于核算在建工程项目在达到预定可使用状态时结转入固定资产业务的处理。在建工程在结转固定资产时，需关联在建工程台账进行结转。在建工程台账数据来源于资产报账单，是为在建工程结转成固定资产提供数据管理的平台。

【案例】近期星云公司业务发展良好，公司决定扩大生产规模，实现规模经济。为此公司制定了扩张计划：分两批建立新的生产研发基地。公司在投招标网站发布相应的招标文件，各大供应商纷纷应标，经过一系列评比，中标的供应商是九天仪器。公司已与九天仪器签订合同并支付相应款项 20 万元，并取得增值税专用发票。资产管理部员工 C 在系统上进行资产报账，审批已通过。今日，九天仪器承建的第一批生产基地已验收成功，星云公司结转在建工程 10 万元。在资产管理部员工 C 提交在建工程结转单，业务领导审批后财务进行审核（见图 6-15）。

图 6 - 15　在建工程结转单提交页面

6.4.2　台账

在建工程台账是为在建工程结转成固定资产提供数据管理的平台，台账数据来源于资产报账单业务属性为在建工程属性的数据。在建工程台账可以被在建工程结转单关联，关联时根据供应商和单据对应核算主体进行数据过滤，关联支付之后数据回写至台账对应的关联行（见图 6 - 16）。

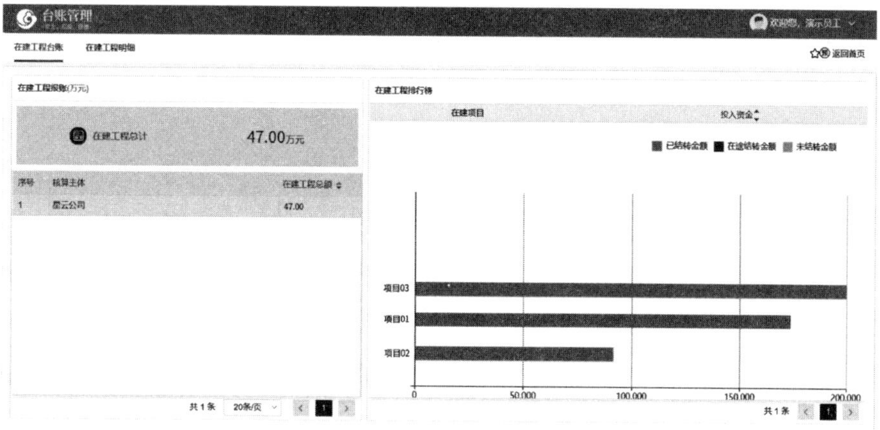

图 6 - 16　在建工程台账

本章关键词

固定资产	固定资产是指企业为生产产品、提供劳务、出租或者经营管理而持有的、使用时间超过 12 个月的、价值达到一定标准的非货币性资产，包括房屋、建筑物、机器、机械、运输工具以及其他与生产经营活动有关的设备、器具、工具等。
无形资产	无形资产是指企业拥有或者控制的没有实物形态的可辨认非货币性资产，包括土地使用权、商标权、专利权、非专利技术、著作权等。
在建工程	在建工程是指企业资产的新建、改建，或者技术改造、设备更新等尚未完工的支出，这些在建工程待完工后可转为固定资产。
资产管理系统	资产管理系统通过先进的条形码技术对资产实物从购置、领用、清理、盘点、借用归还、维修到报废进行全方位准确监管，结合资产分类统计等报表真正实现账物相符，同时按照国内固定资产折旧的实际情况和惯例对固定资产计提折旧。
资产报账单	资产报账单主要用于处理资产采购验收、取得发票后的报销业务。
资产付款单	资产付款单用于处理资产报账单挂账款项的付款支付申请业务。
资产预付单	资产预付单主要用于资产采购预付的业务。
在建工程结转单	在建工程结转单主要用于核算在建工程项目在达到预定可使用状态时结转入固定资产业务的处理。

本章小结

资产的精细化管理可以帮助企业更好地进行日常运营及战略规划。通过对固定资产、无形资产、在建工程从采购/立项到入库/转固，再到折旧/摊销、报废/处置的全流程管理，借助信息化手段，建立资产管理系统，能够有效地提升资产的管理效率，利于资产的有效利用与企业的有序运营。

本章练习题

一、选择题

1. 在建工程管理包括（　　）。

A. 立项招标　　　　B. 工程领料

C. 工程验收　　　　D. 转固

2. 在建工程立项招标文件包括（　　）。

A. 立项调研报告　　　　B. 投标标书

C. 审批项目建议书　　　　D. 项目可行性研究报告

3. 固定资产折旧核算方法包括（　　）。

A. 年限加速法　　　　B. 加速折旧法

C. 年限平均法　　　　D. 工作量法

4. 资产报废/处置的过程中财务人员需要完成（　　）。

A. 计提减值准备　　　　B. 监督报废/处置

C. 为报废资产估值　　　　D. 进行资产报废/处置相关核算

5. 资产报账域涉及的单据包括（　　）。

A. 资产预付单　　　　B. 资产新增申请单

C. 资产报账单　　　　D. 资产付款单

二、判断题

1. 借款费用资本化的条件：资本支出已经发生、借款费用已经发生、为使资产达到预定可使用或者可销售状态的构建或者生产活动已经开始。（　　）

2. 资产管理系统前端对接业务系统如 ERP 系统、客户管理系统、共享运营系统。（　　）

3. 对于资产已到达，但资产清单及发票未能收到的资产，财务人员应在收到资产当期再进行核算。（　　）

4. 资产管理系统对资产实物从购置、领用、清理、盘点、借用归还、维修到报废进行全方位准确监管。 （ ）

5. 无形资产也需要在资产管理系统中录入卡片进行管理。（ ）

三、思考题

1. 销售到收款信息系统流程中都涉及哪些系统、单据及台账?

2. 请简要描述资产管理的业务流程。

第 7 章　薪酬福利

本章学习目标

本章首先描述了薪酬福利的整体流程，其次结合信息系统，阐述了实际应用场景下的信息系统流程，最后介绍了薪酬福利涉及的业务单据及台账。

通过本章的学习，应掌握：

◇　薪酬福利的业务流程

◇　薪酬福利的信息系统流程

◇　薪酬福利的业务单据及台账

本章知识结构图（见图 7－1）

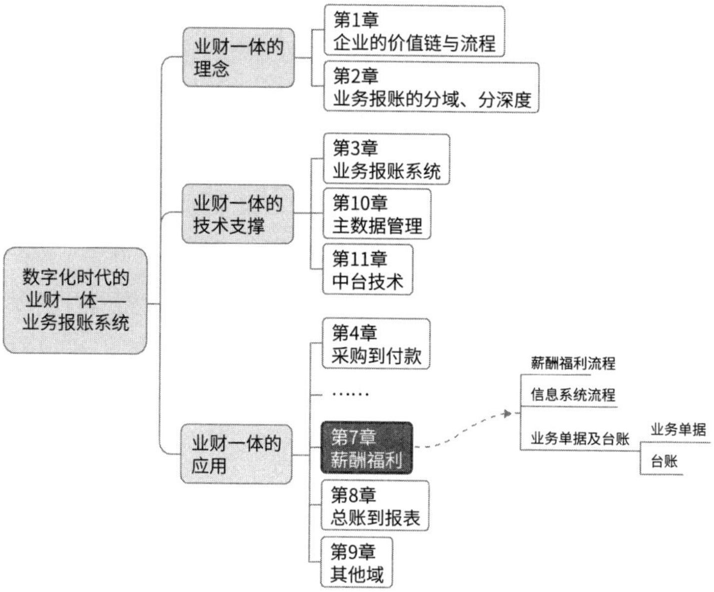

图 7－1　第 7 章框架导图

薪酬体系是现代企业管理制度的重要组成部分，引导着市场人才流动的结构与方向，决定了企业的人力资源结构，间接影响了企业战略目标的实现。因此，在整个人力资源管理体系中，薪酬管理占据着重要的地位。①

薪酬管理，是在组织发展战略指导下，对员工薪酬支付原则、薪酬策略、薪酬水平、薪酬结构、薪酬构成进行确定、分配和调整的动态管理过程。薪酬管理的重要部分就是薪酬福利相关流程的标准化。合理的薪酬福利业务流程保证薪酬福利的公平性、公正性和合法性；标准的薪酬福利财务流程有利于提高财务人员的处理效率，降低财务风险；科学的薪酬福利信息系统流程有助于实时记录流程状态，及时防范风险，助力企业财务信息化。借助先进的科学技术，企业未来的薪酬管理会更加客观公正、准确高效。

7.1 薪酬福利流程

企业的薪酬福利流程包含制定薪酬方案、薪酬计提、薪酬发放、薪酬代付收款四个环节（见图 7－2）。一般的薪酬福利流程为：企业根据薪酬调查了解内外部的薪酬情况，根据人才发展战略确定自身的薪酬市场定位及水平；之后明确组织结构、岗位职责，并选择合适的模型及方法完成岗位评价；岗位评价完成后，企业需要设计薪酬结构（固定薪酬和浮动薪酬），结合岗位评价确定薪酬发放方案，并在此基础上测算企业的薪酬承受能力；薪酬方案确定之后，进一步编制绩效工资发放方案，HR 部门会根据汇总的绩效考核编写薪酬明细表；一般企业月末计提当月薪酬，次月进行薪酬发放，薪酬的计提与发放均需要财务核算入账；等到薪酬发放日，企业可以通过银行或者第三方机构进行实际的薪酬发放，其中还可能包含薪酬的代付收款。

① 林毅强．J公司薪酬体系重构［D］．厦门大学，2014.

图 7－2　薪酬福利业务流程示意图

（1）制定薪酬方案

➢　制定薪酬策略

企业的薪酬策略是对薪酬体系的设计和实施提供指导思想。薪酬策略的制定需要基于公司的整体发展战略和人才资源发展战略以确保其合理性。企业在不同的发展阶段会采用不同的发展战略，其相应的薪酬水平策略也不尽相同，主要包括领先型薪酬策略、跟随型薪酬策略、滞后型薪酬策略和混合型薪酬策略。

领先型薪酬策略：也称为“薪酬领袖政策”“领袖型薪酬政策”，采取本组织的薪酬水平高于竞争对手或市场的薪酬水平的策略。这种薪酬策略以高薪为代价，在吸引和留住员工方面都具有明显优势，并且将员工对薪酬的不满降到一个相当低的程度。

跟随型薪酬策略：也称为“市场追随政策”“市场匹配政策”，力图使本组织的薪酬成本接近竞争对手的薪酬成本，使本组织吸纳员工的能力接近竞争对手吸纳员工的能力。跟踪型薪酬策略是企业最常用的策略。

滞后型薪酬策略：又称为“成本导向策略”“落后薪酬水平策略”或“拖后型薪酬策略”，采取本组织的薪酬水平低于竞争对手或市场薪酬水平的策略。

混合型薪酬策略：是指企业在确定薪酬水平时，是根据职位类型或者员工类型来分别制定不同的薪酬水平政策，而不是对所有的职位和员工均采用相同的薪酬水平定位。

薪酬调查是薪酬设计的基础。通过薪酬调查可以了解到企业薪酬的内部公平性和外部竞争力，从而为制定薪酬水平和薪酬结构提供参考。合理的薪酬调查结果能够反映企业的薪酬现状，使得薪酬设计做到有的放矢，设计出有针对性和个性化的薪酬体系，解决企业薪酬激励的根本问题。一般情况下，薪酬调查的内容包括以下三个方面：

对企业的薪酬现状进行调查。通过设计科学的问卷，从内部公平、外部公平、自我公平三个角度了解企业现有薪酬体系存在的主要问题以及造成这些问题的内在原因。

对企业的薪酬水平进行调查。主要收集行业和地区的薪资增长情况、不同薪酬结构对比、不同职位和不同级别的职位的薪酬数据、奖金和福利状况、与薪酬相关的激励措施以及未来薪酬走势分析等多方面的信息。

对影响薪酬的因素进行调查。一方面考虑影响薪酬的外部因素，比如国家的经济政策、通货膨胀、行业特点和行业竞争、人才供需情况。另一方面需要考虑企业的内部因素，比如盈利能力和支付能力、人员的素质要求及企业发展阶段、人才稀缺度、招聘难度。

➢ 岗位分析与评价

岗位评价的前提是职位分析，职位分析的成果是《岗位说明书》（包括岗位职责和任职资格等的描述），这又是岗位评价的重要依据。完成岗位评价是薪酬架构设计的基础，它为薪酬架构设计提供了公司岗位的职种、职级、职层等职等框架。

岗位分析与评价的基础就是明确公司的组织架构以及岗位构成情况。岗位分析，是指全面地收集、确定与组织目标岗位有关的资料，并对目标岗位进行研究分析，最终满足目标岗位的名称、上下级关系、工作职责及任职要求等的活动过程。岗位分析之后会形成书面的岗位说明书，对岗位名称、汇报关系、任职要求、工作职责、工作权限、主要流程及要求做出系统的分析及说明。岗位说明书是人力资源管理工作的基础环节，是对员工进行招聘、绩效考核等人力资源工作的依据，也是薪酬设计的主要依据。

岗位评价工作是建立在岗位分析基础上的，依据设计好的评价标准，通过系统地比较来分析岗位工作任务的难易程度、职责大小、权限大小及所需的任职资格，所具备的专业知识、技能和经验等内容进行分析及劳动环境等方面进行测量和评定，从而确定岗位的相对价值。这个部分的设计先要选定评估对象，考虑到岗位的横向覆盖和纵向覆盖，再确定评估方法，选择评估模型（如海氏岗位价值评估系统①、翰威特因素分析法②等），进行岗位评价。

➢ 设计薪酬体系

薪酬结构一般主要分为固定薪酬部分和浮动薪酬部分，此外还有福利与津贴。浮动薪酬比例的高低直接影响到薪酬体系的弹性大小，其中弹性部分会根据岗位任职人员的绩效发生变化，浮动工资在薪酬体系中所占比例越大，薪酬体系弹性越大，相反则小。

在固定薪酬设计部分，首先确定薪酬总收入的中位值基准点，再确定薪酬架构的级差，从而在此基础上确定各职级的薪酬带宽③。在浮动薪酬部分，要考虑浮动薪酬分配模式，以及浮动薪酬与固定薪酬的各自占比。最后在薪酬概算的基础上对架构进行调整形成薪酬方案。有时薪酬设计也从长远发展角度考虑如何对员工进行长期激励。

薪酬方案形成以后，需要了解企业可明确的，可承受的薪酬能力范围，采用科学合理的方法进行承受能力的测算。如果薪酬方案超出企业的承受能力，则需要根据测算结果进行方案调整。

① 海氏（Hay）岗位价值评估系统是由美国薪酬设计专家艾德华·海（Edward Hay）于1951年研究开发出来的。实质上是一种评分法，是将付酬因素进一步抽象为具有普遍适用性的三大因素，即技能水平、解决问题能力和风险责任，相应设计了三套标尺性评价量表，最后将所得分值加以综合，算出各个工作职位的相对价值。

② 翰威特因素分析法着重于六个与职位相关的因素用以确定各职位的相对价值。各因素确定后便被明确细分为不同层级以反映各职位不同的要求水准，通过将各要素的定义与内部层级相结合，构成职位评估框架对各职位进行评估。

③ 薪酬带宽指的是薪酬的上限值和下限值的区间，也可理解成每一薪酬等级下限到上限的涨幅，通常用百分比表示。

➢ 编制薪酬明细

薪酬方案确定执行后，人力资源部门需要进一步编制绩效工资发放方案，并上报各级领导审批。绩效工资发放方案一般包括工资的组成部分、工资分配方式、绩效考核办法等。每月末，人力资源部门根据公司规定汇总员工的各项考核指标，比如日常考勤、工作业绩、特殊事项等，作为员工绩效工资的发放依据。绩效考核汇总完成后，人力资源部门会以此为依据编制薪酬明细表并报领导审批（见表 7 – 1）。

薪酬主要是企业给员工发放的工资和缴纳的社保公积金。社保公积金通常是公司依法为员工缴纳的“五险一金”，“五险”指的是五种保险，包括养老保险、医疗保险、失业保险、工伤保险和生育保险；“一金”指的是住房公积金。员工的社保公积金根据来源可分为个人缴纳和公司缴纳两部分。

表 7 – 1　　工资发放表示例

工资发放表

编制单位　　　　工资月份：　年　月

序号	姓名	部门	职务	基本工资	在职天数	应发工资					应扣工资				实发工资	领款人签章	备注
						工资	绩效奖金	补助	其他	合计	社保	个税	其他	合计			
1	小张	销售	助理	6000	20	8000	2000	500	0	10500	500	800	0	1300	9200		
2	小王	销售	经理	8000	20	10000	5000	1000	800	16800	800	1200	0	2000	14800		
合计				14000		18000	7000	1500	800	27300	1300	2000	0	3300	24000		

制表人：　　　　制表日期：

（2）薪酬计提

由于薪酬是当月发生，但大多数情况是下月发放，因此薪酬明细表业务审核通过后，财务人员会根据薪酬明细表进行当月的薪酬计提，待管理者审核通过后核算入账。

财务核算里，每月的薪酬计提指的是，本月薪酬下月发放的场景下，按照会计核算的一般原则（权责发生及配比原则），本月发生的费用应当作为当期费用，需要核算入账，因此需要计提应发薪酬。

薪酬管理员提交工资计提单，关联薪酬计提明细（包括应发工资、工会经费、福利费等），提交后由业务管理者和财务人员审批。审批结束后，财务核算入账，当月末记一笔计提。

（3）薪酬发放

次月实际发放工资时，财务人员进行薪酬的实发报账，同时核销上一笔对应的薪酬计提，待管理者审核通过后进行核算入账。

➢ 工资发放

财务对薪酬计提并登记入账后，下月到规定的工资发放日期前，薪酬管理员发起工资报账单，关联实发薪酬明细，同时关联冲销薪酬台账中的薪酬计提。实发薪酬明细包含应发金额、实发金额、社保公积金个人缴纳部分、个人所得税扣除部分，实发薪酬＝应发薪酬－社保公积金个人缴纳部分－个人所得税。财务核对信息无误，审批通过后登记入账。

➢ 社保缴纳

薪酬管理员直接发起“五险一金”报账单，关联“五险一金”明细。“五险一金”明细包含个人和单位分别缴纳的社保公积金，提交后由业务管理者和财务人员审批。审批结束后，财务登记入账。

企业工资发放的方式

企业可以通过三种方式发放工资：第三方机构代发、银行报盘、自行发放。

➢ 第三方机构代发

企业的薪酬可以通过第三方机构代发，既可以节省人力物力，提高工作效率，也便于保密，维持公司稳定性。企业与第三方机构签订代发协议，在约定时间内，企业进行汇款并提供薪酬发放所需信息（薪酬项目、银行账户、数额等），由第三方机构处理具体的发放事宜。

➢ 银行报盘

企业的薪酬发放也可以通过银行报盘完成，因为薪资涉及员工的保密信息，如果做接口，保密性和安全性不够。银行报盘功能主要是完成薪资发放数据向银行的报送，用户可利用此功能将银行要求的数据文件格式以及薪资发放项目、账号等数据对应规则定制到系统中，并且可利用此功能将数据导出成银行报盘。操作此功能之前首先应设置好代发银行和代发账号。到了企业和银行约定的代发工资的日期，银行根据付款信息，统一发放薪酬。

➢ 自行发放

企业也可以自行进行薪酬发放，根据薪酬明细表将工资、福利费等转入员工的个人账户，将住房公积金缴存至住房公积金管理中心受委托银行账户，将个人所得税、社会保险和工会经费通过税局网站或者人工窗口申报缴纳（见图 7 –3）。

图 7 –3　税局网站业务办理页面

（4）薪酬的代付收款

薪酬的发放存在本部代分公司、下挂中心、统管人员支付的场景，也存在借调人员工资由原单位计提并支付，后续需与借调单位结算场景，代付收款旨在解决代付单位收到款项时，进行收款入账，冲销原支付时挂的业务往来或其他应收款。

传统的薪酬管理流程痛点诸多：薪酬发放过程无法实时记录，线下审批效率低下，节点责任人不明确等，严重导致薪酬管理困难，员工对薪酬福利的满意度降低。随着现代信息技术的不断发展，线下的薪酬管理已经无法满足企业需求，企业迫切需要进行薪酬福利流程的信息化。

7.2　信息系统流程

随着财务转型过程的不断推进，企业财务活动的信息化程度也不断加深。在此背景下，薪酬福利流程也借助信息系统逐步实现自动化、智能化与数字化。薪酬福利涉及的信息系统主要有 HR 系统、薪酬台账、业务报账系统、共享运营系统、会计核算系统、资金管理系统/银企直联系统以及电子档案系统，具体的信息系统流程如图 7 –4 所示。

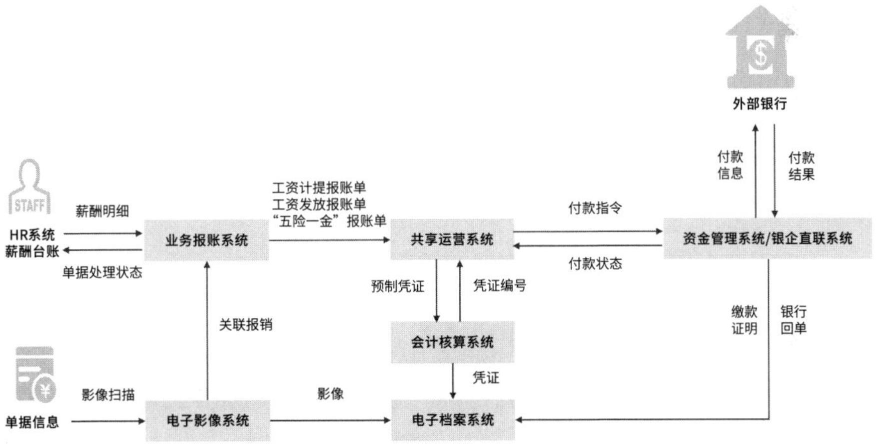

图 7 –4　薪酬福利信息系统流程示意图

HR 系统：HR 系统是先进的人力资源管理解决方案，为员工提供一站式的人力资源相关业务办理服务，覆盖从入职到离职的全生命周期管理，具体包含人事管理、组织管理、薪酬管理、时间管理、培训管理等功能模块。HR 系统支持人力资源管理人员处理各项日常业务，比如人事基础业务、社保与公积金管理、福利申报、人才引进与户口管理、薪酬管理、人员异动管理、员工档案等，满足企业决策管理的各种需求，为实现企业的战略目标提供有力支撑。

薪酬福利的信息系统流程如下：

（1）月末人力资源部门根据汇总的绩效考核编写薪酬明细表。薪酬明细表是员工所有的应发薪酬项目，包括应发工资、福利费、津贴等。人力资源部门管理者审批通过后，由财务部门进行薪酬计提。薪酬计提可以采取两种方式：一种是手动录入，另一种是导入模板：下载系统模板后填写薪酬明细，最后导入模板。薪酬明细可以通过 HR 系统自动导入业务报账系统。以后者为例，薪酬管理员登录台账平台导入工资计提的薪酬模板（见图 7－5、图 7－6）。

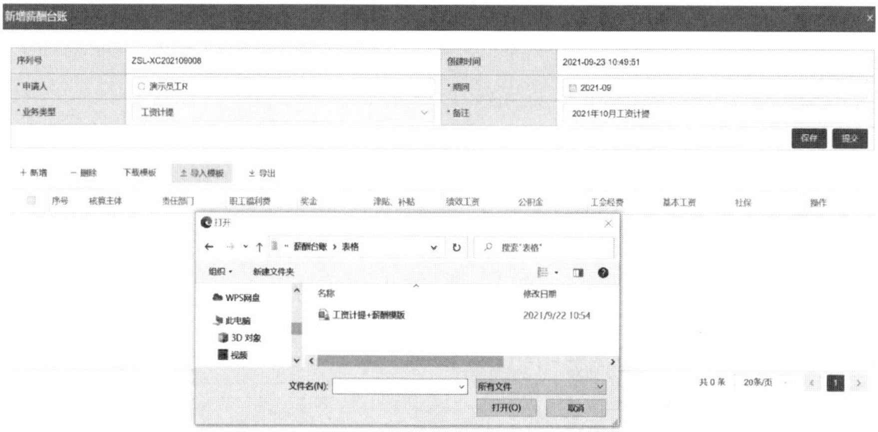

图 7－5　薪酬台账导入（工资计提）页面

图 7－6　薪酬台账导入结果（工资计提）页面

（2）薪酬管理员提交工资计提的薪酬台账后，提交工资报账单（工资计提），并关联工资计提的薪酬台账（见图 7－7）。

图 7－7　工资报账单（工资计提）页面

（3）薪酬管理员提交工资报账单（工资计提）后，同时打印单据封面，与薪酬明细表、社保缴纳单等原始的纸质资料一同提交，影像扫描员通过电子影像系统扫描并上传纸质资料影像至报账系统，同时同步影像至电子档案系统归档。业务管理者登录业务报账系统审批单据。

（4）业务管理者审批通过后，财务人员登录共享运营系统审核单据，同时共享运营系统自动生成预制凭证（见图 7－8），并推送凭证至会计核算系统，财务人员进行核算入账。凭证信息会流转至电子档案系统进行归档。

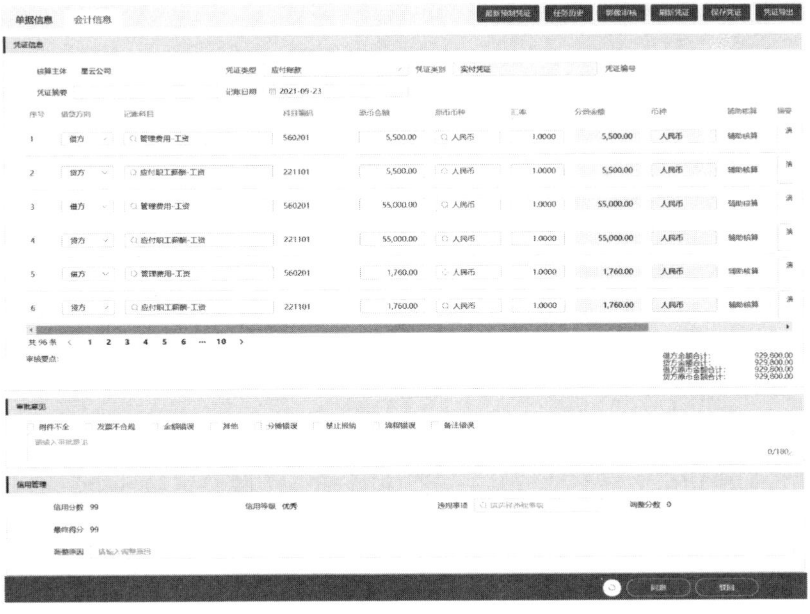

图 7－8　凭证生成页面

数字化时代的业财一体——业务报账系统

（5）次月，工资实际发放时，薪酬管理员登录业务报账系统，通过手动录入工资发放的薪酬台账（见图7－9、图7－10），填写工资发放薪酬明细并提交。提单时需要关联工资发放的薪酬台账并冲销上一笔的工资计提（见图7－11）。

图7－9　新增薪酬台账（工资发放）页面

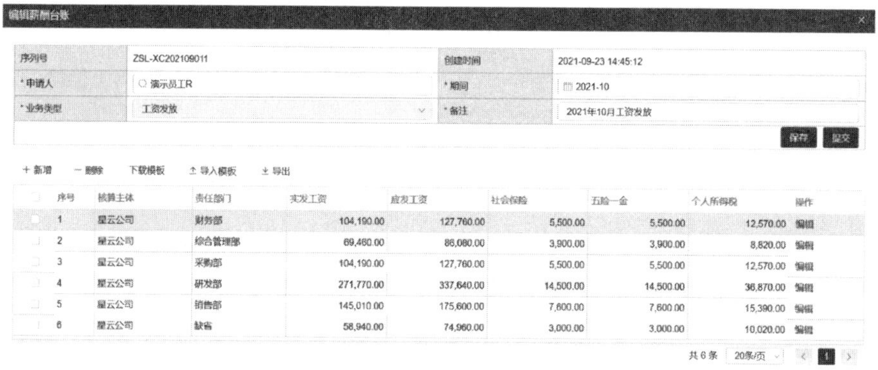

图7－10　薪酬台账（工资发放）结果页面

（6）公司缴纳“五险一金”时，财务人员登记“五险一金”台账，台账添加成功后，提交“五险一金”报账单，关联“五险一金”的薪酬台账（见图7－12）。

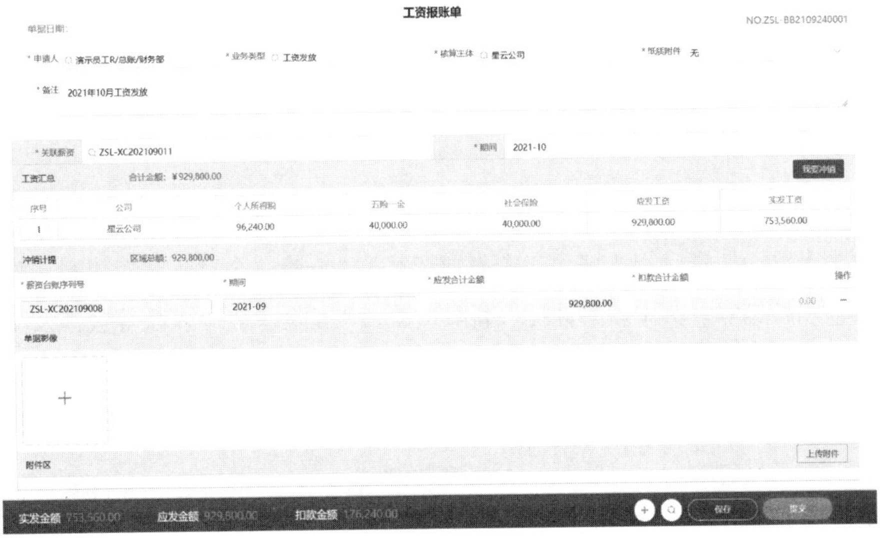

图 7－11　工资报账单（工资发放）页面

图 7－12　“五险一金”报账单页面

（7）单据审核通过后，财务核算入账，触发银企互联系统自动支付资金，相关资料传至电子档案系统归档。

7.3 业务单据及台账

7.3.1 业务单据

薪酬福利报账域用于处理企业工资、“五险一金”等薪酬业务，包括薪酬台账、工资计提入账、工资发放入账、“五险一金”入账及支付、代扣款项核销等。其中薪酬计提、薪酬发放、“五险一金”入账等会涉及不同的单据，主要包括工资报账单和五险一金报账单（见图7－13）。

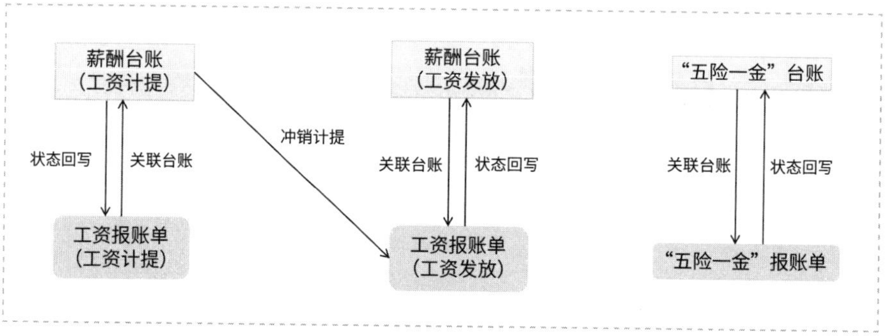

图7－13 薪酬福利单据流转示意图

（1）工资报账单

工资报账单是用于处理工资计提、工资发放等业务场景下的业务审批、账务处理（见图7－14），员工提单时需关联薪酬台账中的工资计提或工资发放台账数据发起报销，因此提单之前需要根据HR部门提供的薪酬明细表在薪酬台账录入薪酬明细。工资发放业务支持同时冲销已入账的工资计提数据。

【案例】 星云公司的员工薪酬包括基本工资、绩效工资、奖金、津贴与补贴、职工福利费、工会经费、社会保险和住房公积金。月末，综合管理部门员工根据汇总的绩效考核整理各部门薪酬统计表如表7－2所示：

表 7 – 2　　星云公司各部门薪酬统计表　　单位：元

部门	基本工资	绩效工资	奖金	津贴与补贴	职工福利费	工会经费	社会保险	住房公积金
缺省	30000	18000	15000	3000	2000	960	3000	3000
销售部	76000	44000	30000	5000	3000	2400	7600	7600
研发部	145000	87000	60000	8000	4000	4640	14500	14500
采购部	55000	33000	20000	4000	3000	1760	5500	5500
综合管理部	39000	25000	10000	2000	1000	1280	3900	3900
财务部	55000	33000	20000	4000	3000	1760	5500	5500

现财务部门员工在业务报账系统中进行工资计提。工资计提首先在台账平台新增工资计提的薪酬台账，提交工资报账单时单据关联对应的工资计提薪资台账。

图 7 – 14　工资报账单

（2）“五险一金”报账单

“五险一金”报账单用于处理单位和个人缴纳的社保公积金业务，需关联薪酬台账中的社保公积金台账数据发起报销（见图 7 – 15）。企业缴纳员工的社保公积金流程需要入账核算。

【案例】 星云公司的“五险一金”为当月缴纳，因此不需要计提。每月月末，负责人根据缴存比例计算单位和个人的缴费金额，整理成“五险一金”统计表格（见表 7 – 3），表格如下：

表 7－3　　　　　　　　　“五险一金”明细表　　　　　　　　　单位：元

部门	社会保险（个人部分）	住房公积金（个人部分）	社会保险（公司部分）	住房公积金（公司部分）
缺省	3093.2	2400	5442.8	2400
销售部	7847.2	6080	13832.8	6080
研发部	14978.2	11600	26417.8	11600
采购部	5679.4	4400	10012.6	4400
综合管理部	4025	3120	7091	3120
财务部	5679.4	4400	10012.6	4400

现负责人进行“五险一金”报账：首先需要根据表格在台账平台新增“五险一金”的薪酬台账，并登录业务报账系统提交“五险一金”报账单，填写单据时注意关联“五险一金”薪酬台账。

图 7－15　“五险一金”报账单

7.3.2　台账

薪酬台账是用于薪酬业务数据的线上记录、归集、展示等，包含工资计提数据、工资发放数据、“五险一金”数据等，即薪酬明细记录表。业务人员可根据需要直接导出汇总数据，无须线下记录。薪酬台账数据是企业薪酬负责人员根据薪酬明细表在台账平台添加的薪酬明细，可通过企业的薪酬管理系统或者手工录入的方式导入。

薪酬台账包括工资计提台账、工资发放台账和“五险一金”台账。工资计提台账可以被工资报账单（工资计提）关联报销。工资发放台账可以被工资报账单（工资发放）关联报销，同时系统支持员工提交工资报账单（工资发放）时，再次关联已报账的工资计提数据，进行计提冲销。“五险一金”台账可以被“五险一金”报账单关联报销。业务报账系统会回写单据处理状态至台账平台（见图 7－16）。

图 7－16　薪酬台账状态页面

本章关键词

薪酬管理	薪酬管理，是在组织发展战略指导下，对员工薪酬支付原则、薪酬策略、薪酬水平、薪酬结构、薪酬构成进行确定、分配和调整的动态管理过程。
跟随型薪酬策略	跟随型薪酬策略也称为“市场追随政策”“市场匹配政策”，力图使本组织的薪酬成本接近竞争对手的薪酬成本，使本组织吸纳员工的能力接近竞争对手吸纳员工的能力。

续表

领先型薪酬策略	领先型薪酬策略也称为“薪酬领袖政策”“领袖型薪酬政策”，采取本组织的薪酬水平高于竞争对手或市场的薪酬水平的策略。
滞后型薪酬策略	滞后型薪酬策略又称为“成本导向策略”“落后薪酬水平策略”或“拖后型薪酬策略”，采取本组织的薪酬水平低于竞争对手或市场薪酬水平的策略。
混合型薪酬策略	混合型薪酬策略是指企业在确定薪酬水平时，是根据职位类型或者员工类型来分别制定不同的薪酬水平政策，而不是对所有的职位和员工均采用相同的薪酬水平定位。
薪酬	薪酬是指员工向其所在单位提供所需要的劳动而获得的各种形式补偿，是单位支付给员工的劳动报酬，主要包含工资（基本工资、绩效工资、奖金、补助等）和“五险一金”（养老保险、医疗保险、失业保险、工伤保险、生育保险和住房公积金）。
HR 系统	HR 系统是先进的人力资源管理解决方案，主要功能包括人事管理、组织管理、薪酬管理、时间管理、培训管理等功能模块。
工资报账单	工资报账单用于处理工资计提、工资发放等业务场景下的业务审批和账务处理。
“五险一金”报账单	“五险一金”报账单用于处理单位和个人缴纳的社保公积金业务，需关联薪酬台账中的社保公积金台账数据发起报销。
薪酬台账	薪酬台账用于薪酬业务数据的线上记录、归集、展示等，包含工资计提数据、工资发放数据、“五险一金”数据等，即薪酬明细记录表。

本章小结

薪酬福利主要包含工资（基本工资、绩效工资、奖金、补助等）和“五险一金”（养老保险、医疗保险、失业保险、工伤保险、生育保险和住房公积金）。企业的薪酬福利流程包含制定薪酬方案、薪酬计提、薪酬发放、薪酬代付收款四个环节。在信息系统流程中，涉及的单据和台账主要有工资报账单、“五险一金”报账单和薪酬台账。

本章练习题

一、选择题

1. 根据企业发展定位，可采取的薪酬策略包括（　　）。

A. 领先型薪酬策略　　B. 跟随型薪酬策略

C. 滞后型薪酬策略　　D. 混合型薪酬策略

2. 薪酬体系的弹性大小与（　　）有关。

A. 固定薪酬　　B. 浮动薪酬

C. 福利　　D. 津贴

3. 员工的应发薪酬包括（　　）。

A. 工资　　B. 奖金

C. 社保　　D. 个人所得税

4. 薪酬的发放方式包括（　　）。

A. 第三方机构代发　　B. 自行发放

C. 银行报盘　　D. 社保局扣缴

5. 员工个人承担的社会保险和住房公积金，在（　　）环节进行计提。

A. 工资计提　　B. 工资发放

C. “五险一金”计提　　D. “五险一金”发放

二、判断题

1. 浮动工资在薪酬体系中所占比例越大，薪酬体系弹性越小，反之亦反。（　　）

2. 应发薪酬不包含公司需要缴纳的社会保险和住房公积金。（　　）

3. 实发薪酬 = 应发薪酬 − 社保公积金个人缴纳部分 − 个人所得税。（　　）

4. 工资报账单既可以用于工资计提，也可用于工资发放。员工提单

时无须关联台账数据，可直接提单。 （ ）

5. 薪酬台账数据是企业薪酬负责人员根据薪酬明细表在台账平台添加的薪酬明细，可通过手工录入的方式添加，暂不支持系统直接导入。

（ ）

三、思考题

1. 薪酬福利流程的主要内容有哪些？
2. 借助信息系统，薪酬福利流程具体如何操作？

第 8 章　总账到报表

本章学习目标

本章首先阐述了总账到报表流程的主要内容，最后介绍了涉及的业务单据及台账。

通过本章的学习，应掌握：

◇　总账到报表的业务流程

◇　总账到报表的业务单据及台账

本章知识结构图（见图 8－1）

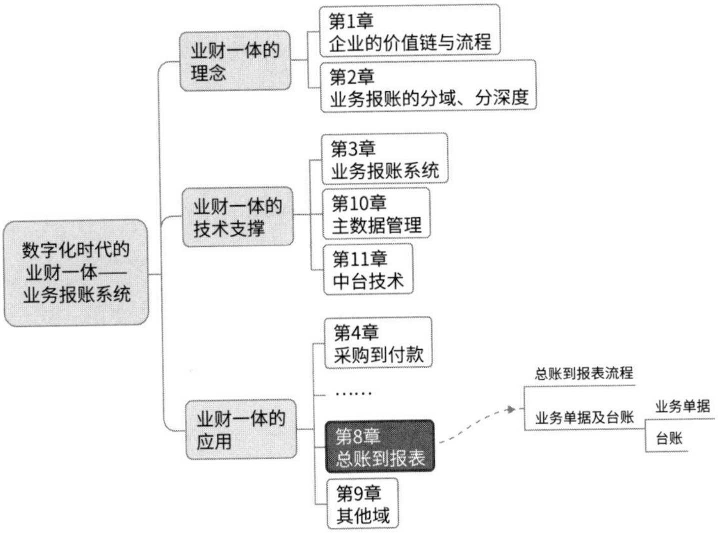

图 8－1　第 8 章框架导图

总账业务是一个基于会计期间的循环，从会计期间的开始，到日记账录入、日记账复核、期末过账、外币重估、期末结账、报表出具等业务环节形成完整的会计循环。采购到付款、销售到收款、资产管理等业务处理的最终结果都会反映到总账循环中。总账循环关闭前，必须先关闭上述各个业务流程。总账循环和传统会计业务结合最为紧密，对此流程的理解，有助于从相对宏观角度了解整个财务流程。

8.1 总账到报表流程

企业的总账到报表流程包括明确核算标准、总账记账、对账、期末调整与结账、报表编制及合并、分析监控六大环节（见图8－2），具体的业务流程一般为：首先明确核算标准，维护会计科目，作为财务处理的基本准则。核算标准发布后，总账根据业务活动发生的真实情况进行记账，并每隔一段时间进行过账。一般期末，企业会进行对账，具体内容包含账证核对、账账核对和账实核对。同时，财务人员针对期末调整事项，会调整会计分录并过账，重新对账，而后进行结账。结账后，财务人员编制单体财务报表，上交给集团。集团层面的财务人员合并抵销分录，编制集团合并财务报表。会计报表编制完成后，财务人员可根据报表出具相关分析报告，并将资料归档处理。

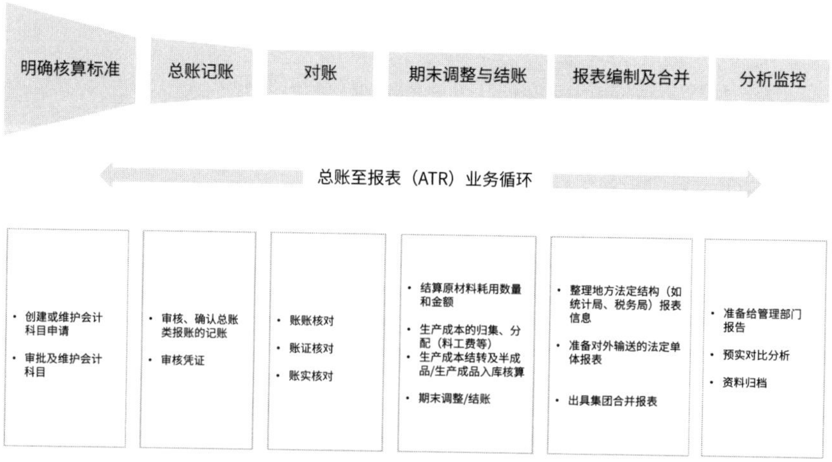

图8－2 总账到报表业务流程示意图

（1）明确核算标准

核算标准是企业财务处理的依据。明确核算标准能够帮助企业维护统一的会计科目，消除财务处理的差异，使财务人员的操作规范化与标准化，提高财务处理效率。

会计科目是对会计要素对象的具体内容进行分类核算的类目。为了全面、系统、分类地核算与监督各项经济业务的发生情况，以及由此引起的各项资产、负债、所有者权益和各项损益的增减变动，企业有必要按照各项会计对象分别设置会计科目。设置会计科目是对会计对象的具体内容加以科学归类，是进行分类核算与监督的一种方法。①

（2）总账记账②

企业的会计核算标准制定之后，审批通过即可运用至日常的财务处理过程中。企业发生的业务事件并不是全部都需要记录，因此记账之前财务人员会识别需要记录的会计事项，并收集与会计事项有关的经济数据。

➢ 记账

会计事项主要通过原始凭证和记账凭证的方式进行记录。会计事项以原始凭证为起点，原始凭证作为存储详细交易数据的数据库，一般用于记录经济业务的详细发生轨迹；记账凭证是通过复式记账法的方式进行确认、计量和记录原始凭证中的会计信息，并以会计分录的形式反映会计事项的经济影响。记账凭证作为会计的第一次确认，是会计核算的起点。如果企业存在会计核算系统，财务信息系统部署会计引擎，内嵌会计凭证的生成规则，那么系统可根据会计活动自动生成记账凭证，无须人工处理。

财务人员将会计事项的数据以与会计科目表一致的方式进行记录，形成日记账（见表8－1）。日记账是会计凭证的集合，是按种类和时间顺序对会计凭证的再次重复整合，用以计量会计事项的经济影响。

---

① 李海坡．会计学原理［M］．上海：立信会计出版社，2007.

② 杨周南，赵纳晖，陈翔．会计信息系统［M］．3版．大连：东北财经大学出版社，2010.

表 8－1　　日记账表格示例

银行存款日记账

科目：1006 银行存款　　期间：2017 年 10 期

币别：人民币　　页号：1/1

月	日	凭证号	摘要	对方科目	借方	贷方	借或贷	余额
10	1		上期结转					66000. 00
10	2	记－1	提备用金	银行存款	6800. 50	4500. 30		68300. 20
10	3	记－2	发上月工资	应付薪酬	36000. 00	42000. 00		623000. 20
10	4	记－3	管理费用	业务招待费	12000. 00	8800. 00		65500. 20

➢ 过账

单位各项经济业务编制会计分录以后，应记入有关账户，这个记账步骤通常称为“过账”，或称为账簿登记。期末，财务人员会将日记账中序时账记录的数据按账户分类，记入分类账。分类账是对日记账中序时数据按科目进行分类汇总的结果。过账的具体做法主要有两种：一是在编制会计分录的基础上逐笔过账；二是定期汇总同类业务的会计分录，一次性过入有关的分类账户。表 8－2 为明细分类账表格示例。

表 8－2　　明细分类账表格示例

明细分类账

一级科目：银行存款　　2017 年度

二级科目或明细科目：银行存款——工行

2017 年度		凭证号		摘要	借方	贷方	借或贷	余额
月	日	种类	号数					
				上年结转				88000. 00
1	4	记	1	提备用金	1000. 00			89000. 00
1	5	记	2	发上月工资		79821. 45		9178. 55
1	10	记	3	王×报业务活动费		200. 00		8978. 55
1	13	记	4	提备用金	2000. 00			10978. 55
1	21	记	5	张×报 001 车辆费		3897. 36		7081. 19
1	32	记	6	李×报业务电话费		205. 00		6876. 19
				本月合计	3000. 00	84123. 81		6876. 19
				本年累计	3000. 00	84123. 81		6876. 19

（3）对账

会计期末，在所有会计事项都已记入日记账并过入总分类账后，财务人员进行对账。对账包括账簿与凭证的核对、账簿与账簿的核对、账簿与实物的核对，把账簿记录的数字核对清楚，做到账证相符、账账相符、账实相符。对账一般在记账之后，结账之前进行。对账工作至少每年进行一次。

➢ 账证核对

账证核对是指将会计账簿的记录与会计凭证所反映的经济内容进行核对，包括就记账凭证和原始凭证的有关内容进行核对。企业应当定期就会计账簿的记录内容与记账凭证、原始凭证的时间、凭证字号、内容、金额等是否一致进行核对。

➢ 账账核对

账账核对是指将各种账簿之间相对应的记录进行核对。账账核对的主要内容包括：总分类账簿之间的核对；总分类账簿与所属明细分类账簿之间的核对；总分类账簿与序时账簿之间的核对；明细分类账簿之间的核对。

总分类账簿之间的核对主要通过编制“试算平衡表”完成。会计中存在总分类账和明细分类账两种类型。试算平衡表是总分类账户及其余额的列表，是用来检查账户余额是否借贷平衡的一个便捷手段。调整前的试算平衡表是编制调整分录、结账分录和转回分录的起点。

➢ 账实核对

账实核对是指各种财产物资的账面余额与实存数额进行核对，其主要内容有：现金日记账的账面余额应每天与现金实际库存数额相核对；银行存款日记账的账面余额与开户银行账目相核对；材料、库存商品、固定资产等财产物资明细分类账期末余额与其实有数量相核对；应收账款、应付账款、银行借款等结算款项，同有关单位定期核对。

（4）期末调整与结账

➢ 期末调整

期末账项调整即期末结账前，按照权责发生制原则，确定本期的应得收入和应负担的费用，并据以对账簿记录的有关账项作出必要调整的会计处理方法。期末账项调整主要分为以下几类：属于本期收入，尚未收到款项的账项调整；属于本期费用，尚未支付款项的账项调整；本期已收款，而不属于或不完全属于本期收入款项的账项调整；本期已付款，而不属于或不完全属于本期费用的账项调整，比如与生产成本相关的财务处理；属于本期支出，尚未支付税金的账项调整。

财务人员编制好调整前的试算平衡表后，需要记录应计的、递延到期的、估计的，以及其他通常未由原始凭证记录的事项并过账。调整分录并过账以后，财务人员编制调整后的试算平衡表，检查借贷平衡。调整后的试算平衡表是会计报表的预演。

➢ 结账

结账是指在本期发生经济业务全部入账的基础上，在会计期末结算出各账户（含总账、日记账、分类账）的本期发生额合计数及期末余额，对该期的经济活动进行总结。结账前必须保证全部经济业务已经入账，且已经进行对账，保证账证相符、账账相符、账实相符。

期末，财务人员编制调整后的试算平衡表后，结清临时性账户并将净收入额转入留存收益，编制结账分录并过账，编制结账后试算平衡表。结账后试算平衡表是为了在结账后检查借贷平衡。

（5）报表编制及合并

➢ 编制单体财务报表

结账后的试算平衡表编制完成后，财务人员整理地方法定结构的报表信息，比如统计局、税务局等，生成单体财务报表，并提供给集团。会计报表通过总分类账编制完成，是提供会计信息的重要手段，是会计流程的最终成果。按照我国现行会计制度和《公司法》的规定，企业的会计报表主要包括：资产负债表、损益表、现金流量表、各种附表以及附注说明。

➢ 编制合并财务报表

集团层面的财务人员合并抵销分录，调整分录。集团层面的财务人员编制集团合并财务报表，并提供给外部决策者。

（6）分析监控

➢ 出具分析报告

分析编制完成的会计报表，根据企业不同需要，出具不同层面的分析报告，比如管理层报告、预实分析对比报告、税收预测报告等，便于企业更好地监控经营情况。

➢ 整理归档资料

财务人员需要打印整理会计凭证、会计报表、纳税申报表、银行对账单等资料，进行归档。

随着公司规模的不断扩大，传统的总账到报表流程已经无法满足企业内部管理和外部监管的要求：对于集团分子公司内部关系复杂的企业，合并报表的数据源分散，员工只能逐一手工抵销、编制上报，报表时效性难以保证；生成合并报表时，企业还需要及时维护投资关系、合并范围和调整分录；中间环节众多、编制报表耗时长。为了解决总账业务的痛点，企业需要梳理标准化的流程以规范员工操作，增强员工对流程的理解，从而提高流程效率。

【延伸阅读】

关账管理

国内集团性的公司多为上市公司，公司对财务信息披露的时效性和报表质量的准确性要求较高。要达到上市公司信息披露的各项要求，规范、合理、高效的信息披露流程至关重要。“关账流程”可以解决从财务信息披露的会计截止时点至财务信息对外披露或上报上级公司的时点之间的流程规范问题。为达到上市公司的财务关账和报告时间要求，向投资者和股东提供全面准确的财务信息，企业有必要进行关账管理。

一、关账

关账，又称总账合并，是根据公司管理层的要求，维护公司总账的过程，同时为公司编制会计报表做准备；关账要求关账时间准确合理，以保证财务信息的真实性、准确性。关账主要是为了确认当期的收入、费用、支出等，关账之前所有的经济业务都是属于当期的。关账之后，任何记账业务都不应进行。关账流程主要为以下四个部分：关账基础、预关账、关账以及年终决算（见图8－3）。

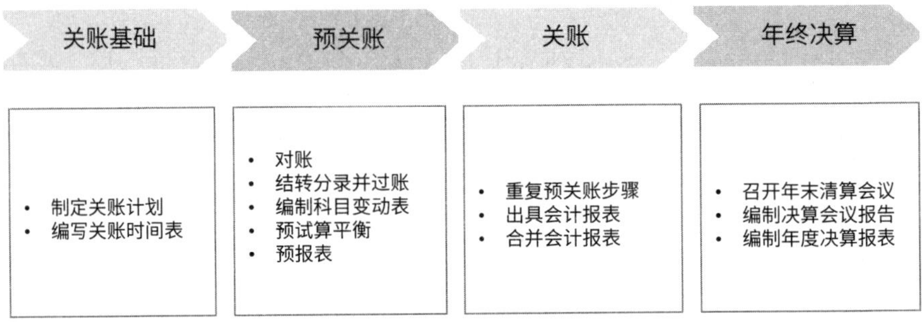

图8－3　关账流程示意图

（1）关账基础

关账基础主要是确定关账计划以及关账时间表。

➢ 关账计划

集团财务共享服务中心的总账会计设计总体关账计划，应详细规定各部门的责任及每个关账步骤的完成期限和负责人。同时，根据总体关账计划，按财务报表的科目分类编制项目检查表，确定关账期间所有科目的检查项目，年终决算时除应完成关账时的工作外，还应进行特定的决算项目。

➢ 关账时间表

首先根据关账步骤合理安排时间，再根据具体的关账项目、相关执行人员、审批人进一步分配时间，编制关账时间表。在具体操作中，各线相关人员应严格按照该表执行关账，控制关账进度。关账时间表经审批通过后，开始执行。

（2）预关账

➢ 对账

在关账日，业务系统自动停止导入数据至会计核算系统，提示财务人员进行核对工作；各级财务共享服务中心总账会计将业务数据与财务数据进行核对，如发现差异则与业务部门人员进行核对，查找分析原因；根据关账项目检查表的要求依次执行所列项目的核对工作并在项目检查表对所作的工作进行标记。

➢ 结转分录并过账

各级财务共享服务中心在完成各类日常财务数据记录的情况下，编制固定分录，主要包括固定资产累计折旧，无形资产和待摊费用等的摊销，损益类科目的结转等。财务经理、总账复核过账，保证预报表生成之前所有的凭证都已过入明细账和总账。

➢ 编制科目变动表并进行分析性复核

待所有结转分录复核通过后，明细账会计根据明细记录编制科目变动表。总账会计进行分析性复核，如发现科目余额明显不符，寻找原因，说明解决办法并提出调整；如果全部相符，则确认通过。

➢ 预试算平衡

财务人员在编制每一笔分录时，财务系统可以自动测试借贷平衡，如有差异会提示报错，确保日常记录正确；财务系统归结当月所有分录到有关科目，自动执行试算平衡工作，加总所有账务的借贷方数额，确认借贷平衡，编制试算平衡表。

➢ 预报表

试算平衡后，总账会计在财务系统中打印截至预关账日的预报表，经审批通过后，集团财务共享服务中心总账会计合并总公司的财务报表。各级财务中心总账会计将所有的预关账资料整理，作为重要的会计资料进行归档保存。

（3）关账

关账的第一步首先需要核对原始凭证、发票，确认无误后进行凭证记录；编制更新各类重要科目自预关账日至关账日的变动表，后续依次进行对账、结转分录、复核过账、编制科目变动表、进行分析性复核、试算平衡。

试算平衡后，总账会计执行过账命令，系统自动将每笔凭证过入总账和明细账中，通过系统打印会计报表，报表应包含截至关账日发生的所有交易，以后日期发生的交易不再进入该报表。集团财务共享服务中心总账会计复核会计报表，无误后合并会计报表，编制集团合并会计报表。经管理者审批通过后，财务经理对外报送报表。

（4）年终决算

集团财务共享服务中心根据决算项目清单召开年末决算会议，讨论决算项目的执行计划，编制决算时间表，明确各项决算项目的相关负责人，并设置相应的业务考核指标。总账会计根据决算会议结果编制决算会议报告。报告经复核后分发至下级分子公司财务部门，各级财务部门按照要求执行决算项目，编制年度决算报表。

二、关账管理

由于公司在关账操作时有一系列的项目，本书将关账与报表的编制统一称为关账管理。关账管理的主要输出物有：关账流程图、关账时间表、流程日程安排表、关账期间岗位职责描述。

（1）关账流程图：描述整个关账活动的步骤顺序，展示关账的基本步骤及各个步骤的负责岗位。每个关账流程图细致描述各部门各岗位在关账期间的步骤、时间及顺序、数据提交截止日期、关账活动重要里程碑及报表提交日期。

（2）关账时间表：以日历表的形式列出关账活动，展示数据收集截止日期、重要关账活动及其完成日期和财务报表提交日期等。

（3）关账流程日程安排：与关账时间表相比更为详细，包含需于各关账日完成的关账活动及相关负责人员。财务人员完成各项关账活动后进行记录，确保执行关账活动规定步骤无遗漏。财务部负责人可利用此表对期末关账的进度进行跟踪监督，确保报表按时保质提交。

（4）关账岗位职责描述书：明确列出关账人员的工作职责，为其在关账期间的活动提供指导。

关账管理的现实意义主要体现在：帮助关账人员操作流程化，提高工作效率；减少关账过程中的人为失误，避免信息失真；保证公司报表信息披露的效率和质量；通过会计报表量化经营成果，评估业绩表现，提取有效信息，帮助企业发现问题，防范风险，查找机遇，实现可持续发展。

【延伸阅读】

A集团关账流程

A集团是一家生产机械设备的全球性企业，具有多家海外子公司，集团对财务报表的出具要求较高。经过多年的经验积累，A集团形成了完善的财务关账流程（见图8－4）。财务报表的完成需要各部门密切配合，主要的责任部门是资金管理部和财务共享服务中心。

➢ 1月30日18点，财务共享服务中心将各公司的资产调拨，在AP和总账模块进行账务处理。

➢ 1月31日6点，资金管理部完成现金、票据盘点。

➢ 2月1日0点，财务共享服务中心进行固定资产模块的关账；9点，合同管理部门完成合同收入确认基础数据的维护（初终验、到货等关键时间的录入）；12点，销售管理部门提供成本预算及实际工程成本数据；采购部门进行库存、采购模块关账，并核对总账与明细账一致；14点，资金管理部完成合同收款录入工作；17点，销售部门与资金管理部共同完成载款工作；18点，资金管理部进行AR模块关账、与财务共享服务中心完成AP模块所涉及业务的会计核算工作、审核合同录入准确性；20点，进行AP模块关账。

➢ 2月2日18点，资金管理部进行PA/PC模块关账、完成贴息费用会计处理、组织完成总账模块所涉及业务的会计核算工作；各分子公司完成报表；20点，资金管理部进行总账关账。

➢ 2月4日12点，资金管理部完成总部报表的编制。

➢ 2月5日20点，完成研发费用资本化数据提供；与各子公司、财务体系各部门集团内股份公司与各子公司之间的交易与往来核对完毕，并编制调整分录录入合并报表系统。

➢ 2月6日0点，资金管理部完成集团合并报表的初稿编制，检查报表编制流程、工作底稿，对报表进行分析性复核，验证勾稽关系、各项指标的合理性，将关键财务数据与财务指标提交公司领导审阅报表结果。

➢ 2月7日8点，资金管理部编制完成集团合并报表定稿；17点，财务共享服务中心完成全程利润定稿。

➢ 2月8日9点，财务管理部推送全程利润报表。

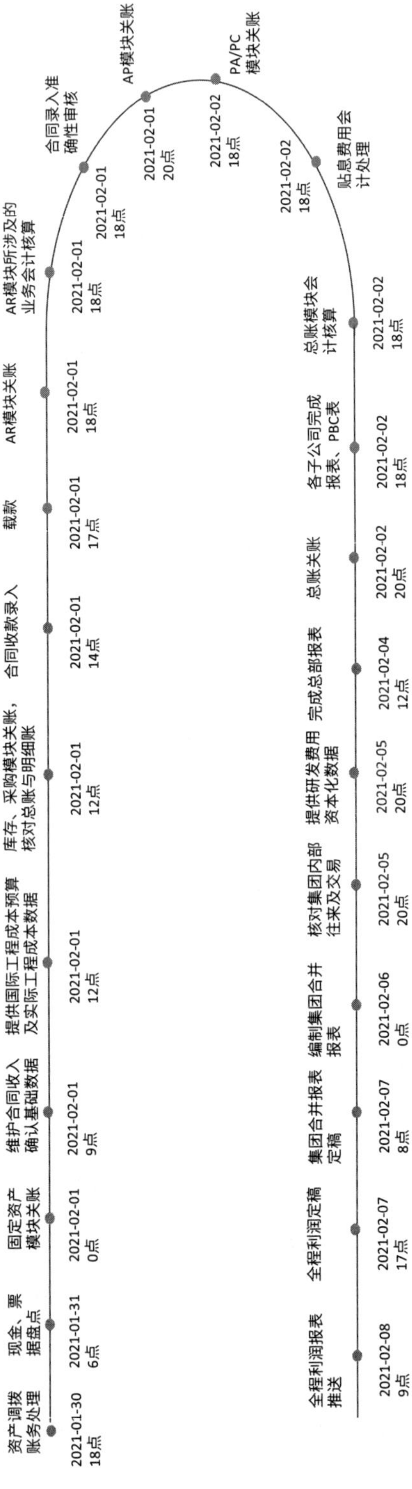

图 8-4 财务关账流程环节

8.2　业务单据及台账

总账到报表域主要用来处理费用预提、总账记账类业务，费用预提主要用来处理预提费用的申请、报账以及支付；总账记账主要是用来处理总账记账业务，比如固定资产累计折旧、无形资产摊销、所得税计提等。这两类业务分别需要预提申请单、总账单来承载，涉及的台账有费用预提台账和待摊台账，本节对单据和预提/摊销台账进行详细介绍，各个单据与台账之间的流转关系如图 8 –5 所示。

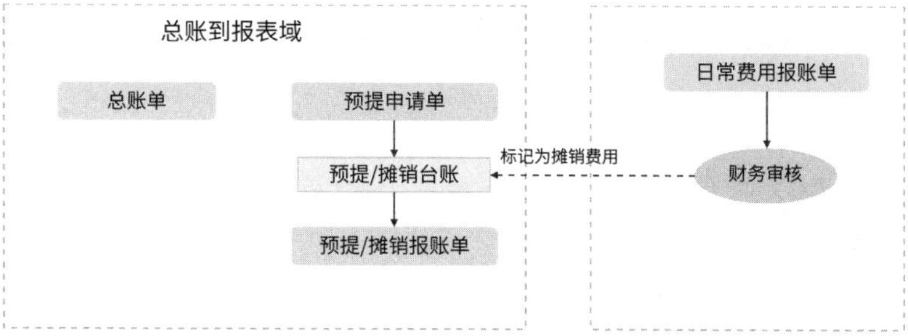

图 8 –5　总账到报表域单据流转示意图

8.2.1　业务单据

（1）预提申请单

预提申请单用于承载企业发生的费用预提业务（见图 8 –6）。员工提交单据时，手动选择业务类型与责任部门，填写金额、期限以及贷方科目后，系统可自动计算每个期间的费用，支持上传相关附件。审批流程结束后预提数据同步至费用预提台账。

【案例】星云公司与物业签订租房合同，房租为每月 100 元，每年末支付本年已发生房租费用。按照权责发生制，现由行政助理提交本年房租的预提申请从而形成预提台账。预提申请的全年房租费用共计 1200 元，贷方科目选择：其他应付款——外部单位。

图 8－6　预提申请单

（2）预提/摊销报账单

预提/摊销报账单是系统分别根据预提申请单和日常费用报账单自动生成，用来处理预提费用和待摊费用的报账（见图 8－7）。预提，指的是预先提取。预提费用是指企业按规定预先提取但尚未实际支付的各项费用，比如房屋租赁费，可以先预提，等到每月需支付的时间节点再实际支付并报账。预提报账单根据预提申请单数据自动生成，预提报账单审批结束后，费用预提台账的已预提数据会同步更新。

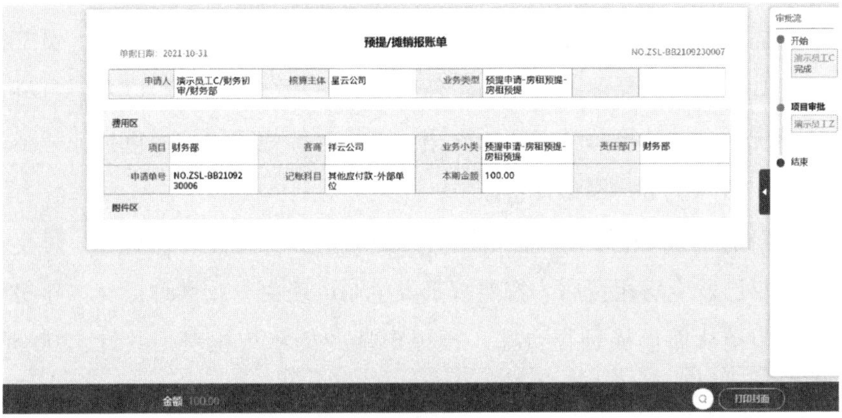

图 8－7　预提/摊销报账单

摊销，是指对除固定资产之外，其他可以长期使用的经营性资产按照其使用年限每年分摊购置成本的会计处理办法，与固定资产折旧类似，比如大型软件、土地使用权等无形资产的摊销。企业购买无形资产时进行实际支付，从而形成待摊费用。等到可以摊销的时间节点需要进行摊销报账。摊销报账单根据日常费用报账单的数据自动生成：财务审核时选择摊销，系统定时生成摊销报账单。摊销报账单审批结束，待摊台账的已摊销数据会同步更新。

【案例】员工提交预提房屋租赁费的申请后，单据审批通过。目前，已到每月的支付时点，系统自动生成预提/摊销报账单。

（3）总账单

总账单是总账用来记账的单据（见图 8－8），用来承载系统无法自动生成会计凭证的业务，比如固定资产折旧、核算生产成本、结转生产成本和制造费用、核算销售收入并结转销售成本、结转本年利润、计提个人所得税等。总账填写单据时，需明确业务类型，而后根据业务类型选择正确的会计科目。总账单无须业务管理者审核，只需财务人员审核即可，系统根据总账填写的借贷方会计科目，生成预制会计凭证。

图 8－8　总账单

【案例】星云公司的总账单主要有两种用途，一是在财务人员平时做完明细账后，每月月底进行汇总检查，进行总账与明细账的对账，保证账账相符，并结转各项期间费用及损益类凭证，从而据以登账；另一种用途是针对系统无法满足的、无匹配单据的，由财务人员进行手工记账。

最近公司的新产品正处在开发阶段，本月共为新产品花费 120 万元，为开发人员工资，属于资本化支出。月末，新产品经过多轮测试检验，终于成功问世，费用需要由总账进行结转。

8.2.2 台账

预提/摊销台账是用于费用预提/摊销信息、处理状态的线上记录、归集、展示等，员工可根据需要直接导出预提/摊销全部的明细数据，无须线下记录，具体包含费用预提台账和待摊台账。

（1）费用预提台账

费用预提首页包含预提类型分布表、历史已预提（已冲销）及未预提月度分布图（见图 8－9）。台账数据来源于预提申请单，根据月度期间记录每月需预提金额；每月通过运行定时任务，触发生成预提报账单，后续人员完成单据审核及入账，入账之后数据回写至台账对应关联行；对于已预提入账的台账行，支持后续获取发票发起报账的时候，再次关联已入账预提台账，进行原预提数据的冲销，单据审核及入账结束后，数据也会同步至费用预提台账（见图 8－10）。

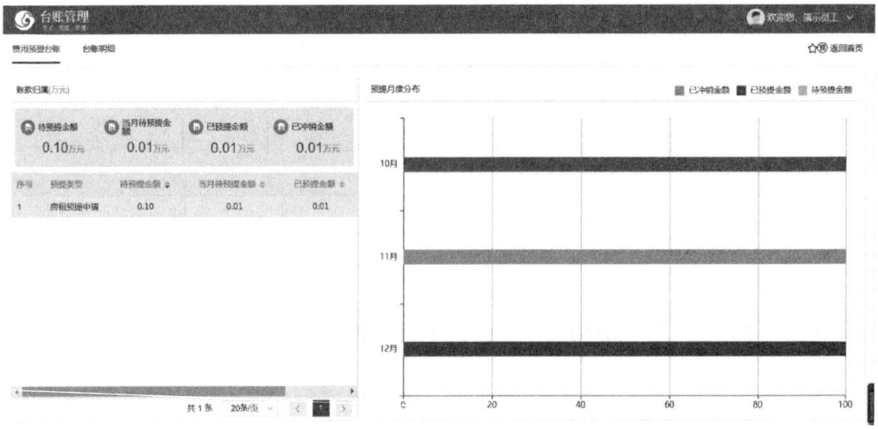

图 8－9　费用预提台账首页

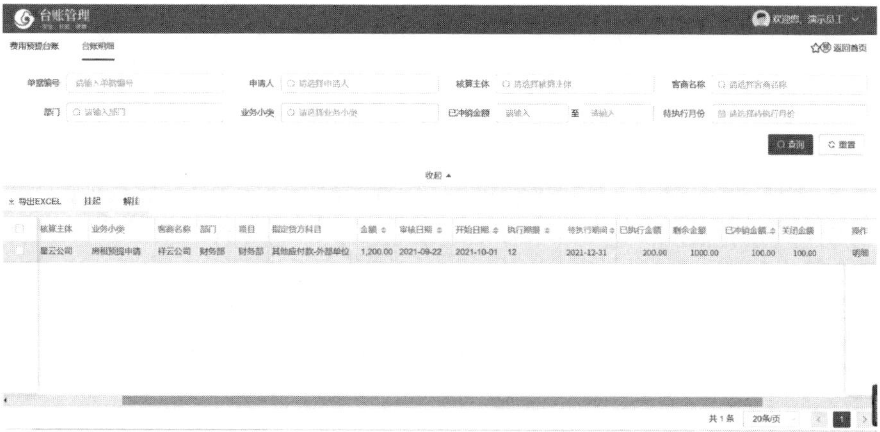

图8－10　费用预提台账明细

（2）待摊台账

待摊台账首页包含费用类型归属表、历史已摊销及预计摊销月分布图（见图8－11）。台账数据来源于日常费用报账单，日常报账单选择需要待摊之后，数据写入待摊台账。每月通过运行定时任务触发生成摊销报账单，后续人员完成单据审核及入账。入账之后数据回写至台账对应关联行，系统支持维护各单据的待摊明细（见图8－12）。

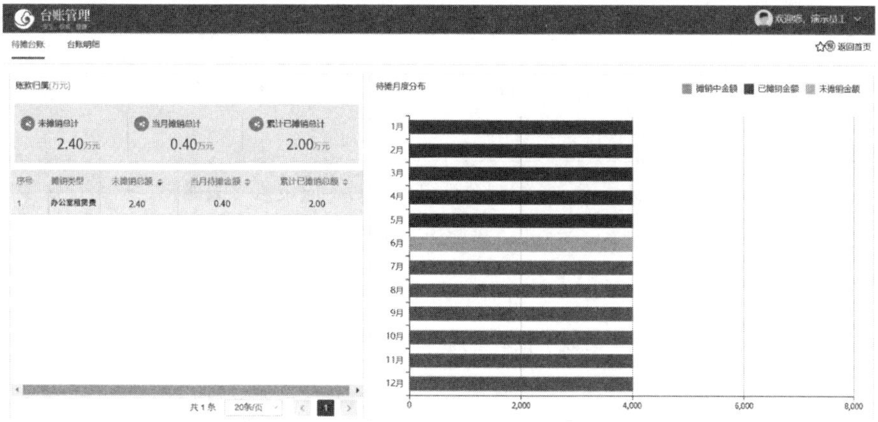

图8－11　待摊台账首页

图 8-12　待摊台账明细

本章关键词

会计科目	会计科目是对会计要素对象的具体内容进行分类核算的类目。
原始凭证	原始凭证作为存储详细交易数据的数据库，一般用于记录经济业务的详细发生轨迹。
记账凭证	记账凭证通过复式记账法的方式进行确认、计量和记录原始凭证中的会计信息，并以会计分录的形式反映会计事项的经济影响。
日记账	日记账是会计凭证的集合，是按种类和时间顺序的再次重复整合，计量会计事项的经济影响。
过账	单位各项经济业务编制会计分录以后，应记入有关账户，这个记账步骤通常称为“过账”，或称为账簿登记。
对账	对账包括账簿与凭证的核对、账簿与账簿的核对、账簿与实物的核对，把账簿记录的数字核对清楚，做到账证相符、账账相符、账实相符。
账证核对	账证核对是指将会计账簿的记录与会计凭证所反映的经济内容进行核对，包括就记账凭证和原始凭证的有关内容进行核对。
账账核对	账账核对是指将各种账簿之间相对应的记录进行核对。

续表

试算平衡表	试算平衡表是总分类账户及其余额的列表，是用来检查账户余额是否借贷平衡的一个便捷手段。
账实核对	账实核对是指各种财产物资的账面余额与实存数额进行核对。
期末调整	期末调整是指期末结账前，按照权责发生制原则，确定本期的应得收入和应负担的费用，并据以对账簿记录的有关账项作出必要调整的会计处理方法。
结账	结账是指在本期发生经济业务全部入账的基础上，在会计期末结算出各账户（含总账、日记账、分类账）的本期发生额合计数及期末余额，对该期的经济活动进行总结。
会计报表	会计报表通过总分类账编制完成，是提供会计信息的重要手段，是会计流程的最终成果。
预提申请单	预提申请单用于承载企业发生的费用预提业务。
预提/摊销报账单	预提/摊销报账单是系统分别根据预提申请单和日常费用报账单自动生成，用来处理预提费用和待摊费用的报账。
总账单	总账单是总账用来记账的单据，用来承载系统无法自动生成会计凭证的业务。
预提/摊销台账	预提/摊销台账是用于费用预提/摊销信息、处理状态的线上记录、归集、展示等。

本章小结

总账业务是从会计期间开始到日记账录入、日记账复核、期末过账、外币重估、期末结账、报表出具等业务环节形成的完整的会计循环。企业的总账到报表流程通常包括明确核算标准、总账记账、对账、期末调整与结账、报表编制及合并、分析监控六大环节。总账到报表域主要用来处理费用预提、总账记账类业务，涉及的单据及台账有预提申请单、总账单、预提/摊销报账单及预提/摊销台账。

本章练习题

一、选择题

1. 总账到报表域主要处理的业务活动包括（　　）。

A. 费用报销　　B. 总账记账

C. 业务记账　　D. 费用预提

2. 下列（　　）可以用来检查借贷平衡。

A. 资产负债表　　B. 现金流量表

C. 所有者权益表　　D. 试算平衡表

3. 财务人员对账的内容包括（　　）。

A. 账证核对　　B. 账账核对

C. 账实核对　　D. 账户核对

4. 会计报表通过（　　）编制而成。

A. 明细账　　B. 总分类账

C. 试算平衡表　　D. 银行对账单

5. 总账到报表涉及的单据包括（　　）。

A. 预提申请单　　B. 预提/摊销报账单

C. 总账单　　D. 日常费用报账单

二、判断题

1. 记账凭证作为存储详细交易数据的数据库，一般用于记录经济业务的详细发生轨迹。（　　）

2. 企业一般每年至少进行两次对账，对账工作是在记账之后，结账之前进行。（　　）

3. 财务人员过账时可以逐笔过账，也可以定期汇总同类业务的会计分录，一次性过入有关的分类账户。（　　）

4. 传统方式下的财务记账需要财务人员手动处理凭证信息，企业目

前可通过信息系统实现自动记账，无须人工处理。（　　）

5. 预提台账数据来源于日常费用报账单，根据月度期间记录每月需预提金额；每月通过运行定时任务，触发生成预提报账单。（　　）

三、思考题

1. 总账到报表的基本流程是什么？
2. 传统的总账到报表流程存在哪些痛点？

第9章　其他域

本章学习目标

本章围绕业务报账域中的其他域，包括资金结算域、税务管理域、工程管理域和存货管理域，分别介绍了各域的含义及业务单据。

通过本章的学习，应掌握：

◇　资金结算域、税务管理域、工程管理域和存货管理域的含义

◇　各域的业务单据

本章知识结构图（见图9－1）

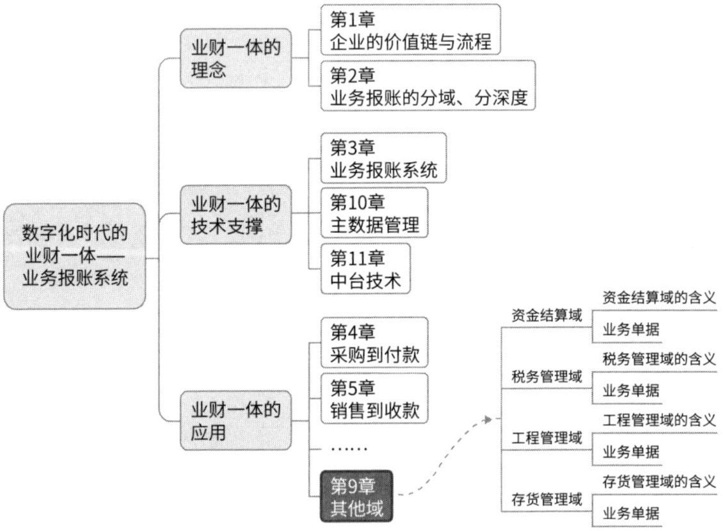

图9－1　第9章框架导图

目前，企业的业务报账除了采购付款域、销售收款域、资产报账域、薪酬报账域、财务记账域这些子域之外，还存着其他域，比如资金结算域、税务管理域、工程管理域和存货管理域。

9.1　资金结算域

9.1.1　资金结算域的含义

资金贯穿于企业生产经营的全过程，是企业的血液循环系统。资金管理作为企业核心财务管理职能，通过保证公司现金和银行账户内资金安全，以及资金收支功能的实现，使企业能够维持正常的持续经营。资金结算是资金管理中的重要环节，本书所指的资金结算仅指资金结算域内的资金报账。资金结算域用于资金和应收票据类业务的处理，包括应收票据的贴现、托收申请，应收票据和资金的调拨。资金结算域内的资金结算是指借助业务报账系统，实现资金结算业务处理的信息化和不落地支付，从而实现内部资金调剂，平衡内部资金盈缺。资金结算域主要是通过资金调拨单、票据调拨单和贴现托收申请单来进行资金结算。

9.1.2　业务单据

（1）资金调拨报账单

资金调拨报账单用于承载企业内部单位之间发生的资金调拨业务（见图9－2）。资金管理员在填写资金调拨报账单时，除了需要明确调出单位、付款账号、收款单位、收款账号的收付款信息外，还需上传资金调拨申请单、合同文件、公司内部规章制度文件等其他所需的附件。资金调拨审批流程结束后，共享运营系统支持同时生成调出方和调入方会计凭证进行入账。

数字化时代的业财一体——业务报账系统

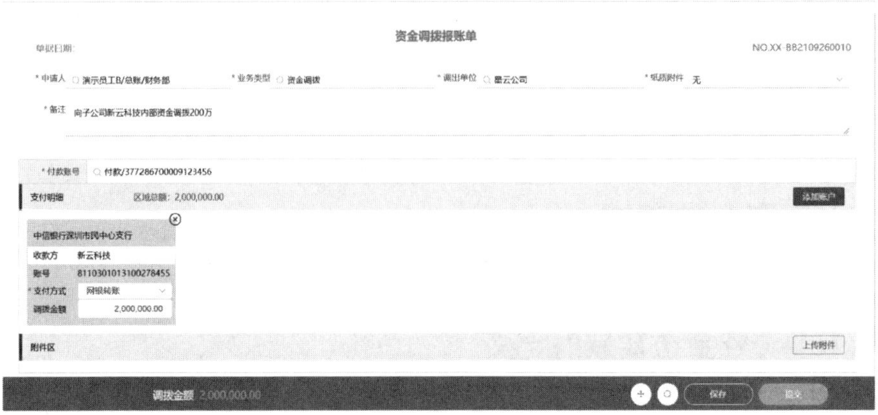

图9－2　资金调拨报账单

（2）票据调拨报账单

票据调拨报账单用于处理企业内部应收票据的调拨业务（见图9－3）。票据管理员在填写单据时，需明确调出单位和收票方。资金调拨报账单关联应收票据台账，审批流程结束之后共享运营系统生成相关的票据调拨凭证。

图9－3　票据调拨报账单

（3）贴现托收申请单

贴现托收申请单为事项申请单，用于处理应收票据贴现、票据托收申请业务（见图9－4）。票据管理员提交贴现、托收申请时，需关联应收票据台账，流程结束后经办人员可以线下进行实际的贴现或托收。单据审批通过后，票据台账中的汇票状态会变成“贴现中/托收中”。

图9－4　贴现托收申请单

9.2　税务管理域

9.2.1　税务管理域的含义

税务管理是现代企业财务管理的重要内容。企业在生产经营过程中产生纳税义务，加强对企业纳税申报流程的管理可以提高企业税务管理的效率。一般而言，税务管理是指企业依据税收法律法规对其涉税业务和纳税实务所实施的税务研究和分析、税务计划和筹划、税务处理监控、税务协调沟通、税务预测和报告的全过程管理。本书所指的税务管理是指税务管理域的税务管理。税务管理域主要是通过税金计提报账单和税款报账单进行税务报账。

9.2.2　业务单据

（1）税金计提报账单

税金计提报账单主要用以企业计提每月应发生的税金业务。企业每月需要计提的税种包括增值税、城市维护建设税、教育费附加、企业所得税、印花税、房产税、土地使用税、个人所得税等。财务人员在业务报账系统填写税金计提报账单时，选择计提的业务类型，填写完成后上传税金明细表、自制计提说明、印花税申报表等必要附件（见图9－5）。

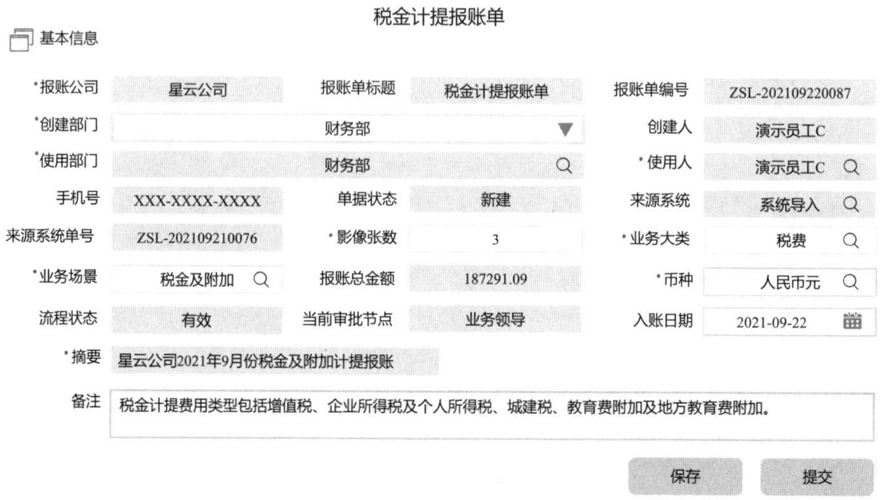
税金计提报账单

基本信息

*报账公司	星云公司	报账单标题	税金计提报账单	报账单编号	ZSL-202109220087
*创建部门	财务部			创建人	演示员工C
*使用部门	财务部			*使用人	演示员工C
手机号	XXX-XXXX-XXXX	单据状态	新建	来源系统	系统导入
来源系统单号	ZSL-202109210076	*影像张数	3	*业务大类	税费
*业务场景	税金及附加	报账总金额	187291.09	*币种	人民币元
流程状态	有效	当前审批节点	业务领导	入账日期	2021-09-22
*摘要	星云公司2021年9月份税金及附加计提报账				
备注	税金计提费用类型包括增值税、企业所得税及个人所得税、城建税、教育费附加及地方教育费附加。				

保存　提交

图 9-5　税金计提报账单

（2）税款报账单

税款报账单主要用以企业各类税金的计算和报账。企业在网上申报纳税，取得税金缴纳表、完税凭证后申请税款报账，报账税种包括但不限于印花税、增值税预缴及应交、增值税附加税种等。相关税务人员在税款报账单上填写基本信息、报账信息和支付信息后，相应的税款缴纳信息会回写至应付台账中。税款报账时一般应上传纳税申报表、完税凭证和银行回单等（见图 9-6）。

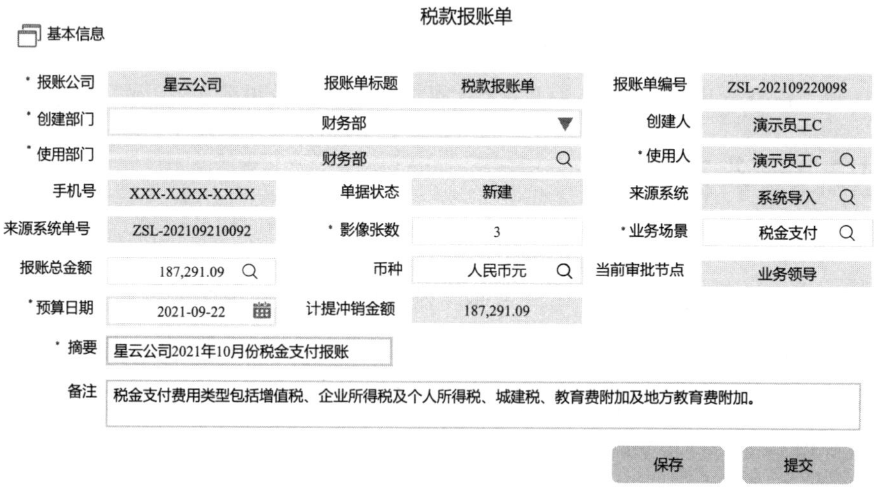
税款报账单

基本信息

*报账公司	星云公司	报账单标题	税款报账单	报账单编号	ZSL-202109220098
*创建部门	财务部			创建人	演示员工C
*使用部门	财务部			*使用人	演示员工C
手机号	XXX-XXXX-XXXX	单据状态	新建	来源系统	系统导入
来源系统单号	ZSL-202109210092	*影像张数	3	*业务场景	税金支付
报账总金额	187,291.09	币种	人民币元	当前审批节点	业务领导
*预算日期	2021-09-22	计提冲销金额	187,291.09		
*摘要	星云公司2021年10月份税金支付报账				
备注	税金支付费用类型包括增值税、企业所得税及个人所得税、城建税、教育费附加及地方教育费附加。				

保存　提交

图 9-6　税款报账单

9.3　工程管理域

9.3.1　工程管理域的含义

工程管理在广义上既包括对重大建设工程实施，包括工程规划与论证、决策、工程勘察与设计、工程施工与运营的管理，也包括对重要复杂的新产品、设备、装备在开发、制造、生产过程中的管理，还包括技术创新、技术改造、转型、转轨的管理，产业、工程和科技的发展布局与战略的研究与管理等。本书所指的工程管理仅指工程管理报账。工程管理域主要是通过在建工程暂估转固通知书和工程项目形象进度暂估表进行工程管理报账。

9.3.2　业务单据

（1）在建工程暂估转固通知书

在建工程暂估转固通知书主要用于在建工程暂估通知的报账流程。一般而言在建工程已达到预定可使用状态，项目竣工验收合格后应当及时办理资产交付使用手续。自在建工程转固通知书下发之日起可以开始暂估入账工作。工程项目并非竣工财务决算批复后才能进行在建工程转固，已交付使用但尚未办理竣工决算手续的固定资产，应当按照估计价值入账，待办理竣工决算后再按实际成本调整原来的暂估价值（见图9－7）。

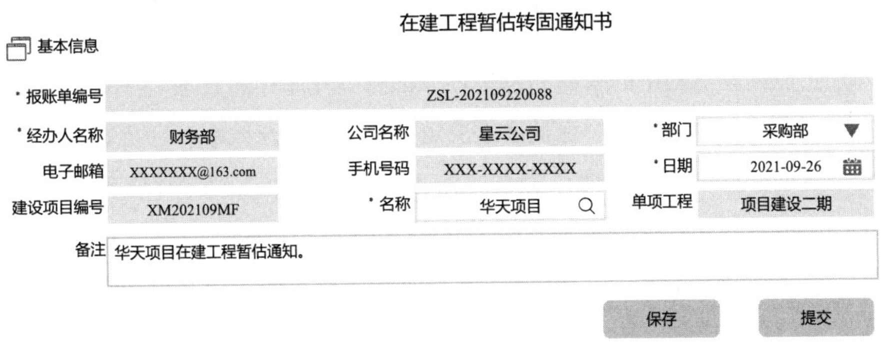
在建工程暂估转固通知书
基本信息
*报账单编号　ZSL-202109220088
*经办人名称　财务部　公司名称　星云公司　*部门　采购部
电子邮箱　XXXXXXX@163.com　手机号码　XXX-XXXX-XXXX　*日期　2021-09-26
建设项目编号　XM202109MF　*名称　华天项目　单项工程　项目建设二期
备注　华天项目在建工程暂估通知。
保存　提交

图9－7　在建工程暂估通知书

（2）工程项目形象进度暂估表

工程项目形象进度暂估表用于工程项目形象进度暂估的报账流程。工程项目形象进度是指将在建工程项目形象进度或工程实际完成量与财务入账金额进行对比，为工程成本暂估提供依据。它是当月审核已完成工程量的原始依据（见图9－8）。

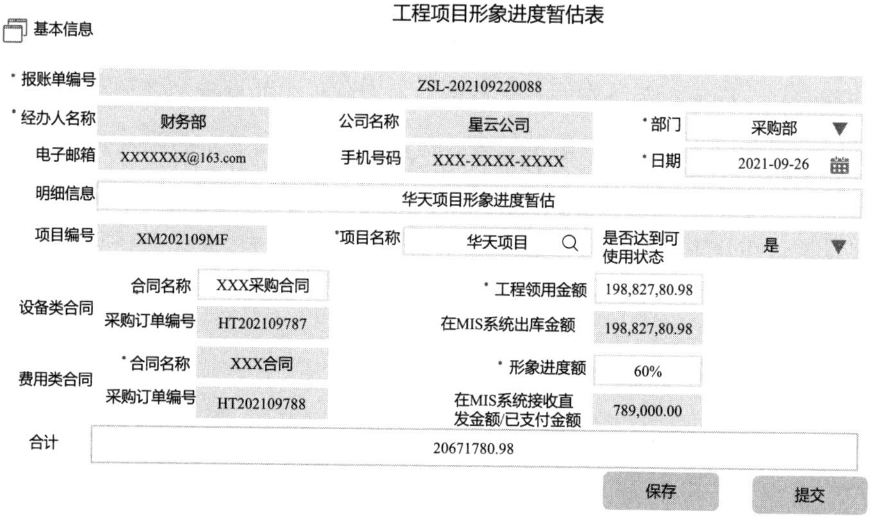

图9－8　工程项目形象进度暂估表

9.4　存货管理域

9.4.1　存货管理域的含义

企业经营活动中的采购和销售环节都离不开库存的管理。库存作为企业资源的调度中心，在一定程度上决定了企业的经营效率。存货管理域主要是借助信息系统，实现存货类的业务报账，从而达到库存管理的一体化，实现出入库数据与财务核算数据的实时联动，保证财务处理的及时性。存货管理域主要是通过存货暂估入库单、存货出库单、通用总账报账单来进行存货管理。

9.4.2　业务单据

（1）存货暂估入库单

存货暂估入库单主要用来对验收入库的购进商品，但尚未收到发票，企业应当在月末合理估计入库成本进行暂估入账。业务人员在填写存货入库单时，应提供商品入库验收单并关联合同。其中，验收单应包括物料名称、数量和单价（不含税价）、金额，并经过相关仓库管理员签字确认（见图9－9）。

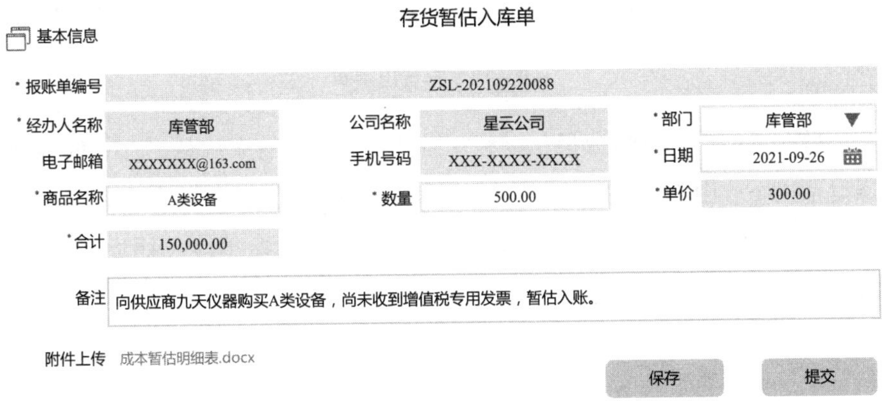
存货暂估入库单

基本信息

*报账单编号 ZSL-202109220088

*经办人名称 库管部　公司名称 星云公司　*部门 库管部

电子邮箱 XXXXXXX@163.com　手机号码 XXX-XXXX-XXXX　*日期 2021-09-26

*商品名称 A类设备　*数量 500.00　*单价 300.00

*合计 150,000.00

备注 向供应商九天仪器购买A类设备，尚未收到增值税专用发票，暂估入账。

附件上传 成本暂估明细表.docx

保存　提交

图9－9　存货暂估入库单

（2）存货出库单

存货出库单主要用来核算销售出库、假退料或存货出库退回（见图9－10）。其中，假退料是指月末将已领用但并未实际使用的原材料等填制红字领料单，退回仓库；下月初填制相同内容的蓝字领料单等额领回，而实物不需要移动的一种会计处理程序。业务人员在填写存库出库单时，应提交汇总后的出库单/收发存明细表。

（3）通用总账报账单

通用总账报账单主要用来核算存货性质变更、存货内部调拨的财务处理（见图9－11）。存货性质变更是指物料用品性质变更为原材料和外购商品性质变更为原材料。当发生存货性质变更，财务人员填写通用总账报账单，应提交存货性质变更说明，包括存货编码、变更前存货性质、

存货出库单

基本信息

* 报账单编号	ZSL-202109220010				
* 经办人名称	库管部	公司名称	星云公司	* 部门	库管部
电子邮箱	XXXXXXX@163.com	手机号码	XXX-XXXX-XXXX	* 日期	2021-09-26
* 商品名称	B类设备	* 数量	100,000.00	* 单价	300.00
* 合计	30,000,000.00				

备注 向客户云上科技销售B类设备，出货10万台。

附件上传 出库单明细表.docx

保存 提交

图 9－10　存货出库单

变更后存货性质、存货数量、金额并经过相关领导签字确认。存货的内部调拨是指企业内部各核算单位之间转移货物的过程。当发生存货内部调拨时，业务人员在填单时应上传内部调拨单，内部调拨单应包括货品名称、数量、单价、金额、日期、调出、调入仓库/部门，并经收货人和发货人签字确认。

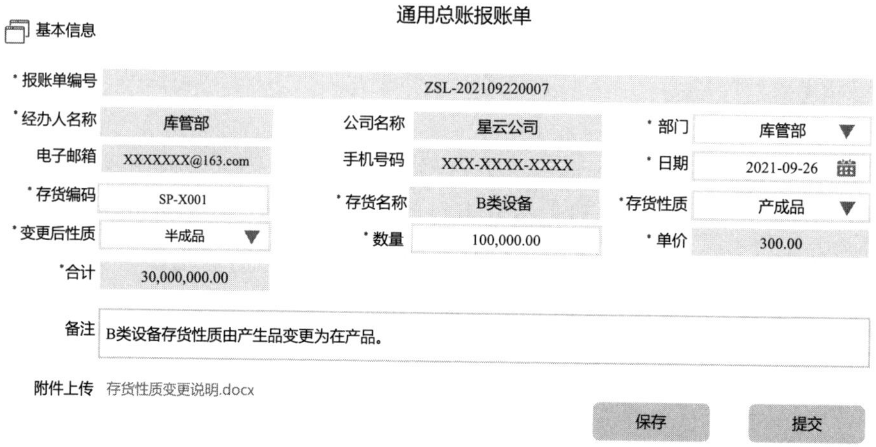

通用总账报账单

基本信息

* 报账单编号	ZSL-202109220007				
* 经办人名称	库管部	公司名称	星云公司	* 部门	库管部
电子邮箱	XXXXXXX@163.com	手机号码	XXX-XXXX-XXXX	* 日期	2021-09-26
* 存货编码	SP-X001	* 存货名称	B类设备	* 存货性质	产成品
* 变更后性质	半成品	* 数量	100,000.00	* 单价	300.00
* 合计	30,000,000.00				

备注 B类设备存货性质由产生品变更为在产品。

附件上传 存货性质变更说明.docx

保存 提交

图 9－11　通用总账报账单

数字化时代的业财一体——业务报账系统

本章关键词

资金结算域	资金结算域用于资金和应收票据类业务的处理，包含应收票据的贴现、托收申请，应收票据的内部调拨和资金的调拨业务。
资金调拨单	资金调拨单用于承载企业内部单位之间发生的资金调拨业务。
票据调拨单	票据调拨单用于处理企业内部应收票据的调拨业务。
贴现托收申请单	业务单据，是在每一笔经济业务发生时所取得或填制的、载明交易、事项实际情况的书面证明，它是进行会计核算的原始资料和重要依据，与记账凭证配套使用。
税务管理	税务管理是指企业依据税收法律法规对其涉税业务和纳税实务所实施的税务研究和分析、税务计划和筹划、税务处理监控、税务协调沟通、税务预测和报告的全过程管理。
税款报账单	税款报账单主要用以企业各类税金的计算和报账，企业在网上申报纳税，取得税金缴纳表、完税凭证后申请报账，包括但不限于印花税、增值税预缴及应缴、增值税附加税种等的报账。
工程管理	工程管理既包括对重大建设工程实施（包括工程规划与论证、决策、工程勘察与设计、工程施工与运营）的管理，也包括对重要复杂的新产品、设备、装备在开发、制造、生产过程中的管理，还包括技术创新、技术改造、转型、转轨的管理，产业、工程和科技的发展布局与战略的研究与管理等。
存货暂估入库单	存货暂估入库单主要用来对验收入库的购进商品，但尚未收到发票，企业应当在月末合理估计入库成本进行暂估入账。
存货出库单	存货出库单主要用来核算销售出库、假退料或存货出库退回。
通用总账报账单	通用总账报账单主要用来核算存货性质变更、存货内部调拨的财务处理。

本章小结

业务报账域中除了采购付款域、销售收款域、资产报账域、薪酬报账域、财务记账域外，还包括其他域，分别是资金结算域、税务管理域、工程管理域和存货管理域。各域分别通过域内的业务单据完成相应的报账，从而实现业务财务处理。

本章练习题

一、选择题

1. 资金结算域主要用于资金和应收票据类业务的处理，通过（　　）进行资金结算。

A. 资金调拨单　　B. 票据调拨单

C. 贴现托收申请单　　D. 税款报账单

2. 税务管理是现代企业财务管理的重要内容，税务管理域单据包括（　　）。

A. 开票申请单　　B. 税款报账单

C. 税金计提报账单　　D. 作废/红字发票申请单

3. 狭义的工程管理仅指工程管理报账，工程管理域主要通过（　　）进行工程管理报账。

A. 在建工程暂估转固通知书　　B. 采购报账单

C. 工程项目形象进度暂估表　　D. 采购付款单

4. 存货管理域主要是借助信息系统，实现存货类的业务报账，从而达到库存管理的一体化，实现（　　）与财务核算数据的实时联动，保证财务处理的及时性。

A. 出入库数据　　B. 采购数据

C. 销售数据　　D. 验收单数据

5. 存货管理域中的存货出库单主要用来核算（　　）业务。

A. 销售入库　　B. 销售出库

C. 假退料　　D. 存货出库退回

二、判断题

1. 资金调拨报账单用于承载企业内部单位之间发生的资金调拨业务，资金调拨单审批流程结束后仅生成调出方会计凭证。（　　）

2. 贴现托收申请单审批通过后，票据台账中的汇票状态变成“贴现中/托收中”。（　　）

3. 税款报账单支持印花税、增值税预缴及应缴、增值税附加税种等报账。（　　）

4. 工程项目形象进度暂估表是将在建工程项目形象进度（或工程实际完成量）与合同签订金额进行对比，为工程成本暂估提供依据。（　　）

5. 通用总账报账单主要用来核算存货性质变更、存货内部调拨的财务处理。（　　）

三、思考题

1. 如何理解资金结算域？域内业务单据有哪些？
2. 如何理解税务管理域？域内业务单据有哪些？
3. 如何理解工程管理域？域内的业务单据有哪些？
4. 如何理解存货管理域？域内的业务单据有哪些？

第 10 章　主数据管理

本章学习目标

本章首先介绍了主数据的概念、特点以及企业常见的主数据，其次阐述了主数据管理的相关内容，包括主数据管理的概念、主要内容、意义和应用前景。

通过本章的学习，应掌握：

◇　主数据的概念

◇　主数据管理的相关内容

本章知识结构图（见图 10－1）

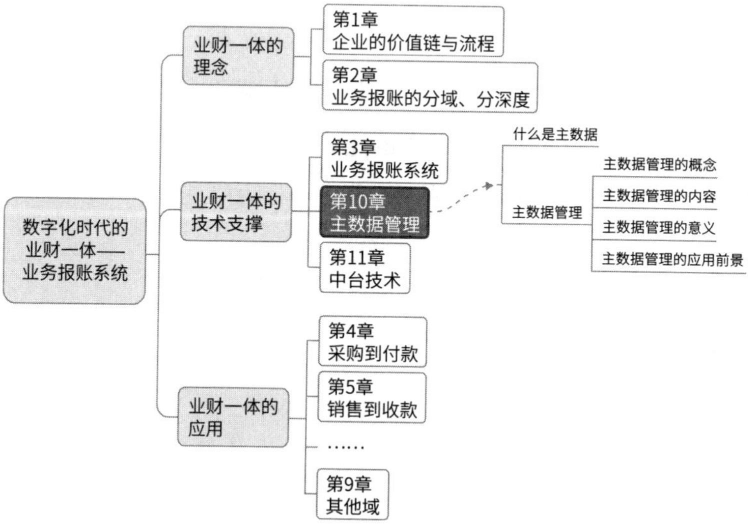

图 10－1　第 10 章框架导图

随着科学技术的快速发展，各种信息应用也日益普及，很多企业为了更好地进行业务经营和管理，大力推进信息化建设工作。但管理者经常会发现，大量信息系统投入运行后，数据散落地分布在众多系统中，各业务部门之间、业务部门与财务部门之间信息不能共享，形成诸多信息孤岛，阻碍了企业由信息化向数字化的转型。

以客户关系管理（Customer Relationship Management，CRM）为例，目前很多企业都安装了客户关系管理系统，而且拥有多家子公司、多条业务线的大型企业甚至会为各个业务团队安装多个客户关系管理系统。但也给管理者带来了问题，比如，同一个客户信息在不同系统中的信息不完全一致。当企业进行客户管理或营销分析时，无法及时获得有效的客户信息，需要人工对数据进行进一步的整理。企业有必要采取措施，使客户关系管理系统可以实现从多个不同来源提取客户数据，并创建客户数据的单一可信版本，从而帮助企业提高营销能力。

数据作为信息时代的重要战略资源，被称为“新时代的石油”，而企业的数据治理就是如何开采和使用这种资源的手段，主数据则是企业实施全面数据治理的核心基础，成功实施主数据管理可以很好地推动企业全面建设数据治理体系。

10.1　什么是主数据

（1）主数据的概念

主数据（Master Data，MD）：是指能够满足企业跨部门协同需要的、反映核心业务实体状态属性的企业（组织机构）基础信息。相对而言，主数据属性相对稳定、准确度要求更高且唯一识别。

在企业运营中，主数据承载着核心业务实体的基本信息，是系统间的共享数据（例如员工、客户、产品、供应商、账户和组织部门等相关数据），分散地存在于企业的各业务系统中，也是企业内部能够跨业务、跨系统重复使用的高价值数据。主数据的高度共享决定了只要企业的异构系统存在，就会有主数据；只要企业产生数据在不同业务部门流动的需求，就会有主数据。

主数据与其他数据的关系如图 10 - 2 所示：

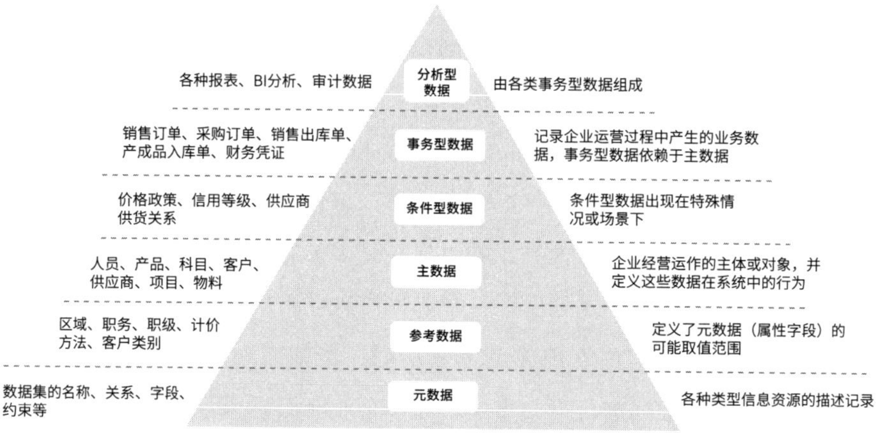

图 10 - 2　主数据与其他数据的关系

【案例】近期，某银行客户向监管部门投诉银行泄露其个人隐私，但经过调查，银行并没有故意泄露，原因在于银行的不同系统里保存了客户的多个手机号码，发送信息时选择了客户的“错误手机号码”，然而该号码可能是某个“敏感人”在使用。多个客户，多个号码并存，且其中还含有“敏感号码”，这种现象在客户信息管理中屡见不鲜，并由此带来了“客户投诉”等系列连锁反应。

在本案例中，“客户”就属于银行的主数据，其中由客户信息管理不当引起的投诉事件就是主数据管理缺失带来的问题。创建客户数据的单一可信版本就是主数据管理解决方案。

（2）主数据的特点①

➢ 特征一致性

随着业财一体信息化的建设，企业的信息系统越来越多，系统之间的数据无法互联互通，企业迫切需要通过创建和维护主数据来打破各系统各数据统计口径不统一的现状。主数据应在不同应用和系统中保持特征高度

① 赵飞．基于全生命周期的主数据管理：MDM 详解与实践［M］．北京：清华大学出版社，2015.

一致，便于企业进行数据管理。

➢ 识别唯一性

主数据在不同系统、平台中应具有唯一的数据标识，即数据编码，如对于每位客户都有一个唯一的客户编码。主数据的识别唯一性是进行数据分析的基础，用来确定分析的范围和方向。

➢ 长期有效性

主数据需要保持长期有效性，只要其所代表的业务对象一直存在或具有意义，则该主数据就需要在系统中保持有效性。当主数据失去有效性时，系统通常会将其标记无效或删除而非直接物理删除。只有在归档整理，确认无效时，才会彻底删除。

➢ 业务稳定性

主数据用来描述业务操作对象的关键信息，与交易数据相比，变化频率低，具备业务稳定性。除非主数据本身的特征发生变化，否则主数据的属性通常不会随业务过程而被修改。

（3）企业的主数据[①]

企业常见的主数据包括：

➢ 组织机构和员工主数据

组织机构主数据应用于企业的生产经营管理、人事管理、财务管理，以及企业的决策支持分析，比如单位名称、单位编码、单位性质、所属行业等。组织机构主数据的统一管理，降低不同部门、不同业务、不同信息系统的信息沟通成本，提升企业管理水平和信息系统质量。员工主数据包含员工的基本信息，比如人员编号、姓名、性别、出生日期、民族、国籍等。企业员工应包括企业所有用工人员，如合同工、临时工和实习生等。

➢ 财务主数据

财务主数据主要包括会计科目主数据、银行主数据，比如有关业务部门、成本中心、利润中心、总账账户、预算、计划和项目的数据。通常，ERP系统充当财务主数据（会计科目）的中心枢纽。

① 祝守宇，蔡春九．数据治理：工业企业数字化转型之道［M］．北京：电子工业出版社，2020.

会计科目主数据是企业财务核算与财务预算的应用基础。国家一级会计科目包括资产类、负债类、所有者权益类、成本类和损益类，且国家已对一级会计科目的编码进行了统一编制。企业在对会计科目主数据进行编码管理时，应在执行国家统一的一级会计科目的基础上，制定满足本企业经营需要的会计明细科目。

银行主数据内容包括国内银行和其他金融机构，以及在境内开展业务的国外银行和金融机构，比如银行名称、银行编码、银行地址等。

➢ 资产主数据

固定资产主数据是企业资产管理的应用基础，比如资产名称、资产编码、资产类别等。固定资产编码包括固定资产分类编码和明细编码。固定资产分类编码适用于固定资产的管理、清查、登记、统计等工作。固定资产明细编码是对固定资产数据进行系统识别和检索的唯一标示。

➢ 设备主数据

设备指可供企业在生产中长期使用，并在反复使用中基本保持原有实物形态和功能的劳动资料和物质资料的总称。设备主数据包含的信息有基本信息、位置信息、组织机构信息、结构信息、技术参数信息、相关文档资料等相关信息。设备主数据是设备管理系统的基础。为确保设备管理系统的有效运行，建设设备主数据管理系统非常重要。

➢ 物料主数据

物料是指包括与产品生产有关的所有物品，如原材料、铺料、成品等。对于信息化系统而言，物料特指企业中的物资、产品和服务的总和，可按用途分成物资类物料、产品类物料（成品，中间产品和废次品）和服务类物料。物料主数据是物料数据核心的属性，包括物料编码、物料名称、规格型号、基本计量单位等。

以某公司为例，基于该公司 IT 战略规划确定的业务领域和共性系统，识别出公司的组织、员工、岗位、会计科目、成本中心、利润中心、金融机构、客户和供应商、物料等主数据（见图 10－3）。

图 10－3　某公司主数据全景图

10.2　主数据管理

10.2.1　主数据管理的概念

主数据管理（Master Data Management，MDM）描述了一组规程、技术和解决方案，用于为所有利益相关方（如用户、应用程序、数据仓库、流程以及贸易伙伴）创建并维护业务数据的一致性、完整性、相关性和精确性。

主数据管理把企业所有系统中最核心的、最需要共享的数据进行整合，集中进行清洗和标准化，并且以集成服务的方式将数据分发给需要使用这些数据的应用系统，实现数据的同步传输。通过主数据管理，企业可以获得共享的、完整的、准确的主数据。①

要注意主数据管理与数据仓库和操作数据存储概念的区别：

➢　数据仓库

数据仓库（Data Warehouse，DW）是指面向主题的、集成的、非易失的并且随时间变化的数据集合，用以支撑经营管理中的决策制定过程。从

① 赵飞．基于全生命周期的主数据管理：MDM 详解与实践［M］．北京：清华大学出版社，2015.

图 10－4 中可以看出，当某一业务系统的主数据发生变化时，各业务系统都会对主数据管理发出变动申请，主数据管理系统处理后再统一分发给各应用系统，这说明主数据是实时变化的。

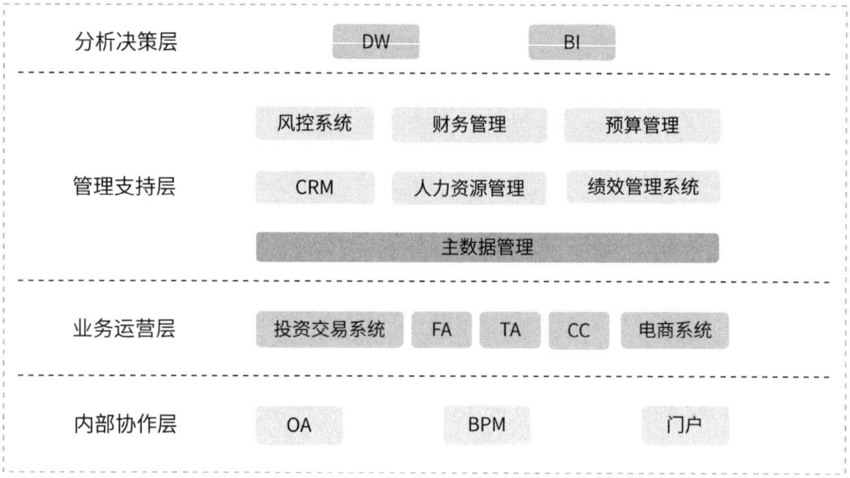

图 10－4　企业总体应用架构图

数据仓库是对大量历史数据的多维分析，而主数据管理由于数据量相对较小，可提供 24 小时读写服务。但数据仓库与主数据管理又存在紧密联系，数据仓库的分析汇总结果会回写到主数据管理中，比如客户的历史最大份额、客户等级、产品偏好等特征，这些数据可以帮助企业更好地进行客户关系管理，同时主数据管理又是数据仓库多维分析的基础。

➢ 操作数据存储

操作数据存储（Operational Data Store，ODS）是数据仓库的一部分，是各应用系统间需要共享的交易流水数据。而主数据管理只包含主数据及其之间的关系，并不包含交易数据。比如客户数据属于主数据管理内容，而客户的交易份额、净值、收益等数据则通过操作数据存储共享。

10.2.2　主数据管理的内容

（1）主数据标准管理

主数据标准管理的目标是通过统一的标准制定和发布，结合制度约束、系统控制，为主数据的唯一性、完整性、有效性、一致性、规范性管理提供支持和保障。主数据标准管理是主数据管理的重要内容，也是主数据全生命周期管理、主数据质量管理的重要基础。成功实施主数据标准管理，是主数据管理的首要要求。

主数据标准包含业务标准（编码规则、分类规则、描述规则等）、主数据模型标准。主数据标准体系在建设梳理的过程中，一般会衍生出一套代码体系表（或称主数据资产目录）。

（2）数据清洗管理①

数据清洗是指发现并改正不完整、不正确和不一致的主数据，从而提高数据质量的过程。数据清洗其实就是洗掉"脏数据"，比如缺失数据、重复数据、错误数据、无效数据，是没有价值的、系统无法处理的数据。

按照一定的规则把零散、重复、不完整的数据清洗干净，得到精确、完整、一致、有效、唯一的新数据，这就是数据清洗。如果主数据未进行数据清洗，包含"脏数据"，则会降低数据的整体质量、影响数据分析结果以及基于结果所采取的决策，给企业造成无法挽回的损失。

（3）主数据全生命周期管理

主数据全生命周期管理是指：采用必要的管理工具，依据管理职责，按照规范的流程对主数据生命周期和环节实施管理行为，是确保主数据质量的重要手段。企业在进行主数据管理时，应结合实际情况和特点，建立主数据全生命周期管理流程。合适的流程可以实现对主数据的长效治理。主数据全生命周期管理通常包括申请、审核、变更、查询、归档等。②

➢ 主数据申请

主数据申请指的是当企业需要在系统中新增或变更主数据时，需要向主数据管理系统提交主数据申请。系统可提供相似的主数据供用户参考，并提示申请进度。

➢ 主数据审核

主数据审核包括自动校验和人工审核。自动校验是指主数据管理系统

---

① 赵飞．基于全生命周期的主数据管理：MDM详解与实践［M］．北京：清华大学出版社，2015.

② 同①。

进行自动校验规则，实现对数据之间的精确查重和模糊查重。人工审核是指自动校验结束还需按审批流程进行人工审批。

➢ 主数据变更

当企业的主数据发生变更时，需要及时维护和更新。首先需要提交申请，审批通过后变更内容才会生效。系统也会同时保留数据的历史版本，实现版本可追溯。

➢ 主数据查询

主数据管理系统可以提供标准查询和模糊查询。用户可以实时查询主数据的所有信息。系统也可根据用户需求，生成各种统计报表，供用户查询分析。

➢ 主数据归档

主数据归档是指以物理方式将主数据系统中具有较低业务价值的主数据迁移到更适合、更经济、更高效的历史库中。对于不再使用或无法满足业务需求的主数据可以进行归档及核销处理。归档后的主数据不能被更改，但可以查询和调用。

主数据管理的工具一般是主数据管理系统（见图 10－5）。主数据管理系统主要包括主数据建模、主数据整合、主数据管理、主数据存储与服务、基础管理、标准管理等功能模块。[①]

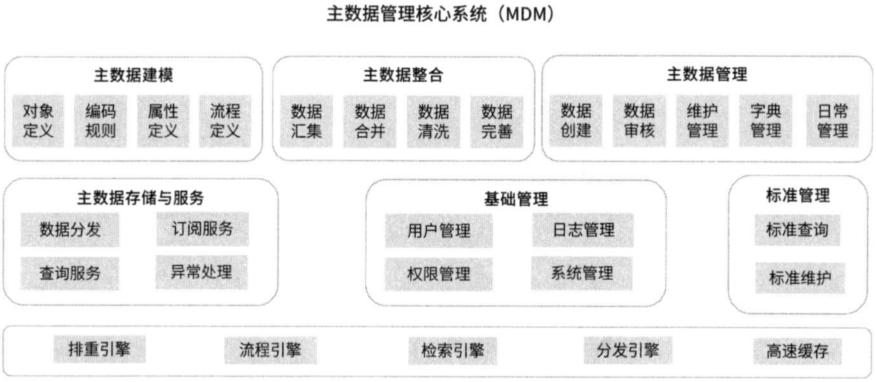

图 10－5　主数据管理系统架构图

① 《数据资产管理时间白皮书》，中国信息通信研究院。

➢ 主数据建模

主数据建模主要以主数据标准体系为基准，通过可视化建模工具，定义主数据对象、编码规则、属性值和控制流程等基础要素，构建主数据标准模型。

➢ 主数据整合

主数据整合主要利用数据清洗工具及功能，将主数据进行汇集、合并、清洗和完善，实现对主数据的全生命周期管理。

➢ 主数据管理

主数据管理是指按照主数据管理的要求，实现主数据创建、审核、发布、修改、冻结和失效等全生命周期管理以及数据字典的管理维护，确保数据的一致性、准确性、实时性和权威性。

➢ 主数据存储和服务

主数据存储和服务将主数据集中存储于主数据基准库，并通过数据分发功能分发至其余系统，同时提供在线查询和订阅功能，也可对异常数据进行处理。

➢ 基础管理

基础管理可以实现对系统中的基础数据进行设置，包括配置权限管理、日志管理、用户管理和系统管理。

➢ 标准管理

标准管理包括标准维护和标准查询。通过标准管理，企业可以实现对标准文件和相关资料的日常维护，通过配置智能化搜索引擎，实现智能、快捷、精确高效的查询检索功能。

（4）主数据质量管理①

主数据质量管理是指对主数据从计划、获取、存储、共享、维护、应用和消亡这一全生命周期内的每个阶段里可能引发的各类数据质量问题进行识别、度量、监控和预警等一系列的管理活动，并通过改善和提高企业的管理水平，提高数据质量。主数据质量管理的终极目标是保证企业数据

① 赵飞．基于全生命周期的主数据管理：MDM 详解与实践［M］．北京：清华大学出版社，2015.

可靠，提高数据分析的价值，从而为企业赢得经济效益。

主数据质量管理内容包含两个方面：对数据质量的改善和对组织的改善。针对数据的改善主要包括数据分析、数据评估、数据清洗、数据监控、错误预警等内容；针对组织的改善主要包括确立质量改进目标、评估组织流程、制定改善计划、制定监督审核机制、实施改进和评估改善效果等多个环节。主数据质量管理的过程可以被划分为五个阶段，即定义、测量、分析、改进和控制。通常从以下几个维度对主数据的质量管理进行评估：

➢ 主数据完整性：描述主数据信息完整的程度，是主数据质量中最基础的一项评估标准。

➢ 主数据准确性：检查主数据记录的信息是否存在异常或错误，描述主数据与客观事物真实值之间的接近程度。

➢ 主数据规范性：描述主数据的规范程度，是否符合其定义，比如数据的类型、格式、取值范围等。

➢ 主数据一致性：描述主数据与其余系统中的信息是否一致。

➢ 主数据唯一性：描述主数据的重复程度，保证数据的唯一性。

10.2.3 主数据管理的意义

主数据管理对于企业进行数据治理具有重要意义，通过建立统一的数据基准，打通数据全生命周期业务，便于自动化的数据统计，支撑业务管控分析（见图 10 – 6）。主数据管理主要有以下几点价值①：

（1）消除数据冗余

企业不同部门、不同系统之间的数据存在差异，容易出现数据重复存储的情况，形成数据冗余。通过主数据管理统一数据语言，统一数据标准，实现数据共享，最大化地消除了数据冗余。

（2）提升数据处理效率

各部门之间数据的不一致，导致企业需要耗费大量人力成本、时间成

① 《数据资产管理实践白皮书》，中国信息通信研究院。

本整理和统一数据。通过主数据管理可以实现自动化处理，为数据分析奠定基础。

（3）提升数据资产管理成熟度

企业通过主数据管理，建立标准的数据管理模型，对数据进行实时跟踪，发现问题及时处理，实现数据管理的持续优化和绩效改进，提升数据资产的管理成熟度。

（4）支撑业务管控分析

企业的主数据管理平台可以为不同部门提供一致的高质量数据，降低信息核对的成本，为数据分析提供准确的数据源，同时由于数据共享，便于系统进行自动统计，可通过报表形式可视化展示数据分析结果，支撑业务人员进行管控分析，助力企业经营决策。

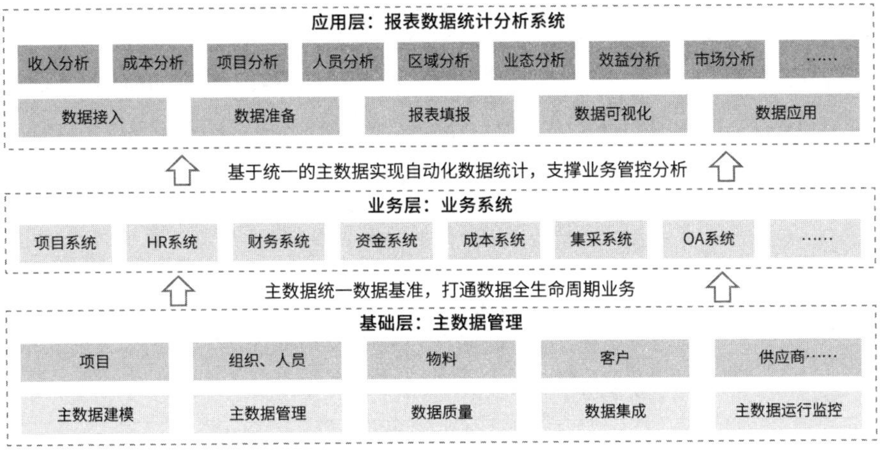

图 10-6　主数据的应用价值

10.2.4　主数据管理的应用前景[①]

随着信息技术的飞速发展，互联网的边界和应用范围得到了极大地拓展，移动终端、应用软件、共享设备等无时无刻不在产生数据，人类进入了大数据时代。大数据时代下，企业逐渐意识到数据分析的价值，通过建

① 赵飞. 基于全生命周期的主数据管理：MDM 详解与实践［M］. 北京：清华大学出版社，2015.

立主数据管理系统对企业内外数据进行分析，帮助企业从海量、多样、实时、低密度价值的大数据中挖掘有价值的信息。

主数据其实可以看作大数据的一个子集，其关注点是组织内价值最高的那些数据。主数据管理与大数据是相辅相成、互相促进的。一方面，主数据管理为大数据的分析和应用奠定良好基础，有助于从海量数据中快速抽取重要信息。另一方面，通过大数据分析，企业会发现新的主数据，丰富原有主数据的基础信息，使企业的主数据管理更加完善。

本章关键词

主数据	主数据是指能够满足企业跨部门协同需要的、反映核心业务实体状态属性的企业（组织机构）基础信息。
主数据管理	主数据管理描述了一组规程、技术和解决方案，用于为所有利益相关方（如用户、应用程序、数据仓库、流程以及贸易伙伴）创建并维护业务数据的一致性、完整性、相关性和精确性。
数据仓库	数据仓库是指面向主题的、集成的、非易失的并且随时间变化的数据集合，用以支撑经营管理中的决策制定过程。
操作数据存储	操作数据存储是数据仓库的一部分，是各应用系统间需要共享的交易流水数据。
主数据全生命周期管理	主数据全生命周期管理是指采用必要的管理工具，依据管理职责，按照规范的流程对主数据生命周期和环节实施管理行为，是确保主数据质量的重要手段。
主数据质量管理	主数据质量管理是指对主数据从计划、获取、存储、共享、维护、应用和消亡这一全生命周期内的每个阶段里可能引发的各类数据质量问题进行识别、度量、监控和预警等一系列的管理活动，并通过改善和提高企业的管理水平，提高数据质量。
数据清洗	数据清洗是指发现并改正不完整、不正确和不一致的主数据，从而提高数据质量的过程。

本章小结

伴随着企业信息化进程的不断深入，企业信息系统的应用场景也逐渐复杂，来自跨业务、跨部门和跨系统的业务连贯性需求也越来越迫切。主数据是能够满足企业跨部门协同需要的、反映核心业务实体状态属性的企业（组织机构）基础信息。主数据管理描述了一组规程、技术和解决方案，用于为所有利益相关方（如用户、应用程序、数据仓库、流程以及贸易伙伴）创建并维护业务数据的一致性、完整性、相关性和精确性，包括标准管理、全生命周期管理、质量管理、数据清洗管理等。

本章练习题

一、选择题

1. 下列不属于企业主数据的是（　　）。

A. 客户　　B. 供应商

C. 员工　　D. 交易份额

2. 主数据特征包括（　　）。

A. 特征一致性　　B. 识别唯一性

C. 长期有效性　　D. 业务稳定性

3. 主数据审核包括（　　）。

A. 人工审核　　B. 自动校验

C. 标准查询　　D. 模糊查询

4. 主数据的质量评估维度包括（　　）。

A. 完整性　　B. 准确性

C. 规范性　　D. 一致性

5. 下面需要清洗主数据的情况包括（　　）。

A. 主数据缺失　　B. 主数据重复

C. 主数据错误　　D. 主数据不可用

二、判断题

1. 主数据是指能够满足企业跨部门协同需要的、反映核心业务实体状态属性的企业（组织机构）基础信息。相对而言，主数据变化性大、准确度要求更高且唯一识别。（　）

2. 主数据失去其效果时，考虑将该主数据编码信息从系统中彻底删除。（　）

3. 各业务系统都会对数据仓库发出变动申请，经处理后再统一分发给各应用系统，说明数据仓库是实时变化的。（　）

4. 主数据全生命周期管理通常包括申请、审核、变更、查询、归档等。（　）

5. 如果企业不清洗"脏数据"，则会影响到各个应用系统中的数据质量、数据的汇总及分析，以及基于数据的决策，给企业造成不可估量的损失。（　）

三、思考题

1. 主数据管理的内容有哪些？请简要回答。
2. 企业为什么要进行主数据管理？

第 11 章　中台技术

本章学习目标

本章围绕中台技术，首先介绍了中台技术的诞生及内容，着重对其中的业务中台、数据中台和能力中台进行介绍，展现了财务数字化时代背景下需要的技术与理念。

通过本章的学习，应掌握：

◇　业务中台的概念及对报账系统的支撑

◇　数据中台的概念及与业务中台的联系

◇　能力中台的内容及技术

本章知识结构图（见图 11－1）

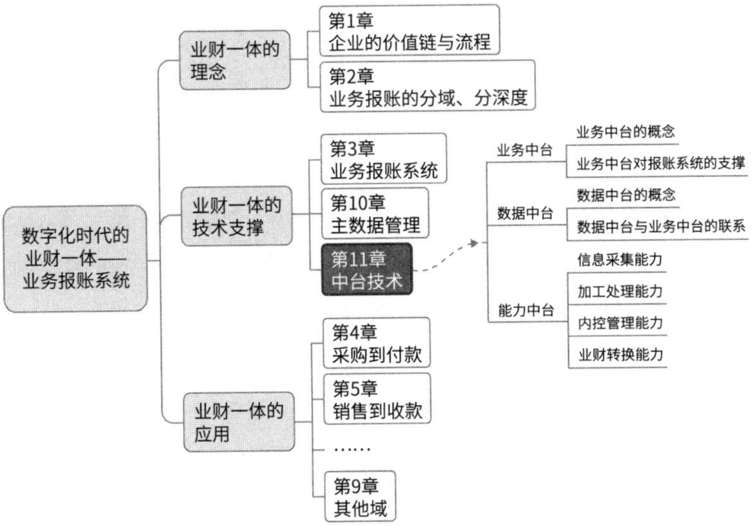

图 11－1　第 11 章框架导图

以业务报账系统为核心建立的财务云平台，能够做到对业务需求及时响应、财务处理及时准确、业务财务紧密融合，离不开中台技术的运用。

要了解中台的概念，首先要明确前台与后台的概念。前台是与用户直接交互的界面以及实时响应用户请求的服务端，比如 WEB 页面，手机 APP、订单系统等，离用户最近，最理解和洞察用户需求和行为，最终实现和提升业务价值的职能。后台是企业基础设施建设以及核心资源管理，制定企业发展战略，整体把控企业经营风险，为企业稳健经营打下扎实根基（见图 11 -2）。

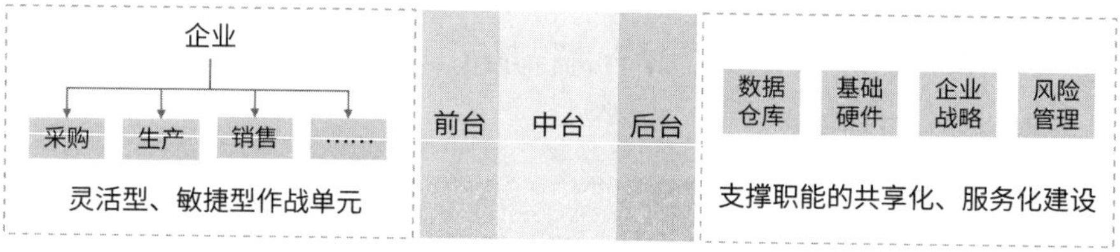

图 11 -2　中台与前台及后台的关系

中台位于前台与后台中间，它通过将前台可复用的能力进行抽象、沉淀，对后台的能力进行封装，进行企业核心能力融合。中台作为前台和后台的变速器，为前台运营和快速创新提供可通用的能力，助力后台释放潜能。将通用的业务、技术等基础能力沉淀到中台，通过组件化、低耦合的方式呈现出来，前台不需要费力地与后台连接，可以直接组合调取中台的能力。中台的本质是对企业通用能力在不同层面的沉淀，并对外能力开放。

最早开始应用中台技术的公司是 Supercell。Supercell 是一家芬兰的手机游戏公司，他们开发出的游戏看上去风格迥异，却存在许多共同之处。在业务上，通用的内容包括支付系统、用户系统等；在技术上，通用的内容包括游戏引擎、内部开发工具等。而这些共通的资源，都可以由一个强大的中台来提供。中台的架构思想改变的不只是项目结构，也影响了研发团队的组织形式。Supercell 公司把这种高效的组织形式称为“部落”。

紧随其后，国内互联网公司也纷纷开始了各自的中台战略。阿里巴巴提出了“大中台，小前台”的战略；华为把作战小分队比喻为前台项目团队，把中台比喻成战地指挥部。中台技术逐渐被各企业所重视，其运用也为企业带来了显著的效益。

11.1　业务中台

11.1.1　业务中台的概念

业务中台是在中台概念上的进一步细化，是为将业务能力沉淀到中台，减轻前台压力而建设的。

业务中台是以业务领域划分边界，形成高内聚、低耦合的面向业务领域的能力中心，打造持续演进的企业级业务能力共享服务平台。业务中台的直观呈现就是各能力中心，常见的有交易中心、商品中心、库存中心等。它不仅提供丰富的共享服务，还包含体系化建设企业能力域的方法和机制。业务中台不仅是生产上层应用的开发设计平台，也是配置、编排和扩展业务对象、业务能力、业务规则及业务流程，完成企业资源运营管理的平台。它为上层应用系统的稳定运行提供了高并发、高可用的执行环境。①

业务中台将企业的核心能力以数字化形式沉淀为各种服务中心，如项目中心、预算中心、合同中心等，其目的是“提供企业能够快速、低成本创新的能力”。业务中台的核心是“构建企业共享服务中心”，其过程是通过业务板块之间的链接和协同，持续提升业务创新效率，确保关键业务链的稳定高效和经济性兼顾的思想体系，并突出组织和业务机制（见图11－3）。

从业务中台架构图上可以看到，业务中台沉淀了前端应用服务公共通用的部分，如项目中心的项目信息维护、项目执行监控、项目信息查询；预算中心的预算控制、预算查询和预算变更等，业务中台可看成是这些共性能力的集合体；将这些基础功能全部放在业务中台，并组成一个个服务中心，方便前端调用。

① 陈新宇，罗家鹰，江威，邓通．中台实践：数字化转型方法论与解决方案［M］．北京：机械工业出版社，2020.

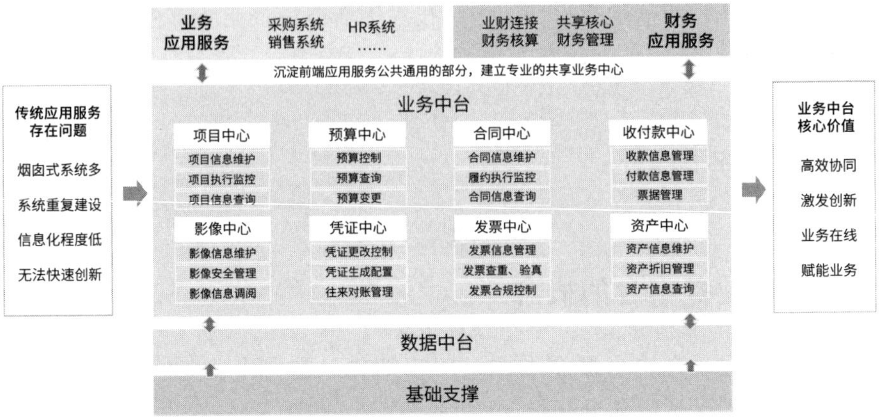

图 11－3　业务中台架构图

11.1.2　业务中台对报账系统的支撑

业务中台提供业务能力，聚焦于业务本身的运行规律，通过信息技术手段实现业务运行的核心机制，可见业务中台源于业务，服务于业务。上一节提到业务中台是各个服务中心的集合，因此业务中台对报账系统的支持，主要是通过各个服务中心的功能实现：

➢ 项目中心实现企业各项目信息的维护、项目执行情况监控及项目信息查询，报账系统实时可调用项目中心的项目信息关联具体项目；

➢ 预算中心实现预算的控制、查询及变更，报账金额的预算冻结、占用、释放等操作即可通过调用预算中心实现；

➢ 合同中心实现合同信息的维护、履行执行的监控及合同信息查询，报账单据如需关联合同，即可调用合同中心的功能；

➢ 收付款中心实现收付款信息管理、票据管理，报账单据如需对收款进行认领或维护付款信息，即可通过调用收付款中心实现；

➢ 影像中心实现影像信息的维护、影像安全管理及影像信息调阅，报账单据往往需要关联实物票据影像，这里的功能则需要通过调用影像中心实现；

➢ 凭证中心实现凭证更改控制、凭证生成配置及往来对账管理，报账单据通过审批后，便需要调用凭证中心来生成凭证，便于后续入账操作；

➢ 发票中心实现发票信息管理、发票查重验真及发票合规控制，报账单据需要关联发票，并对关联的发票进行查重验真，后续审核时也需要对发票进行合规控制，这部分功能则是由发票中心实现的；

➢ 资产中心实现资产信息维护、资产折旧管理及资产信息查询，资产报账时，即需要调用资产中心，获取及更新资产信息。

11.2　数据中台

11.2.1　数据中台的概念

从战略角度来讲，数据中台是一套“让企业的数据用起来”的机制，是一种战略选择和组织形式，是依据企业特有的业务模式和组织架构，通过有形的产品和实施方法论支撑，构建的一套持续不断把数据变成资产并服务于业务的机制。

从功能上来讲，数据中台是集数据采集、数据清洗加工、数据算法、数据资产管理、数据服务管理于一体的数据全生命周期管理平台。企业业务中台和前端信息系统在运行过程中产生的数据被采集到数据中台中，经过加工清洗和数据治理，沉淀下来形成数据资产。再通过数据中台的数据加工建模能力和数据算法能力，对数据资产的价值进行挖掘，按经营分析、客户画像、风险预警等应用场景的需要，对数据进行深加工，并且封装成数据服务给前端的 BI 平台①、业务系统来调用。

总的来说，数据中台是一套单独的系统平台，是数据采集、存储、计算、服务能力的集中，它的应用价值体现在基于数据中台搭建起来的各种数字化应用场景。

我国企业信息化发展相对落后，部分企业缺乏长远的 IT 建设规划，发展至今，各个业务系统仍相对独立，导致数据孤岛长期存在。随着大数

① BI 中台（Business Intelligence）：将企业中现有的数据转化为知识，帮助企业做出明智的业务经营决策的工具。

据时代的到来，数据来源变得多样化，数据结构也更加复杂化，这使得企业在数据采集、ETL（Extract - Transform - Load）① 等方面会耗费很大精力。业务数据的过度分散，让企业很难从全局角度分析业务发展情况，数据中台的建立则可以对接各个业务系统，帮助企业整合所有业务数据，对接数据文件，支持海量业务数据处理，解决信息孤岛难题（见图 11 -4）。

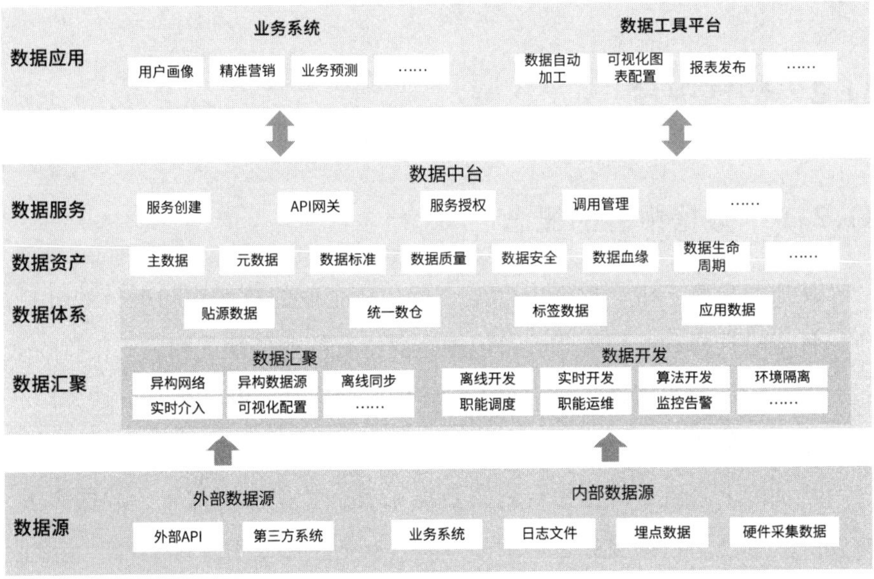

图 11 -4　数据中台架构图

企业的数据中台必须具备四个能力：汇聚整合、提纯加工、服务可视化、价值变现②。

（1）汇聚整合

目前大多数企业的数据管理存在较大问题：大量系统、功能和应用重复建设，存在巨大的数据资源和人力资源的浪费；数据孤岛，内外部数据难以全局规划等。数据中台的出现能够整合数据，提供适配、成熟、完善的一站式大数据平台工具，在简便有效的基础上，实现数据采集、交换等

① ETL 是指将数据从来源端经过抽取（extract）、转换（transform）、加载（load）至目的端的过程。

② 付登坡，江敏，任寅姿，孙少忆，等. 数据中台：让数据用起来［M］. 北京：机械工业出版社，2020.

任务配置以及监控管理。同时数据中台还需具备数据集成与运营方面的能力，能够接入、转换、写入或缓存企业内外部多种来源的数据，协助各部门和团队的数据使用者更好地定位、理解数据。

（2）提纯加工

传统的数字化建设往往局限在单个业务流程，忽略了业务之间复杂的关联，缺乏对数据的深度理解。数据中台需连通全业务域数据，通过统一企业的数据标准和质量体系，建设清洗加工后的标准数据资产体系，以满足企业业务对数据的需求。

（3）服务可视化

多数企业希望数据中台可以帮助企业快速实现数据资产的可视化分析，提供包括实时流数据分析、预测分析、机器学习等更为高级的服务，使数据资产更好地为业务分析服务、为企业数字化运营赋能。

（4）价值变现

数据中台需要提升跨部门的普适性业务价值能力，更好地管理数据应用。通过打通企业数据，提供以前单个部门或者单个业务单元无法提供的数据服务能力，以实现数据的更大价值变现；通过将数据洞察变成直接驱动业务行动的核心动能，迭代更新数据应用，持续为客户带来价值。

11.2.2　数据中台与业务中台的联系

分别理解了业务中台与数据中台各自的概念后，还需要明确的是，业务中台和数据中台并不是两个毫无关联各自独立的中台，它们之间存在着紧密的交互与联系。企业在建立业务中台及数据中台时，应当以“一切业务数据化，一切数据业务化”为原则，这句话便很好地体现了业务中台与数据中台的联系。

业务中台通过业务模块之间的链接与协同，让前台业务系统适应灵活多变的场景和业务变化升级，并在业务处理过程中制造数据；数据中台将业务实时在线的交易数据、前端应用服务输入的数据以及外部生态数据进行记录和沉淀，并根据场景要求选择（或设计）合适算法模型进行数据处理，运用可视化手段进行分析型数据服务，这些数据服务反向服务于业务，实现数据赋能业务运营（见图 11－5）。

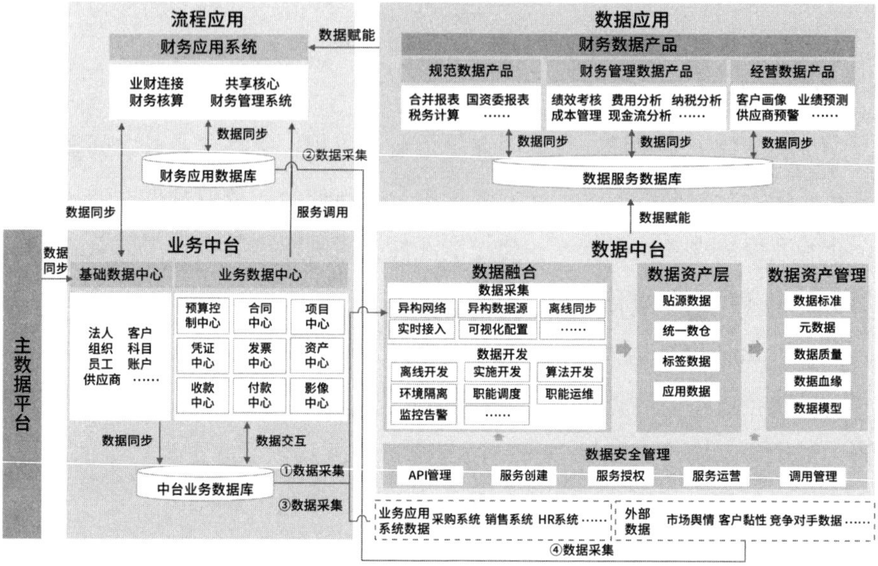

图 11－5　数据中台与业务中台的联系

11.3　能力中台

除业务中台及数据中台外，报账系统功能的实现还需要一些“新型能力”的支撑，新型能力是为适应快速变化的环境，深化应用新一代信息技术，建立、提升、整合、重构组织的内外部能力，如报账单据设计、会计凭证自动生成、结构化数据识别……

财务云平台所需要的能力由单据设计器、流程引擎、规则引擎、会计引擎四个工具及 OCR 识别、NLP 两项技术构成，我们将这四个工具与两项技术称作能力单元，能力单元承载不能或不必再分解的新型能力，分别实现了能力中台的信息采集能力、加工处理能力、内控管理能力、业财转换能力。能力中台是能力单元的组合，能力中台赋能业务加速创新转型，构建竞争合作新优势，改造提升传统动能，形成新动能，不断创造新价值，实现新发展的能力（见图 11－6）。

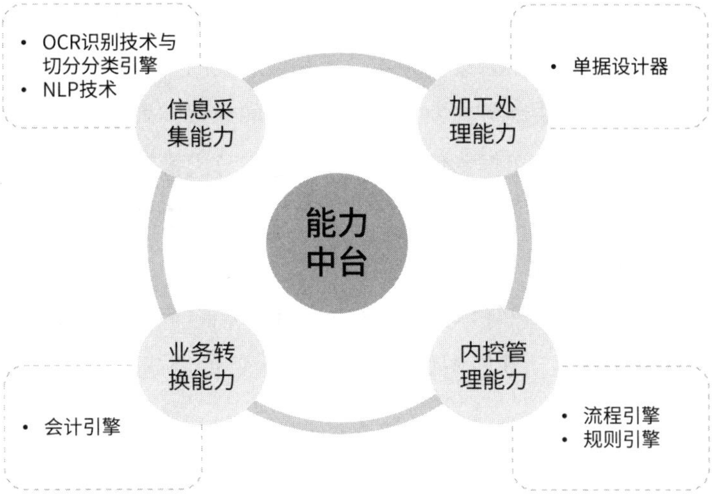

图 11－6　能力中台的构成

11.3.1　信息采集能力

企业的经营活动是由各类单据、发票、合同、支撑材料等纸质或电子文档承载的。在企业日常报账及财务管理过程中，需要采集发票、合同等多种基础信息，传统财务流程需手工录入票据信息，操作繁琐，效率较低，数据质量较差。为解决信息采集“第一公里”的问题，通常采用 OCR 识别、NLP 解析等智能技术对发票、合同等进行结构化数据采集和解析，以供后续员工及客商报账、智能合同审核等场景应用。OCR（Optical Character Recognition，光学字符识别）技术是指对输入图像进行处理、分析和识别，获取图像中文字信息的过程；NLP（Natural Language Processing，自然语言处理）技术，是人工智能和语言学的一部分，是指将单词分解成最简单的形式，并识别它们之间的模式、规则和关系。通过信息技术的使用，对采集的数据进行沉淀，发挥财务天然数据中心的优势，以智能技术驱动数据洞察，以数据洞察驱动经营决策。

（1）OCR 识别技术与切分分类引擎

OCR 识别技术与切分分类引擎是对发票进行切分分类，并基于分类结果对发票结构化数据进行识别的能力。传统的报账流程中，财务人员需要人工识别出发票上的信息并对发票进行审核，这种方式使财务人员陷入基础性强、重复性高的工作中，耗费了大量不必要的人力成本和时间成本。同时，发票中的结构化数据无法采集和积累，不利于后续的财务分析。能力中台集成采集能力，有效解决财务在发票审核过程中的痛点，采用基于机器学习的智能识别技术，将各类单据影像通过自学习建立分类模型，并将发票影像转换为结构化数据，从而实现全方位电子信息采集，全单据价值数据整合。

➢ OCR 识别技术

基于 CNN①、FCN② 等深度学习技术的 OCR 智能识别引擎，通过学习大量的数据样本，自动获取图像特征，具有更好的泛化能力，提高准确率（见图 11－7）。

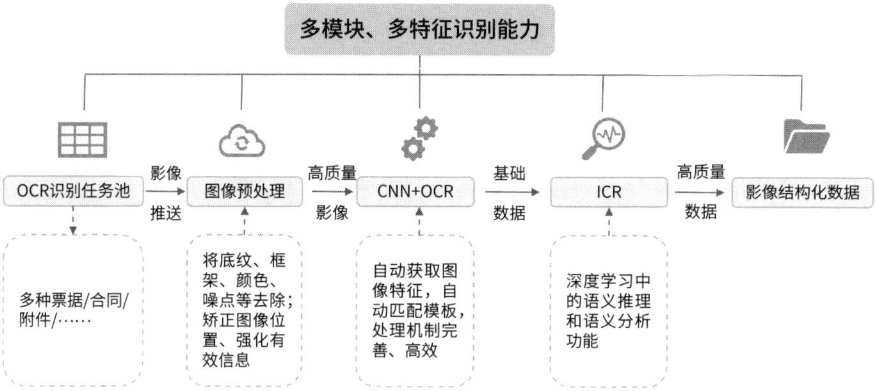

图 11－7　OCR 智能识别流程

报账过程中，一张报账单据可能会关联多张发票，也会存在一次性混拍上传多张不同类型发票影像的情况，为方便后续采用 OCR 技术识别单张发票的结构化信息，以及方便对发票影像进行分类查看，需要对多张发票进行类型识别，对混拍票据进行自动检测切割，切分分类引擎即是完成这两项功能的重要工具。

➢ 切分分类引擎

切分分类引擎收集各类定量票据，运用标注工具分别进行检测标记和

---

① CNN：卷积神经网络（Convolutional Neural Networks），是一类包含卷积计算且具有深度结构的前馈神经网络，是深度学习的代表算法之一。

② FCN：全卷积神经网络（Fully Convolutional Networks），用于图像语义分割的一种框架。

分类标记，调研并选择适合的分类算法，进行机器学习，然后训练票据分类模型，开发算法推理接口，测试模型泛化能力，最终优化迭代模型，提高精度，达到对票据进行切分分类的要求。切分分类引擎可使用图形分类算法对单张票据进行分类识别，识别出票据类型：出租车发票、增值税发票、火车票、定额发票等；同时可使用目标检测算法①对一张混拍图像进行票据自动检测切割，然后依据图像特征，映射分类类别，实现对票据的切分分类（见图 11－8）。

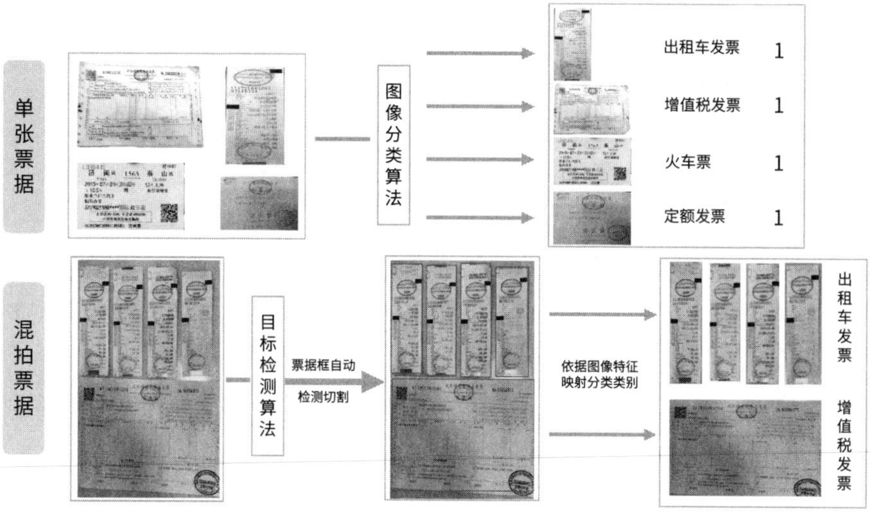

图 11－8　切分分类引擎图示

➢　OCR 识别与切分分类引擎应用场景

为了解 OCR 识别和切分分类引擎在报账系统中的实际应用，我们以其在员工报销场景中的应用为例。

员工费用报销时，只需使用在费用报销系统②移动端使用拍照功能，拍摄纸质发票，系统便可调用切分分类引擎对混拍图像进行切分及分类，

---

①　目标检测算法：识别图片中的物体及物体坐标位置的算法。可以分为六大类，分别是帧间差分法、背景建模法、点检测法、图像分割法、聚类分析法和运动矢量场法。

②　费用报销系统实现集费用类单据事前申请、费用报销、借款还款、预算管控、费用标准管控、领导审批、单据查询、流程监控、费用分析等功能于一体，打通业务财务壁垒，方便领导外地审批，提高了企业员工报销的及时性和真实性。为企业员工提供便捷、高效的一站式报销、审批体验。具体可阅读《数字化时代的全员体验——费用报销系统》。

OCR 识别引擎对切割后的发票进行识别，并向员工展示该票据结构化数据，确认无误后可将发票保存至员工发票夹，系统会基于发票结构化数据发起查重验真，并将查验结果回写至移动报销系统。员工可勾选发票夹内未报销发票推式发起费用报销，系统将根据发票金额信息自动计算报销金额（见图 11－9）。

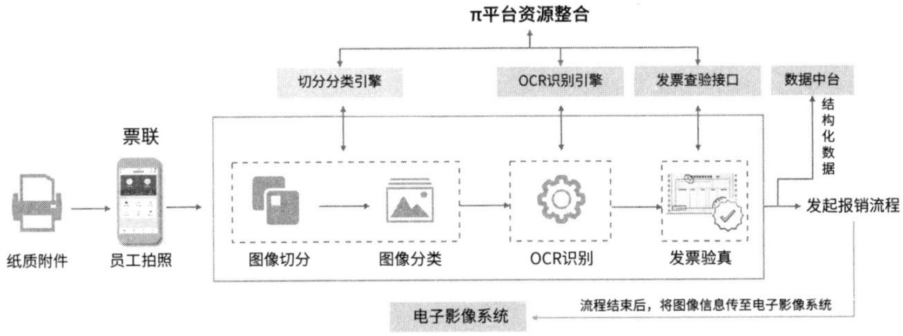

图 11－9　员工报销流程应用场景

（2）NLP 技术

➢ NLP 技术

简单来讲，所谓自然语言处理，就是用计算机（或其他计算单元）来处理人类的自然语言。因此，要了解 NLP，首先要理解什么是自然语言。“自然语言”是相对于计算机语言而言的，计算机语言即计算机能够理解的语言，如 C 语言，Python 等。而人类日常使用的语言如中文、英文、各地方言等便是自然语言。由于用户可能不熟悉计算机语言，而计算机也不能够直接理解及处理自然语言，因此 NLP 技术要做的便是使计算机能够理解自然语言，让计算机“听懂人话”，同人交谈，甚至理解人的情感和文化，以降低用户工作量，并满足用户使用自然语言进行人机交互的愿望。

NLP 用计算机算法来解析和解释书面和口语的自然语言，赋予机器理解并解释人类写作、说话方式的能力。

大多数 NLP 技术都是由深度学习（机器学习的一个子领域）驱动的，主要运用的学习方法有词嵌入①、卷积神经网络（CNN）、循环神经网

① 词嵌入：（word embedding）是一种词的类型表示，具有相似意义的词具有相似的表示，是将词汇映射到实数向量的方法总称。

络①、BOW② 等。

NLP 可用于从翻译和语言生成（用于摘要、注释，甚至解释其他机器学习模型），到分类和聚类、情感分析和其他信息提取。

合同 NLP 识别是提取合同文本关键信息，对合同进行自动审核并将审核结果和风险点呈现给管理者。企业合同行为涉及企业运营的各个方面，包括前期的合同起草、合同审核、合同签订、合同履约、合同纠纷和合同归档等环节。对企业经营的管理，实质就是以合同行为中的关键环节为管理要素，而合同管理过程中的重难点，即是合同审核。合同审核工作往往面临以下几个问题：①内容繁多，占用大量审核时间；②审核动作简单且重复性高；③缺乏固化标准，经验无法有效传递；④常存在效率问题，收到业务部门投诉。能力中台则可有效解决这些问题，通过训练计算机处理人类自然语言，识别提取并理解合同中需要审核的信息，根据不同合同类型的审核规则，自动对合同进行审核，并呈现审核结果，有效降低企业合同管理过程中的风险。

➢ NLP 技术应用场景

在传统的合同签订流程中，财务人员需要面对冗长的合同文本，查找关键信息，对合同范本使用及合同内容编写的合理合规性进行审核，比对线上线下文本内容差异，工作重复繁琐、效率低下的同时耗费了大量人力投入，且人工审核易出错，为合同管理带来了潜在风险。将 NLP 技术应用于合同管理和审阅中，则可以解决这一难题。NLP 技术可以提取合同文本关键信息，基于审核规则库，对合同合理性、合规性进行智能审核校验，并在签署前比对合同线上线下文本差异，有效防范合同签订潜在风险。合同签订完成后，通过对接报账系统实时反馈执行数据，为合同分析提供数据基础（见图 11－10）。

---

① 循环神经网络（Recurrent Neural Network，RNN）是一类以序列数据为输入，在序列的演进方向进行递归且所有节点（循环单元）按链式连接的递归神经网络。

② BOW：词袋模型（Bag－of－words model），是在自然语言处理和信息检索（IR）下被简化的表达模型。

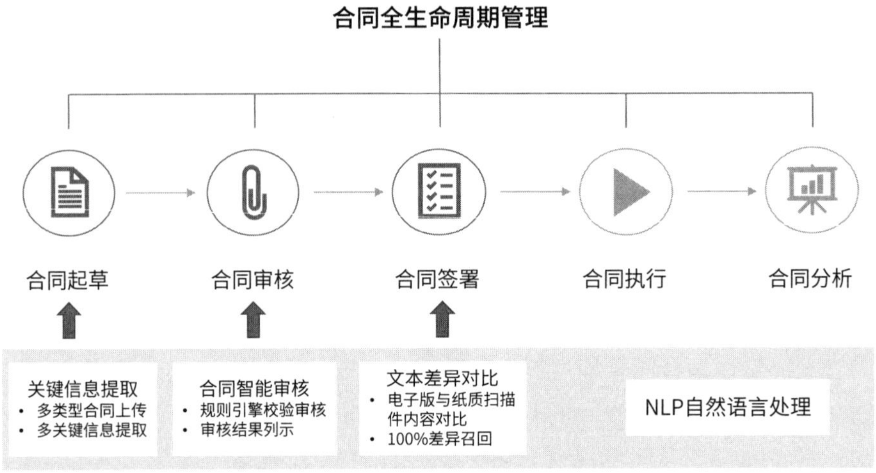

图 11－10　NLP 合同管理流程

NLP 在合同管理中的应用，可以分以下三个场景来展示：文档关键信息自动提取、文档风险智能审核、合同内容差异比对。

场景一：文档关键信息自动提取

用户上传 PDF、Word 等格式的合同，机器利用 NLP 技术自动提取上传合同出借方、采购金额等信息，然后提供提取结果表格，并对提取结果发起机器审核，可将提取结果入库或导入其他系统（见图 11－11）。

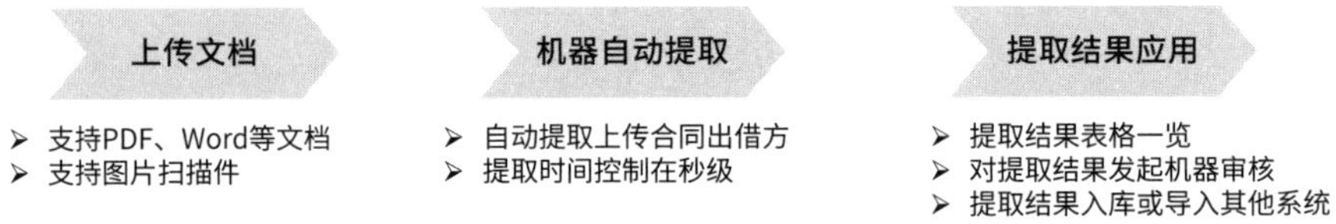

图 11－11　文档关键信息自动提取

场景二：文档风险智能审核

用户上传 PDF、Word 等格式的合同，机器启动审核配置引擎、内容纠错引擎及内置知识库引擎三种引擎，对合同进行审核，并将审核结果分为缺失项、必改项、完善项三类分别展示，同时可审核合同中报表，对利润、负债表进行勾稽校验，并将报表内数据与文中表述进行一致性校验（见图 11－12）。

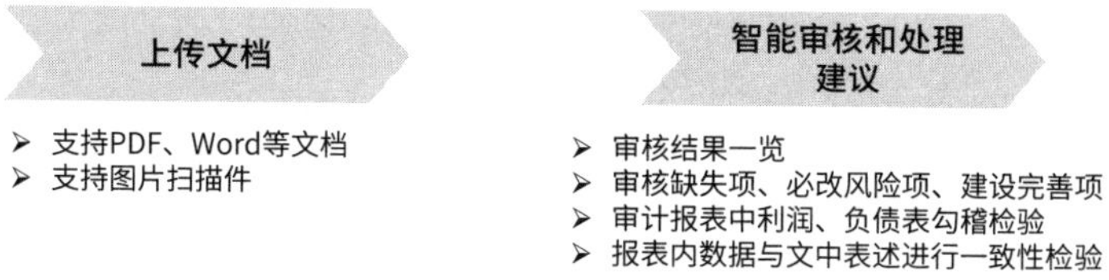

图11－12　文档风险智能审核

场景三：合同内容差异比对

NLP技术可以将线上电子版合同与纸质合同的图片扫描件进行比对，使用不同颜色来标识差异点：修改、删减、增添并输出比对样本，防范“阴阳合同”、函证造假等风险，辅助合同起草拟定（见图11－13）。

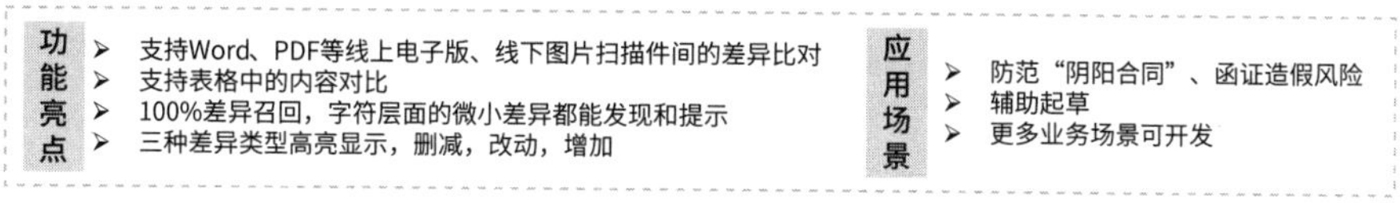

图11－13　合同内容差异比对示例

11.3.2　加工处理能力

企业的财务流程复杂多样，员工费用、供应商、客户、资产、总账、税金、薪酬等财务报账业务均由各式各样单据承载流转。因此，需要对业务数据通过单据设计进行加工处理，且需要适应不同业务的需求，对报账单据模板的灵活变更提出高要求（见图11－14）。

员工报销	采购付款	收入收款	资产报账	薪酬报账	财务记账	资金票据
事项申请	采购预付	开票申请	资产预付	新增薪酬	总账记账	资金调拨
费用报销	成本暂估	收入报账	资产报账	薪酬明细	业务记账	票据调拨
借款还款	采购报账	收款/收票报账	挂账付款	工资报账单	预提申请	投资付款
	采购付款		在建工程结转	“五险一金”报账	摊销申请	贴现托收

图11－14　企业常用单据

企业的报账业务由不同的报账单据来承载，不同的企业用户由于自身的业务类型和处理方式的不同，针对同一类型的单据往往会有不同的格式要求，一成不变的单据模板无法满足不同企业对单据构成的要求及企业业务需求的变更。能力中台集成加工能力，支持用户在前端对单据模板进行加工，灵活配置单据区域字段及数据源，快速适应企业不断变化的业务需求。能力中台的加工处理能力由单据设计器实现。

（1）单据设计器

单据设计器是指针对报账单据，系统可按照企业自身的业务需要，自定义设置单据区域、区域字段的名称、类型、位置、长宽、编辑权限、数据源、动态展示规则、动态编辑规则、校验规则、警告规则和计算公式等系统功能。单据设计器不仅为单据提供了丰富的业务自定义功能，提升了系统功能的延展性，同时对完善系统控制、提高用户自身管理意识和管理水平都有很重要的意义。

（2）单据设计器配置框架

单据设计器配置功能包括区域配置、字段配置、高级配置（见图 11－15）。

图 11－15　单据设计器配置总览

➢　区域配置功能包含区域名称、区域编码、区域类型、新增行、删除行、默认数据、是否移动端展示等（见图 11－16）。

图 11 - 16　区域配置

➢ 字段配置功能包含绑定字段、显示名称、字段类型、字段宽度、最长长度、是否必填、是否可见、编辑权限、审核编辑、审核显示、是否打印等（见图 11 - 17）。

图 11 - 17　字段配置

➢ 高级配置功能包含编辑权限控制、展示权限控制、必填权限控制、校验规则、警告规则、跳转链接、跳转链接参数、是否为商旅订单、是否可清空、默认值、计算公式、展示字段编码、前置字段、后置字段等（见图 11 - 18）。

图 11 - 18　高级配置

11.3.3　内控管理能力

企业内控是企业为保证经营管理活动正常有序、合法的运行，采取对财务、人员、资产、工作流程实行有效监管的系列活动。企业内控要求保证企业资产、财务信息的准确性、真实性、有效性、及时性；保证对企业员工、工作流程、物流的有效管控；建立对企业经营活动的有效的监督机制。因此，提升企业的内控管理能力可以有效帮助企业保证会计信息的真实性和准确性、有效地防范企业经营风险、促进企业的有效经营。

企业制定相关制度、规范相关流程进行内控，信息技术可以帮助企业更好地进行内控。例如，企业的事项审批、费用审批等各类单据审批流程，预算控制节点设置等需要符合企业《费用支出管理规定》《流程内控管理规定》等制度；同时，采购付款流程中三单匹配的规则、报账金额需等于核销金额与付款金额之和等管控规则需要系统自动校验，借助流程引擎、规则引擎这类低代码开发工具可以帮助企业提升内控管理能力。

（1）流程控制

➢　流程引擎

业务单据在系统中进行流转，需要经过预算冻结、领导审批、财务审

数字化时代的业财一体——业务报账系统

核等步骤，这些步骤串连成了一个业务的流程，而不同的业务根据业务类型和管理需求的不同，其流程也不尽相同。流程引擎支持根据不同场景和企业管理需求，完成适用流程的配置。

流程引擎是业务流程的设计工具，通过可视化视图，方便用户使用拖拉拽方式配置流程，并可将其分配至不同的业务及单据类型，统一工作流引擎支持流程撤回、流转、执行、控制逻辑，具备图形化建模和强大的监控能力，并能快速和报账系统集成（见图 11－19）。

图 11－19　流程引擎功能框架

➢　流程引擎配置流程

根据不同的业务需求，可对流程进行分类设置，建立流程大类，在大类下还可以建立流程小类（见图 11－20）。

图 11－20　建立流程分类

在配置完整流程前，可将需要用到的变量添加到流程中心，以便配置流程模板时使用，具体变量根据项目不同需求配置，如项目经理、共享中心、部门负责人（见图 11－21）。

图 11－21　添加变量

在已设置的流程分类下，可新增流程模板，在流程模板中可使用可视化设计器，设计工具包括丰富的流程设计组件、个性化的变量设置、自定义化的任务节点，方便用户自由以拖拉拽方式进行设计流程（见图 11－22）。

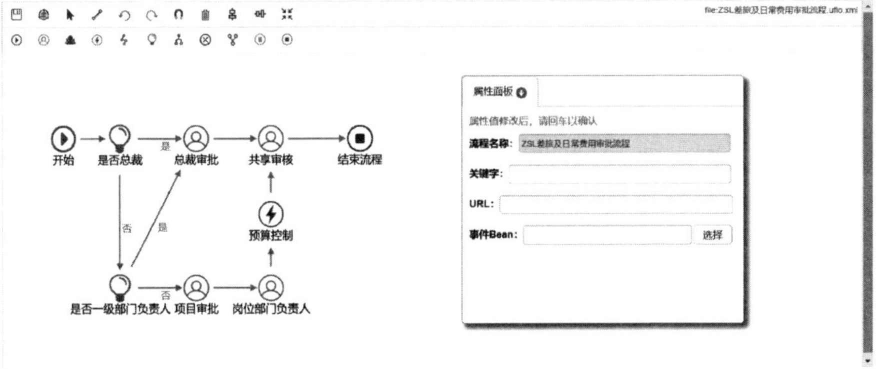

图 11－22　绘制流程模板

保存配置好的流程模板，并在基础数据平台中将其分配给相应的组织、单据及业务类型（见图 11－23）。

数字化时代的业财一体——业务报账系统

图 11－23　分配流程

用户还可通过流程监控，实时获知每个流程当前的任务状况，即有哪些单据正在执行该流程，有权限的用户可以直接控制该任务的流程执行，进行转交、完成、跳转等操作，也可以将该流程重新运行（见图 11－24、图 11－25）。

图 11－24　流程监控

图 11－25　流程操作

（2）规则管控

在报账系统中对报账单据进行初始化、提交、撤回、审批等操作时，都需遵循一定的规则，如单据提交前对其进行岗位、部门等字段校验，提交后将单据信息写入台账等。这些规则的执行依赖于规则管控能力，以单据提交动作为例：报账系统中提交方法启动流程代码前，调用报账单对应的提交前校验；在启动流程代码后，调用报账单对应的提交后事件，即修改台账等（见图 11－26）。

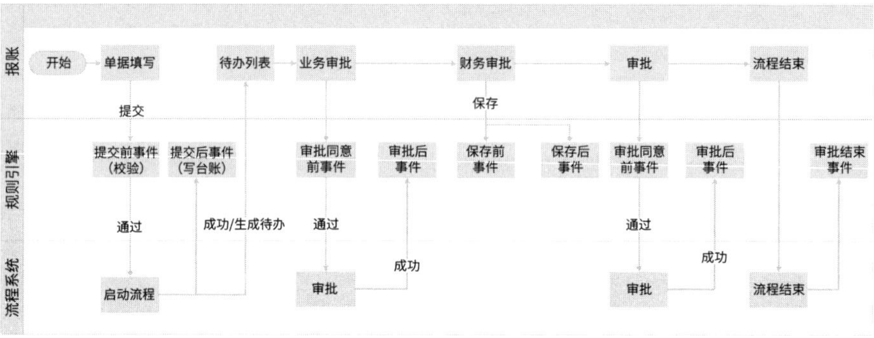

图 11－26　规则调用流程图

➢　规则引擎

规则引擎实现了业务规则与业务逻辑的分离，实现了业务规则的集中管理，不需要修改代码、发包等，即可动态修改规则，快速响应需求变更，使业务人员也可以参与规则维护。同时规则引擎有决策表、决策树、决策流、评分卡等多种配置规则的方式，使用人员可以根据自身的业务场景选择合适的方式，从而简化和可视化业务规则的配置。

➢　规则引擎调用流程

报账单在调用规则引擎时，会根据配置表找到当前报账单、当前节点，再找到对应的规则包。然后获取规则包中所需的变量（如单据头表、单据子表、单据行表等），并组装变量，传入规则中。因为报账单中规则包中有且只有一个对应的决策流，所以之后会执行该条决策流。进入决策流后，首先会根据传入的常量（单据中的部分数据）、单据流转节点的前后动作来判断后面执行的决策集。决策集分为 Common 决策集（多个单据共享的决策集）及个性化决策集（某一单据特有的决策集），若当前节点状态下报账单有 Common 决策集，则必须在流程的第一个选择 Common 决策集，之后便是选择单据个性化决策集。整体流程在执行完个性化决策集之后结束（见图 11－27）。

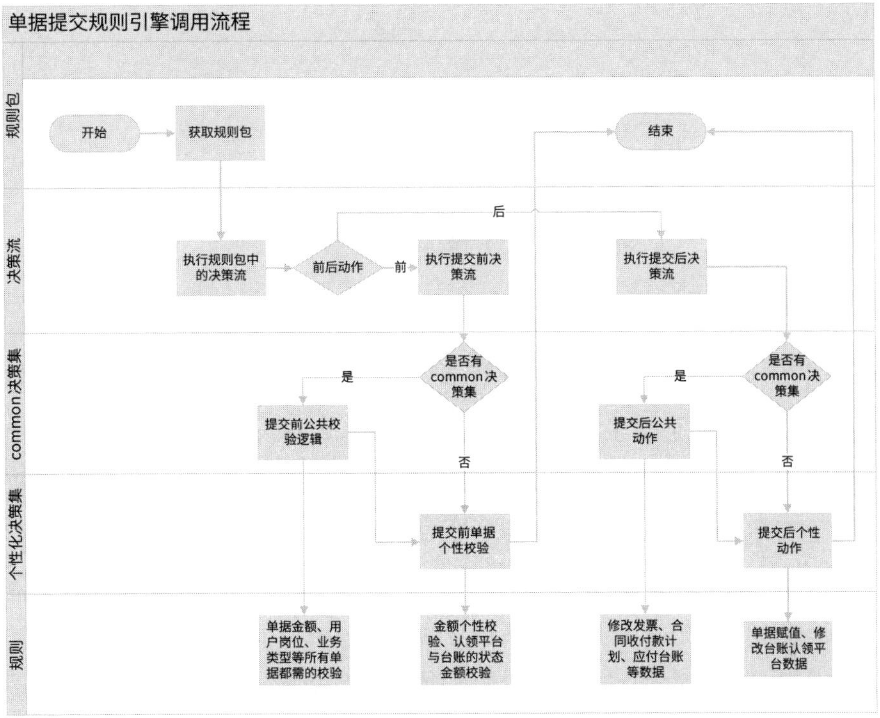

图 11－27　规则引擎调用流程

以采购付款单为例，采购付款单提交后，经过业务审批及财务审核，到达流程结束节点时，系统会找到采购付款单流程结束节点对应规则包，执行该规则包中的决策流，该决策流中有一个 Common 决策集和一个个性化决策集，首先执行 Common 决策集，即流程结束后公共校验，系统会将该单据状态修改为已结束，将单据中关联发票状态修改为已报销，若单据关联合同，则会修改合同结算进度等；执行 Common 决策集后，系统执行个性化决策集，将应付台账中该单据关联核销的预付款从在途核销金额更新为已核销金额（见图 11－28）。

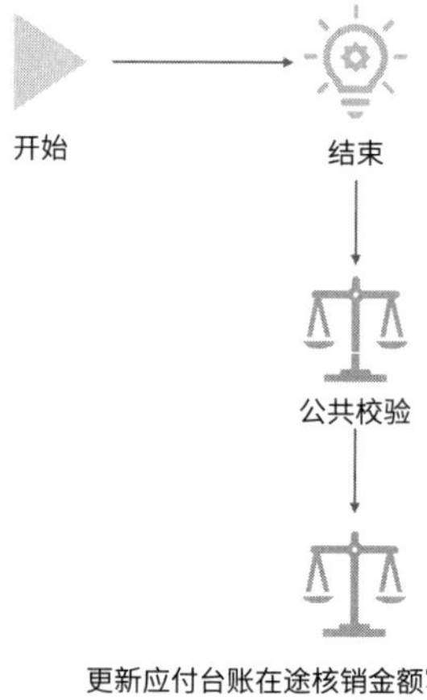

图11－28　采购付款单规则引擎调用流程

11.3.4　业财转换能力

业财转换能力是将业务信息转换为可以入账的财务信息的能力。报账的最后一个环节是财务入账。在传统模式中，财务人员需要将报账单据中的业务信息转化为财务信息，手动生成并录入凭证，这样的方式效率较低，且人工造成的失误难以避免。能力中台的业财转换能力相当于业务和财务语言之间的“翻译器”，将业务信息自动转换为会计凭证这样的财务信息，如同人们在交流过程中所进行的语言转换，使人工生成凭证的方式转变为凭证自动生成。能力中台的业财转换能力由会计引擎实现。

（1）会计引擎

会计引擎是介于业务系统和财务系统之间的数据转换器，业务系统位于前端，通过数据接口与会计引擎连接后向其提供生成记账凭证所需的业务数据，实现业务信息的输入，会计引擎位于中端，内置一定的转换规则，输入的业务数据经规则的指引将自动生成预制记账凭证；核算系统位于后端，预制记账凭证审核无误进入该系统后成为正式记账凭证，完成财务信息的输出（见图11－29）。

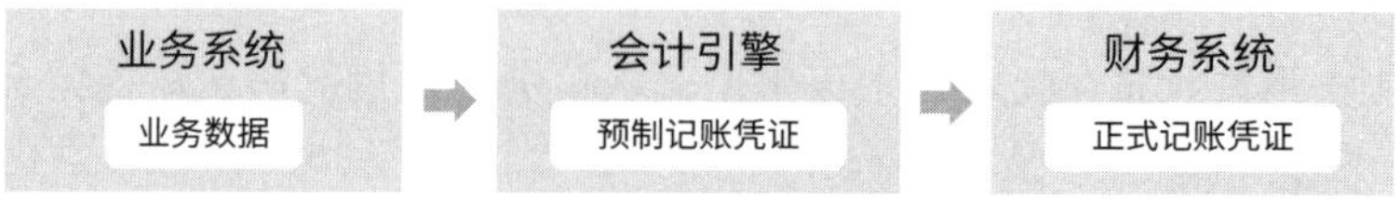

图11－29　会计引擎调用流程

（2）会计引擎配置流程

会计引擎的配置流程如图 11－30 所示：

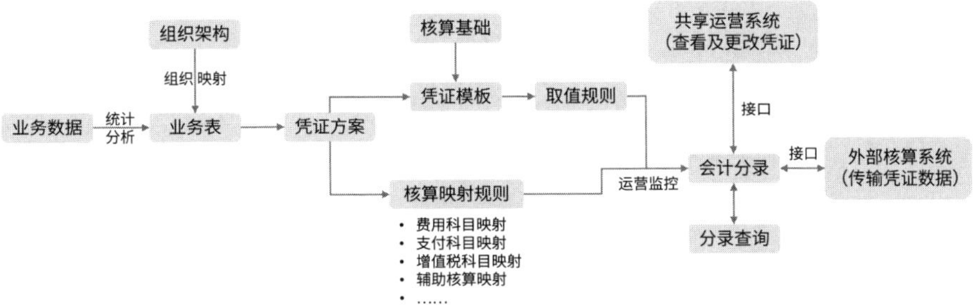

图 11－30　会计引擎配置流程

第一步，按照来源系统定义业务表，每个来源系统对应一个业务表，方便将来源系统的数据进行分类存放。业务表是指对业务内容和数据做统计分析的表格，根据不同企业不同业务的需要，会产生多种形式的业务表（见图 11－31）。

头表：

来源系统	业务分类	头id	a1	a2	a3	…
报账系统	费用类					

行表：

来源系统	业务分类	头id	b1	b2	b3	…
报账系统	费用类					

业务头表：

业务分类	表编码	表字段	业务表头编号
费用类	Billno	单据编码	a1
费用类	Billdate	单据日期	a2
费用类	comp	公司	a3
……			

业务行表：

表编码	表字段	业务表头编号
dept	费用承担部门	b1
Item	费用项目	b2
Amount	金额	b3
……		

图 11－31　业务表示例

第二步，定义组织映射，便于来源系统数据传输到会计凭证后能够区分出对应的财务组织。以星云公司为例，按图 11－32 的方式维护组织映射：

来源系统	来源名称（组织）	目标名称（财务组织）
报账系统	星云公司	星云股份有限公司

图 11－32　维护组织映射表

第三步，准备核算基础资料，按照核算系统的账套、会计结构、汇率表等在会计引擎中维护对应数据，具体包括：账套、财务组织（成本中心）、科目体系（科目）、会计结构、辅助核算、汇率方案、特殊总账标识、现金流、记账代码、特殊总账类型、凭证类型（新增）、维度、币别、计量单位等。如果一个外部核算系统中存在多个账套，那么就对应建同样数量的账套和科目体系。

第四步，设置凭证方案，包括选择凭证方案使用的来源系统、选择来源系统中的业务分类，方便定位到业务表、选择凭证方案使用的账套和与之相匹配的凭证模板、设置凭证状态（暂存凭证、已提交凭证）以及生成时效（实时生成、事后生成、调度生成）。

第五步，基于凭证方案定义映射表，根据目标值及业务、财务两大影响因素，配置对应的取值规则，如图 11－33 所示。

目标值	业务因素	财务因素		
会计科目	部门属性、业务类型等	核算主体、币别等	→	配置取值规则
辅助核算	费用项目等	……	→	配置取值规则
现金流	业务类型、结算方式等	借贷方向等	→	配置取值规则
……	……	……	→	配置取值规则

图 11－33　基于凭证方案定义映射表示例

第六步，配置取值规则，基于映射表每行的内容来配置相关的映射取值规则，以会计科目映射行为例，如图 11－34 所示：

业务因素		财务因素		
部门属性	业务类型	核算主体	币别	会计科目

图 11－34　配置取值规则示例

选定业务因素和财务因素的具体值之后，选择需要映射出的会计科目值；

➢　业务因素的取值：部门属性来源为系统编码，业务类型来源为报账基础中规定业务类型配置值；

➢ 财务因素和会计科目的取值：来源于会计引擎中的核算基础资料值，按照凭证方案中选择的账套进行过滤；

第七步，配置凭证模板，即设置凭证头和凭证行的取值规则。

凭证头包括核算主体、账套、摘要、凭证编码、凭证类型、业务日期、记账日期等。凭证头通常设置如图 11－35 所示：

凭证头	核算主体	账套	摘要	凭证编码	凭证类型	业务日期	记账日期
取值	业务表对应字段	根据核算主体推断，从而确定本位币	1.字段拼接； 2.直接录入文本	会计引擎定义的编号	1.取值固定； 2.指定映射表； 3.SQL语句	指定业务字段	1.指定业务字段； 2.SQL语句

图 11－35　凭证头设置示例

凭证行包括行类型、借贷方向、会计科目、辅助核算、现金流、计量单位、数量等。通常凭证行设置如图 11－36 所示：

				会计结构									
摘要	行类型	方向	科目	辅助核算	现金流	计量单位	数量	币别	原币单位	本位币单价	原币金额	本位币金额	条件设置

图 11－36　凭证行设置示例

➢ 行类型：根据需要设置为费用行、核销行、支付行等；

➢ 方向：指该项交易对应的借贷方向；

➢ 科目：利用 SQL 语句（结构化查询语句）与指定的相关科目映射表关联；

➢ 辅助核算：利用 SQL 语句与指定的业务字段和相关辅助核算映射表关联；

➢ 现金流：利用 SQL 语句与相关现金流映射表关联；

➢ 数量、计量单位、币别、原币金额、本位币单价、本位币金额：如果需要核算数量或者核算外币数据，可以在会计结构中定义这些字段。

➢ 条件设置：if 语句

第八步，生成凭证，并对生成过程进行运营监控，以便使用者能根据来源系统、核算组织等字段信息进行凭证查询。

数字化时代的业财一体——业务报账系统

以招待费报账单为例，通过上述步骤，生成凭证如图 11－37 所示：

借：管理费用-需求部/A项目　1500　　　　支付的其他与经营活动有关的现金　1500

　贷：银行存款-张三/12334554540909　1500

图 11－37　报账单生成凭证示例

第九步，凭证引擎与相关系统的对接及后续操作如图 11－38 所示。

➢ 对接共享运营系统，将需要进行审核的会计分录传输到共享运营系统，共享运营系统需要回传审核后的状态；

➢ 对接外围核算系统，传输已经通过共享运营系统审核的会计分录；

➢ 对接来源系统，返回凭证生成的结果，防止重复生成凭证。

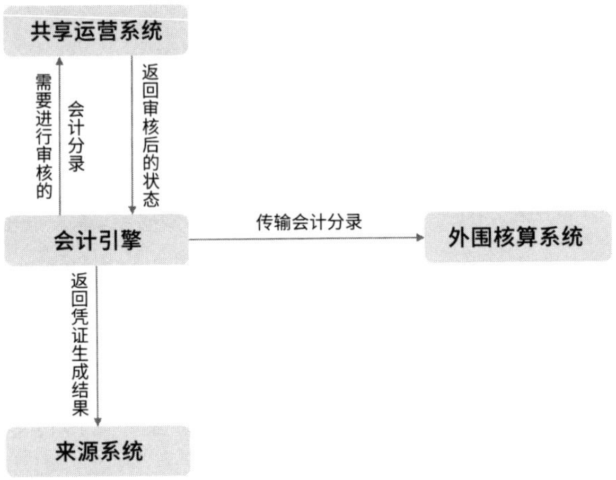

图 11－38　凭证引擎与相关系统对接示意图

本章关键词

业务中台	业务中台是以业务领域划分边界，形成高内聚、低耦合的面向业务领域的能力中心，打造持续演进的企业级业务能力共享服务平台。
数据中台	数据中台是集数据采集、数据清洗加工、数据算法、数据资产管理、数据服务管理于一体的数据全生命周期管理平台。

续表

OCR 识别	OCR 识别技术与切分分类引擎是对发票进行切分分类，并基于分类结果对发票结构化数据进行识别的能力。
NLP 技术	NLP（Natural Language Processing，自然语言处理）技术，是人工智能和语言学的一部分，是指将单词分解成最简单的形式，并识别它们之间的模式、规则和关系。
单据设计器	单据设计器是指针对报账单据，系统可按照企业自身的业务需要，自定义设置单据区域、区域字段的名称、类型、位置、长宽、编辑权限、数据源、动态展示规则、动态编辑规则、校验规则、警告规则和计算公式等系统功能。
企业内控	企业内控是企业为保证经营管理活动正常有序、合法的运行，采取对财务、人、资产、工作流程实行有效监管的系列活动。
流程引擎	流程引擎是业务流程的设计工具，通过可视化视图，方便用户使用拖拉拽方式配置流程，并可将其分配至不同的业务及单据类型，统一工作流引擎支持流程撤回、流转、执行、控制逻辑，具备图形化建模和强大的监控能力，并能快速和报账系统集成。
会计引擎	会计引擎是介于业务系统和财务系统之间的数据转换器，业务系统位于前端，通过数据接口与会计引擎连接后向其提供生成记账凭证所需的业务数据，实现业务信息的输入，会计引擎位于中端，内置一定的转换规则，输入的业务数据经规则的指引将自动生成预制记账凭证。

本章小结

中台技术是支撑企业财务数字化转型的有力工具，其中业务中台将企业的核心能力以数字化形式沉淀为各种服务中心；数据中台采集业务中台和前端信息系统在运行过程中产生的数据，经过加工清洗、数据治理、价值挖掘，供企业进行战略分析、业务系统调用；能力中台通过对信息采集能力、加工处理能力、内控管理能力、业财转换能力的整合与运用，为企业提供能力支撑。

本章练习题

一、选择题

1. 业务中台的直观呈现就是各能力中心，包括（　　）。

A. 项目中心　　B. 库存中心

C. 商品中心　　D. 交易中心

2. 企业的数据中台必须具备的能力包括（　　）。

A. 汇聚整合　　B. 服务可视化

C. 价值变现　　D. 提纯加工

3. 单据设计器配置功能包括（　　）。

A. 字段配置　　B. 区域配置

C. 高级配置　　D. 基础配置

4. 财务共享系统所需要的能力中包含两项技术，分别是（　　）。

A. NLP　　B. FCN

C. ETL　　D. OCR 识别

5. 可以帮助企业提升内控管理能力的工具有（　　）。

A. 会计引擎　　B. 流程引擎

C. 控制引擎　　D. 规则引擎

二、判断题

1. 业务中台是以业务领域划分边界，形成低内聚、高耦合的面向业务领域的能力中心，打造持续演进的企业级业务能力共享服务平台。（　　）

2. 业务系统通过数据接口与流程引擎连接后向其提供生成记账凭证所需的业务数据，实现业务信息的输入。（　　）

3. 规则引擎有决策表、决策树、决策流、评分卡等多种配置规则的

方式，使用人员可以根据自身的业务场景选择合适的方式，从而简化和可视化业务规则的配置。（　　）

4. 数据中台是集数据采集、数据分析、数据算法、数据储存、数据调整、数据服务管理于一体的数据全生命周期管理平台。（　　）

5. 切分分类引擎可使用目标检测算法对一张混拍图像进行票据款自动检测切割，然后依据图像特征，映射分类类别，实现对票据的切分分类。（　　）

三、思考题

1. 业务中台、数据中台、能力中台三者的关系是什么？
2. 请描述你认为中台技术在现实生活中的可运用之处。

各章练习题参考答案

第1章

选择题：1. AB　2. AB　3. BCD　4. BC　5. BCD

判断题：1. 错　2. 对　3. 错　4. 错　5. 错

思考题答案略

第2章

选择题：1. ABD　2. AD　3. BCD　4. B　5. AC

判断题：1. 对　2. 错　3. 对　4. 错　5. 对

思考题答案略

第3章

选择题：1. AD　2. C　3. ABD　4. BCD　5. ABC

判断题：1. 对　2. 错　3. 对　4. 对　5. 对

思考题答案略

第4章

选择题：1. ABC　2. ABCD　3. B　4. A　5. ACD

判断题：1. 对　2. 对　3. 对　4. 对　5. 错

思考题答案略

第5章

选择题：1. ABD　2. ABD　3. ABCD　4. ABCD　5. ABC

判断题：1. 错　2. 对　3. 错　4. 对　5. 对

思考题答案略

第 6 章

选择题：1. ABCD　2. ABCD　3. ABCD　4. CD　5. ACD

判断题：1. 对　2. 错　3. 错　4. 对　5. 错

思考题答案略

第 7 章

选择题：1. ABCD　2. B　3. ABCD　4. ABC　5. A

判断题：1. 错　2. 对　3. 对　4. 错　5. 错

思考题答案略

第 8 章

选择题：1. BD　2. D　3. ABC　4. B　5. ABC

判断题：1. 错　2. 错　3. 对　4. 对　5. 错

思考题答案略

第 9 章

选择题：1. ABC　2. BC　3. AC　4. A　5. BCD

判断题：1. 错　2. 对　3. 对　4. 错　5. 对

思考题答案略

第 10 章

选择题：1. D　2. ABCD　3. AB　4. ABCD　5. ABCD

判断题：1. 错　2. 错　3. 错　4. 对　5. 对

思考题答案略

第 11 章

选择题：1. ABCD 2. ABCD　3. ABC　4. AD　5. BD

判断题：1. 错　2. 错　3. 对　4. 错　5. 对

思考题答案略

参考文献

[1] 孙彦丛，郭奕，扶冰清. 数字化时代的财务中台——共享运营系统[M]. 北京：中国财政经济出版社，2021.

[2] 孙彦丛，郭奕，扶冰清. 数字化时代的采集储存——电子影像 & 电子档案系统[M]. 北京：中国财政经济出版社，2021.

[3] 孙彦丛，郭奕，扶冰清. 数字化时代的全员体验——费用报销系统[M]. 北京：中国财政经济出版社，2021.

[4] 陈新宇，罗家鹰，江威，邓通. 中台实践：数字化转型方法论与解决方案[M]. 北京：机械工业出版社，2020.

[5] 祝守宇，蔡春九. 数据治理：工业企业数字化转型之道[M]. 北京：电子工业出版社，2020，11.

[6] 付登坡，江敏，任寅姿，孙少忆，等. 数据中台：让数据用起来[M]. 北京：机械工业出版社，2020.

[7] 南京大学智能财务研究课题组. 智能财务教程[M]. 南京：南京大学出版社，2019.

[8] 陈虎，孙彦丛. 财务共享服务[M]. 北京：中国财政经济出版社，2018.

[9] 陈虎，孙彦丛，等. 财务就是 IT——企业财务信息系统[M]. 北京：中国财政经济出版社，2017.

[10] 赵飞. 基于全生命周期的主数据管理：MDM 详解与实践[M]. 北京：清华大学出版社，2015.

[11] 杨周南，赵纳晖，陈翔. 会计信息系统[M]. 3 版. 大连：东北财经大学出版社，2010.

数字化时代的业财一体——业务报账系统

［12］李海坡．会计学原理［M］．上海：立信会计出版社，2007.

［13］中兴新云，ACCA，厦门国家会计学院．2020 年中国财务共享服务领域调研报告［R］．西安：中兴新云，2020.

［14］中兴新云，南京大学，厦门大学．财务的自动化 智能化 数字化［R］．西安：中兴新云，2020.

［15］彭桔．强化工程财务管理降低固定资产投资成本［J］．基层建设，2019（8）.

［16］聂蓉蓉，刘雅琼．财务云：从财务共享服务到大数据中心［N］．中国会计报，2019-07-26.

［17］中兴新云．引领数字基因华丽转身——从信息化到数字化［J］．贸易金融，2019，4.

［18］郭奕，扶冰清，傅若希．信息系统推动财务数字化转型［N］．中国会计报，2019-03-22.

［19］郭奕，扶冰清．打造企业的共享运营系统［N］．中国会计报，2019-04-26.

［20］陈虎，孙彦丛，常亮．企业财务信息系统的发展与架构［J］．财务与会计，2018，9.

［21］ACCA，中兴新云，通用（GE）全球运营．2017 中国共享服务调研报告［R］．2017.

［22］林毅强．J 公司薪酬体系重构［D］．厦门大学，2014.

作品知识产权与法律责任声明

《财务共享服务（第二版）》

ISBN：978－7－5095－8271－8

财务转型的必经之路，跨国公司的最佳实践

《财务共享服务（第二版）》展示了未来财务变革与转型的发展趋势，以财务共享服务的理论与实践为主题，详细讲述了财务共享服务的理论、方法，以及可操作的实施方案与实施步骤。完整、详尽地将财务共享服务展现给读者。同时，这本书在全球最佳实践的基础上，总结了多家大型企业财务共享服务中心的建设及运营经验，可以为希望建立或者已经建立共享服务中心的管理者提供理论框架和实践参考。

《财务共享服务案例集》

ISBN：978－7－5095－5545－3

财务最佳实践，共享成功之道

《财务共享服务案例集》既有 GE、IBM、Oracle 等跨国集团在财务共享服务领域的成功经验，也有中兴通讯、中广核、平安集团等中国企业在此领域的思考和践行，中国角度看世界、国际视野看中国，通过汇聚国际化理念及全球企业最佳实践经验，为共享中心的未来发展提供极具价值的借鉴和参考，也为中国企业的财务转型和价值创造提供新的思路。

《财务就是 IT——企业财务信息系统》

ISBN：978－7－5095－7400－3

信息化的财务，智能化的未来

《财务就是 IT》基于全球先进跨国公司的财务信息系统多年设计、使用和优化经验，从企业三大循环（业务循环、管理循环和信息循环）出发，论述了财务循环的主要内容，提出了财务信息系统的整体架构，深入论述业务层、核算层、管理层和决策层的财务信息系统建设、流程和功能框架，涉及二十个财务信息系统，并给出了大量真实的资料和案例，理论结合实践，为读者展示了一幅企业信息化建设的宏图和参考路径。

《从新开始——财务共享 财务转型 财务智能化》

ISBN：978－7－5095－7704－2

新理念、新思维、新知识、新未来

《从新开始》收录了全球各行各业财务管理者与服务机构的最新研究成果，聚焦财务共享、财务转型、财务智能化，探讨企业在利用财务新模式提高绩效的过程中面临的挑战、问题与潜在机遇，视角独特，力求解读如何顺利实施财务共享，从容应对财务智能化，助力企业实现财务转型。

《财务机器人——RPA 的财务应用》

ISBN：978－7－5095－8709－6

开启第四次会计变革大幕

《财务机器人》基于“大智移云物”的时代背景，描绘了新兴技术对财务的影响，介绍了机器人流程自动化（RPA）技术的原理和特点，并详细阐述了财务机器人的功能、适用的业务场景及流程。同时，本书通过丰富的案例展示了财务机器人在企业中的应用，总结了企业成功实施 RPA 的方法，为企业实现财务流程自动化提供借鉴参考，是一本具备理论、实践和方法论的财务机器人应用书籍。

《全球共享服务》

ISBN：978－7－5095－7856－8

ACCA 全球共享服务证书指定教材

《全球共享服务》融汇了 ACCA 与中兴新云·财务云有关共享的经典理论知识、案例经验和共享调研的最新数据，涵盖了在共享服务中心工作所必备的基础知识——从共享服务的历史背景到行业现状，从流程设计到测量与控制，从关系管理与合规监管到业绩优化与流程改进以及全球共享服务基础财务流程简介——希望帮助财会专业人士扩充知识储备、提升实践能力、拥有未来视野；希望帮助中国企业培养专业人才、引领财务变革、拥有世界级能力。

《智能财务教程》

ISBN：978－7－305－09265－7

南京大学·中兴新云联手打造精品教材

《智能财务教程》为智能财务云 VR 实验室的配套教材，涵盖财务转型与财务再造、财务共享服务、财务流程及信息化相关理念知识，深入解析企业主价值链的业务场景及财务信息系统应用；通过丰富的企业实践案例与创新的课堂互动设计，革新传统会计教学方式与知识体系，帮助学生理解业财一体化流程、财务信息化与智能化应用，感知财务数字化转型趋势。

《数字财务》

ISBN 978－7－302－56293－1

数字决胜未来，财务引领发展

本书旨在探讨数字技术带来的财务革命，系统地阐述了数字财务理论到实践的运作过程，从数字技术对财务的影响分析，到对数字财务目标、职能和风险控制的思考，再到数字财务智能生态系统的创建，最后是数字财务的典型案例和实训平台呈现。适合作为正在转型中的财务人员和高校财会、金融类专业师生们的重要参考教材，同时也是商业精英人士了解数字技术和财务变革的一本有益读物。

《财税 RPA：财税智能化转型实战》

ISBN：978－7－111－66811－4

助力中国企业迈向财税智能化的新未来

这是一本指导财务和税务领域的企业和组织利用 RPA 机器人实现智能化转型的著作。作者基于自身在财税和信息化领域多年的实践经验，从技术原理、应用场景、实施方法论、案例分析 4 个维度详细讲解了 RPA 在财税中的应用，包含大量 RPA 机器人在核算、资金、税务相关业务中的实践案例。帮助企业从容应对技术变革，找到 RPA 技术挑战的破解思路，构建财务智能化转型的落地能力，真正做到“知行合一”。